사회복지학 교재 총서 ❸

국제사회복지론

천정웅 박선희 박주현 공저

신정

머/리/말

세계가 하나의 지구촌이 되고 있다는 말은 이제는 오히려 진부한 용어가 되었다. 오늘날은 디지털시대, 다문화시대, 새천년개발계획, SNS시대 등의 용어가 더욱 익숙하다. 상품, 서비스, 자본, 노동력 등 모든 자원이 국경을 넘어 빈번하게 이동하면서, 교통, 통신, 정보의 혁신으로 시간적, 공간적 거리가 의미를 잃어가는 시대에 살고 있는 것이다. 사회복지와 관련한 정책과 실제의 동향에서도 글로벌 의식과 역량함양, 국제개발과 NGO활동의 강화, 국제난민, 환경위기, 다문화가족 등 글로벌 시대의 특성이 점차 강조되고 있다. 이에 따라, 국제사회복지, 국제사회복지학에 대한 논의가 진행되는 가운데 국제사회복지전문가로서의 사회복지사 양성이 중요한 것으로 인식되고 있다. 사회복지분야에서의 국제적 관점에 대한 관심은 2009년 우리나라에서도 국제사회복지학회가 창립되고 2012년부터는 한국사회복지교육협의회가 발간하는 사회복지학 교과목 지침서에 국제사회복지론이 비법정교과목으로 포함된 것으로도 확인할 수 있다.

더욱이 우리나라는 공적개발원조의 주체가 되는 국제적 위상에 걸맞은 국제사회의 책임을 수행하여야 하며, 국제사회복지 현장에서 활동할 안목과 자질을 가진 국제사회복지 전문가를 양성하는 일에 보다 큰 관심을 가질 필요성이 있다. 그럼에도 불구하고 사회복지학의 교과과정 내에서 국제복지론은 교육하는 대학교가 제한적이며, 교과목 개설의 역사도 비교적 짧고, 국제사회복지 교재는 손에 꼽을 정도이다. 국제사회복지가 정체성이 있는 전공학문으로 자리 잡기 위해서는 국제사회복지 지식체계의 기반들을 체계적으로 새롭게 정리하고 교과목에서 활발하게 다룰 필요가 있다. 이 책은 이러한 인식에서 국제사회복지학에 대한 기본 이해를 제공하기 위해 준비된 것이다. 전체적으로는 다양한 내용을 한 학기 강의에 맞도록 14개장으로 구성하고자 하였으며, 유사한 내용은 최대한 하나의 장으로 묶어서 소개하면서 국제사회복지의 최근의 연구성과들과 이슈변화를 담으려고 노력하였다.

책의 구조를 국제사회복지론의 개관을 위한 부분과 국제사회복지의 주요 이슈를 다루는 부분, 국제사회복지와 관련한 최근의 발전으로 볼 수 있는 새천년개발목표와 그 후의 Post-2015 등과 관련한 부분 및 국제사회복지의 교육과 향후 과제와 관련한 세계시민성에 관한 부분 등으로 크게 구분하였다. 각 부분별로 주요 내용을 2개 또는 4개장씩 배치하였다. 이에 따라, 제1장 지구화와 글로벌사회복지의 동향과 제5장 환경이슈와 국제사회복지, 제12장 국제이주와 한국다문화복지, 제14장 세계시민권과 국제사회복지의 과제 등은 천정웅 교수가 집필하였으며, 제2장 국제사회복지의 개념과 영역, 제3장 국제사회복지의 역사, 제7장 공적개발협력과 ODA, 제8장 NGO와 국제사회복지, 제11장, 범분야 이슈와 Post 2015 및 제13장 국제사회복지의 교육 등은 박선희 교수가 맡아 하였다. 또한, 제4장 세계빈곤과 불평등, 제6장 국제사회복지의 기구와 활동, 제9장 난민과 국제사회복지, 그리고 제10장 새천년개발목표 15년 등은 박주현 교수가 맡아 하였다.

집필자들이 기본적인 집필체제를 맞추고 분량 등을 지키려고 노력했지만, 각 장별 주제의 특성이 다르기 때문에 전체가 일관성을 갖도록 하기는 쉽지 않았다. 그럼에도 불구하고 이 책은 기존의 국외번역교재에서 다루지 않고 있는 새천년개발목표(MDGs)와 공적개발원조, 지구환경이슈와 지속가능개발, 국제이주와 다문화 복지, 세계 시민성 등과 관련한 내용들을 새롭게 하였으며, 최근의 연구결과들을 반영하려고 노력하였다. 그러나 일부 주제의 경우 필자들의 집필시간의 부족 등으로 더 좋은 자료들을 반영하지 못한 아쉬움도 있는 것이 사실이다. 국제사회복지론의 교재가 매우 부족한 현실에서 새로운 책을 꾸미게 된다는 사실 앞에서 독자들에 대한 최선의 예의를 갖추기 위해 중요한 내용들을 포함하려고 노력하였다. 그럼에도 불구하고 과목의 성격상 기존의 다양한 자료들을 정리하는 과정에서 혹시라도 인용이 누락되거나 출처가 명확하지 않은 점이 있을 것이다. 부족하고 잘못된 내용들은 최대한 빨리 수정·보완하여 더욱 완전한 책이 되도록 노력할 것을 다짐해 본다.

이 책을 함께 저술한 3명의 저자들은 한국과 미국에서, 사회복지 이론과 실천을 연구하고 대학과 대학원에서 사회복지학을 가르쳐왔으며, 청소년복지기관 등을 포함하여 영성복지, 다문화복지 등과 관련한 실천현장에서 일한 경험들을 가지고 있다. 저자들은 또한 한국과 미국에서 사회복지학, 철학, 정치학 등을 공부하였으며, 대학의 사회복지 또는 관련학과에서 교수로 일하면서 국제사회복지학회 회장, 편집위원, 이사 등으로 활동하고 있다. 각자의 학문적 배경과 연구경험을 바탕으로 국제사회복지론을 탐구함으로써 새로운 사회복지학에 대한 시대적 요구와 기대에 부응하고자 노력하고 있다. 끝으로, 독자 여러분의 많은 지도편달을 기대하면서, 사회복지학 교재의 발간에 참여하고 있는 국내외의 교수와 연구자들에게 고마움을 전하며, 이 책의 발간을 흔쾌히 맡아주신 도서출판 신정의 최용구 사장님과 직원 여러분께 필자들을 대신하여 감사의 마음을 전한다.

2016년 12월
저자들을 대신하여
천정웅 씀

차/례

Chapter 05 지구환경문제와 국제사회복지

Chapter 06 국제사회복지의 기구와 활동

Chapter 09 난민과 국제사회복지

Chapte 10 새천년개발목표 15년: 달성수준과 한국의 과제

Chapter11 범분야 이슈와 Post-2015

Chapte12 국제이주와 한국 다문화복지

1

CHAPTER 01

지구화와 글로벌 사회복지의 동향

01 지구화와 글로벌 사회복지의 동향

1 서론

세계가 하나의 지구촌(global village)이 되고 있다. 이른바, 글로벌 시대라는 말은 이미 익숙한 용어이며, 오늘날에는 디지털시대, 다문화시대, 새천년개발계획(MDGs), SNS시대 등의 용어도 많이 사용되고 있다. 상품, 서비스, 자본, 노동력 등 모든 자원이 국경을 넘어 빈번하게 이동하면서 교통, 통신, 정보의 혁신으로 시간적, 공간적 거리가 의미를 잃어가는 시대에 살고 있는 것이다. 사회복지와 관련한 정책과 실제의 동향에서도 글로벌의식과 역량함양, 국제교류, 국제개발과 NGO활동의 강화, 선진외국의 정책 사례와 프로그램의 비교이해, 다문화가족과 자녀의 문제 등 글로벌시대의 특성이 점차 강조되고 있다.

이러한 인식에서 본 장에서는 글로벌시대에 점차 강조하는 지구촌의 다양한 국제문제와 국제적 상호작용에 특별한 관심을 갖는 지구촌 사회복지의 개념, 영역, 주요 내용 등에 대해 알아보기로 한다. 사회복지학의 전통적 분야로 발전되어 온 국제사회복지(international social work)의 내용들이 점차 지구촌사회복지(global social welfare)로 발전되고 있음을 알 수 있을 것이다.

2 지구화(globalization)의 정의와 영향

1) 지구화의 정의

글로벌사회복지의 개념을 이해하기 위해서는 지구촌화로 번역되는 글로벌라이제이션(globalization)의 개념과 그 특성, 그리고 그것이 갖는 의미에 대해 생각해야 한다.

우선, 지구촌화 또는 지구화로 번역되는 globalization의 일반적 현상은 다음과 같이 설명된다(박경서, 2007). 첫째, 국가 간 국경선을 초월하여 정치 · 경제 · 문화 · 사회적 활동이 전지구적으로 상호연결되고 상호작용하여 한 곳의 사건(event)이 다른 곳에 실시간으로 영향을 미치게 되며, 둘째, 국경선을 넘어서는 흐름과 작용이 단지 간접적으로나 임의적(random)으로 발생하는 것이 아니고 거의 지속적으로, 그리고 규칙적, 제도적으로 반복되어 일어나고 있고, 셋째, 이러한 현상이 전지구적으로 광범위하고 신속하게 일어나기 때문에 국내적 혹은 국지적 현상이 전지구적 결과를 초래하여 국내와 국외가 구별되지 않는 시공간을 초월하는 하나의 지구촌을 형성하기에 이른다. 따라서 정치 · 경제 · 문화적으로 인간이 과거에 갖고 있던 정체성이나 공동체 의식이 이제는 초영토적으로 구성되어 지구의식(global consciousness)을 탄생시키고 지구촌을 하나의 생활공간으로 바라보고 행동하게 된다는 것이다.

지구화에 대한 이러한 두드러진 현상에 대한 이해를 바탕으로, 최근 Aubrey(2010)는 globalization을 "더 커진 국제적 상호협력으로 통신과 기술, 무역, 정치, 문화와 환경의 변화를 초래하는 사회현상"으로 정의하면서, 그 주요 영역별 변화를 다음과 같이 설명하고 있다.

첫째, 정보통신기술과 관련한 영역의 변화이다. 인터넷은 생활의 필수도구가 되었고, e-러닝과 e-티칭이 보편화되었으며, 최근에는 페이스북(Facebook)이나 마이스페이스(Myspace) 등과 같은 가상의 네트워크가 사람들의 일상의 커뮤니케이션 도구가 되었다. 인터넷을 비롯한 대중 매체의 발전은 급속도로 이루어지고 있다.

둘째, 국제무역과 관련한 영역의 변화이다. 1990년대 초 동유럽 공산 국가들이 붕괴함에 따라 세계는 하나의 자본주의 시장으로서 재편되었다. 국제자유무역법이 다국적 기업으로 하여금 국경을 넘나드는 무역을 하도록 보증했다. 국제 무역의 이러한 변화는 지구촌 북반구에 있는 선진국들에게는 하나의 사업이지만 남반구에 주로 있는 개발도상국들에게는 해로운 것이 되고 있다.

셋째, 정치영역의 변화이다. 소비에트 연방의 붕괴와 분열 이후, 미국이 세계 유일의 강대국이 되었다. 이는 미국이 최고 수준의 경제 우월성과 강력한 군대를 가지고 있기 때문이다. 국제관계는 또한, 경제적 이권과 문화적 이해관계를 둘러싸고 국가별 또는 권역별로 상호경쟁하거나 대립하는 양상을 보이기도 한다.

넷째, 문화영역에서의 변화에 대해 강조한다. 예를 들면, 영화 산업과 신종 미디어는 미국 기업이 지배하고 있다. 한국은 물론, 심지어 선진국인 영국에서의 합리적으로 성공한 영화 산업조차도 미국의 제작사와 배급사에 의존하고 있다. 예를 들어, 디즈니사는 전 지구에 영향력을 끼치는 미디어를 통해 무시할 수 없는 방송권력을 가지고 있다. 또한, 미국의 패스트푸드 문화, 팝 음악, 영화와 TV시장은 다른 나라의 문화적 토대를 감염시킨다. 이와 같이, 지구화 또는 지구촌화로 이해되는 globalization은 다른 전통 문화에 영향을 끼치는 서양 문화와 소비일색의 문화를 포함한 부정적 결과를 가져다준다.

Scholte(2000)는 이러한 점에서 globalization은 다음과 같은 몇 가지 의미로 혼용되고 있다고 정리하고 있다. 첫째, 지구화를 국제화(internationalization)의 심화로 보는 경향이 있다. 즉, “국가 간 무역과 자본(따라서 인간, 메시지, 아이디어 등까지 포함)이 대량으로 이동하면서 계속 성장하고 있는 흐름”으로 이해한다. 둘째, 지구화란 자유화(liberalization)의 확산으로 본다. 즉, “정부의 모든 규제로부터의 자유”이다. 완전 개방되고 국경선이 없고, 세계경제를 창출하기 위하여 개별 정부주도의 모든 규제로부터 자유로워지는 것이 곧 지구화라고 정의한다. 셋째, 지구화를 보편화(universalization)

또는 전세계화(world wide)의 개념과 동일시하는 정의이다. 즉, 더 많은 인간과 문화가 지구 모든 곳으로 확산되는 것을 의미한다. 불교, 기독교, 이슬람교 등의 전세계적 전파와 국제무역의 팽창은 세계의 보편화를 초래했다는 것이다. 넷째, 지구화는 서구화(Westernization) 또는 미국화(Americanization)를 의미하는 것으로 본다. 나아가 서구화나 미국화는 현대화(modernization)를 의미한다는 점에서 곧 현대화라고 정의한다. Scholte는 이러한 네 가지 정의가 현재 진행 중인 지구화 현상을 각기 그 일부분만을 설명하는 것으로 보고, 현재는 이러한 용어가 표현하는 것 이상의 더 깊은 의미를 가지고 있다고 주장한다. 현재의 지구화는 과거의 국제화와는 다르며, 오히려 횡국가화(transnationalization)가 더 유사한 개념이라고 설명하고 있다. 다시 말해 민족국가의 영토성을 중심으로 한 국가 간 관계보다는 국경선이라는 영토성을 초월하는 횡국가 내지는 초국가적인 하나의 새로운 영토로서 전 지구를 바라보는 시각을 강조하고 있다.

한편, Held는 "지구화란 세계를 분리시키고 있는 많은 요소들을 감소시키고, 궁극적으로는 이를 제거하여 세계를 하나로 통합시키는 과정 혹은 현상"으로 정의한다. 그는 지구화는 새로운 교통통신기술의 발전으로 나타나는 새로운 사회적 관계와 거래의 공간조직의 변형을 구체화시키는 과정으로 이해하면서 Scholte 교수의 초영토적 새로운 사회지리의 탄생과 유사한 정의를 하고 있다. 또한 경제분야의 저널리스트인 Friedman은 지구화현상이 주로 경제적 현상임을 지적하면서, "세계를 하나의 작은 공간으로 축소시키는 시장, 금융, 그리고 테크놀로지의 통합"이라고 정의하고 있다.

또한, Beck과 Giddens 등의 사회학자들은 지구화를 정치, 경제, 환경 등 거시적인 측면에서뿐 아니라, 미시적으로 국경을 초월해 일 개개인의 사고체계에까지 영향을 미치는 것으로 설명한다(한수경, 2011 재인용). Beck(1997)은 'globalization'을 'globalism'과 'globality'의 개념과 구별해 설명하고 있다. 그에 따르면, 'globalism'은 세계시장지배라는 신자유주의적 이데올로기에 입각해 경제적 측면으로 모든 차원을 단순화시키는 것이다. 'globality'는 서로 격리되지 않은 채 점차 세계 사회(Weltgesellschaft) 속에 살고 있다는 사실이라고 설명한다. 말하자면, 이 '세계 사회'는 Mcluhan의 '글로벌 촌락(global village)'과 일맥상통한다 하겠다. 반면에, 'globalization'은 국가, 다국적 행위자들을 통한 주권, 방향성, 정체성과 네트워크들이 서로 침투하고 연결되는 과정으로 보고 있다. 이 과정에서 다국적인 사회관계가 형성되고 또 지역문화가 중요시되며, '제3의 문화'가 탄생된다고 보고 있다. Beck의 세계화는 세계국가도 세계정부도 없는 세계 사회를 말하며, 경제, 환경, 커뮤니케이션, 문화, 시민사회의 차원은 물론 더 많은 곳에 침투해 있는 것으로 결국 이것이 개인들에까지 영향을 미친다는 것이다.

Giddens(2001)는 글로벌적 차원에서 생겨나는 사회적 관계들로 세계화를 설명하고 있다. 이것을 가능하게 하는 것은 직접적인 사회적 접촉이 아닌, 커뮤니케이션 기술인 위성 등의 미디어를 매개로 한 접촉의 심화이며, 이것이 우리의 생활구조를 변화시킨다는 것이다. 그에 따르면, 지구화는 '위로부터' 뿐만 아니라 '아래로부터' 일어나는 것으로 지역의 정체성이 되살아날 기회를 갖게 된다. 또한 지구화는 국가경계를 넘어 새로운 경제적 문화적 지역들이 생겨나는 것으로, 이것이 전 세계국가들의 위상에 영향을 준다. 이렇게 지구화는 "우리의 생활세계에서 공간과 시간의 변형"을 의미하는 것으로, "먼 곳에서 발생한 일들이 오늘날 우리에게 어느 때보다 더 직접적으로 또 훨씬 빨리 다가오며, 반대로 우리의 개인적 결정들은 종종 글로벌적인 영향을 준다."

Giddens는 또한 지구화를 "정치, 경제적 요소들의 혼합으로 촉진된 과정들의 한 복합적인 묶음"으로 간주하고, 네 개의 다양한 차원으로 설명한다. 즉, 자본주의 세계경제, 국민국가 시스템, 군사적 세계질서와 국제적 노동 분업이 서로 관계하고 있다는 것이다. 물론 기든스의 이 네 개의 차원에 문화는 제외되어 있지만, 각 차원에 영향을 주는 중요한 요인으로 간주하며, 특히 커뮤니케이션 기술을 강조하고 있다.

2) 지구화(globalization)의 영향

(1) 지구화와 민주주의

지구화와 민주주의에 관한 논의를 살펴보면, 지구화는 민주주의 수준을 높이는 긍정적인 역할을 한다는 입장, 지구화는 오히려 민주주의 수준을 낮춘다는 입장, 지구화와 민주주의는 관련이 없다는 입장이 존재한다(황인재, 2012). 첫 번째 입장을 가진 학자들은 지구화가 민주주의 수준을 증가시킨다는 이유로 경제성장과 민주주의의 관계를 들고 있다. 정치학계에서 많은 학자들은 경제성장이 민주주의 수준을 높인다는 사실에 동의하고 있는데, 지구화는 경제성장을 촉발하는 원인이니 궁극적으로 지구화는 민주주의 수준을 높이는 긍정적인 역할을 수행한다고 보는 것이다. 또한 지구화가 진행되어 국가의 경제가 개방화 될수록 정부나 기업은 더 많은 이익을 발생시키기를 원하는데, 이는 안정적인 정치체계가 없이는 불가능하므로 지구화가 진행될수록 사회 내부의 민주주의에 대한 욕구가 커지게 되는 것이다.

두 번째 입장을 가진 학자들은 전혀 다른 이야기를 전개하는데, 지구화가 진행되면 주권국가의 역할이 자연스럽게 축소됨으로 정부가 국민들을 위한 정책을 설계하기 보다는 국가에 투자하는 외국인들을 위한 정책을 세우게 되기 때문에 민주주의 수준이 오히려 떨어진다고 주장한다. 즉, 국가가 점차 개방화 될수록 승자가 모든 것을 다 가져가는 것을 막고, 패자들에게 보상해주기 위한 복지정책을 국가주도로 설계하기가 어려워지면서 민주주의 수준이 오히려 더 감소한다는 것이 이러한 입장을 가진 학자들의 핵심주장이다. 또한 금융세계화가 진행되면서 단기적 휴발성 자금이 늘어나고 이러한 자금을 가진 소수의 사람들과 초국적 기업(MNC)의 정치적·경제적 영향력이 거세지게 되면 대다수 국민들의 영역이 축소되게 된다. 이를 참지 못한 사람들이 자신과 뜻이 맞는 사람들과 모여 저항하게 되면 사회적 분열이 커지게 되고, 이는 결론적으로 민주주의 수준을 낮추게 된다(나종석, 2009; 황준성, 2003).

세 번째 입장을 가진 학자들은 흔히들 생각하는 것만큼 지구화의 영향력이 그렇게 크다고 보지 않는다. 경제적 통합이 아직까지 완전하게 진행된 것도 아니며, 주권 국가의 영향력 또한 감소한 것이 아니기 때문에 주권국가 스스로 복지 정책을 설계하는데 큰 무리는 없으며, 지구화의 영향력은 지역마다 다르기 때문에 일률적으로 지구화와 민주주의의 관계를 긍정적 또는 부정적인 것으로 말할 수 없다고 주장한다.

(2) 지구화와 주권국가

이론적으로는 지구화가 진행되면 될수록 주권국가의 역할은 축소될 것으로 예측된다(김선혁, 2008; 장성호, 2005). 즉, 민주화가 진행될수록 시민사회의 힘과 영향력이 강화되면서 과거 권위주의 정권처럼 무소불위의 권력을 갖고 있었던 국가도 끊임없이 권력을 이양할 것을 요구받게 된다. 또한 민주화와 분권화는 통상적으로 동시에 진행되기 때문에, 중앙정부가 갖고 있던 힘이 지방정부에 분산되기도 한다. 마지막으로 신공공관리적 정부개혁은 국가의 역할을 축소하고 그 축소된 영역에 민간부문을 개입시켜 개혁을 이룬다는 것이 핵심이므로, 신공공관리적 개혁은 국가가 다루는 사업의 영역의 축소를 가져온다.

그러나 이론적으로는 주권국가의 힘이 약해질 수 있다고 보면서도 실제로 주권국가의 영향력이 감소했는지는 확실하지 않다. 지구화가 진행되면서 새롭게 등장한 행위자인 초국적 기업, 금융자본의 간섭과 이에 따른 민주화와 분권화의 압력, 민간화, 탈규제의 흐름에도 불구하고 주권국가들은 여전히 국제사회 또는 국내정치에서 핵심적인 역할을 수행하고 있기 때문이다. 주권국가는 시민사회와의 힘의 싸움에서 밀리지도 않았으며, 중앙정부가 원래부터 갖고 있는 압도적인 정보력 때문에 지방정부는 중앙정부의 힘을 완전히 빼앗을 수 없다. 국내정치의 영역에서도 자원을 재분배 할 수 있는 힘과 능력을 가진 집단은 국가 밖에 없기 때문에 국민들은 주권국가에 의지할 수밖에 없고, 이는 주권국가가 힘든 상황 속에서도 영향력을 유지하는 이유가 된다(장성호, 2005).

(3) 지구화와 신자유주의

신자유주의는 개인의 자유를 존중하며 국가의 간섭을 최대한 줄이려는 사상으로서 자유주의의 변형된 형태이다. 근래에 논의되는 신자유주의는 1980년대 이후 영국과 미국에서 추구해온 경제적 변화로서 주로 지칭된다. 즉 공기업 민영화 등을 통해 정부에 의한 감독과 규제를 줄이고, 무역과 자본의 자유로운 이동을 광범위하게 추진해야 한다는 것이 신자유주의의 논리이다. 지구화는 단순히 시장 추동적인(market-driven) 경제 현상만은 아니며 상당부분 정치적·이데올로기적 현상이기도 하다. 지구화는 이념적으로 신자유주의(neo-liberalism)의 정치와 이데올로기에 의해 형성되었으며, 따라서 경제적 지구화는 대체로 신자유주의적 특징을 갖고 있다.

경제통합으로서의 지구화는 신자유주의 이데올로기를 기반으로 하여 의사결정 주체로서의 국가의 역할을 변화시켰다. 대부분의 국가들은 자국 기업의 세계시장에서의 경쟁력 강화를 위해서 뿐만 아니라 해외직접투자나 외국기업을 유치하기 위한 정책적 노력을 아끼지 않고 있다. Cerny(1990)는 이러한 경향을 증대되는 지구화로 인한 '경쟁국가(competition state)'로의 전환이라고 주장했는데, 조직의 경쟁논리 및 자본주의의 발전은 국가 개입의 초점을 국가활동의 탈상품화(decommodification)에서 상품화(commodification) 혹은 시장화(marketisation)로 변화시키고 있다(김혜선, 2005 재인용).

(4) 지구화와 문화정체성

정체성은 생물학적으로 정의되는 것이 아니라 역사적으로 정의되는 것이며, 고정되고 안정된 것이 아니라 그 형성이 항상 진행 중인 동일시 과정이다. 외부 타자와의 상호작용으로 부족한 자아를 보완하고 새로운 자아를 완성하는 것이라고 설명할 수 있다. 일반적으로 문화정체성은 오랜 시간에 걸쳐 형성되고 지속되는 성질을 가지고 있다. 집단은 문화정체성을 통해 문화에 대한 신념을 갖게 되며, 또한 문화정체성을 통해 그것을 실현하려는 문화에 대한 열의를 형성하게 된다. 이처럼 문화정체성은 집단이 갖고 있는 삶에 대한 동기, 열망, 계획, 실천의 근거가 되기 때문에 집단의 성격이 드러난다. 문화정체성이란 민족정체성과 마찬가지로 어떤 실체라기보다는 형성되고 변화하는 상징체계(system of representation)라고 할 수 있다.

문화정체성의 변화 양상은 지구화에 기인한다. 지구화로 인한 국가 간 자본의 교류와 커뮤니케이션 미디어의 상호 영향 증대는 세계적 차원의 통합이나 새로운 결합 경향을 가속화시켰다. 이에 따라 국가 간의 경제적, 문화적 교류와 상호의존도가 높아져 상대적으로 민족의 자립성과 자율성의 정도가 낮아지고 있다. 국가 간 상호교류와 상호의존도의 증가는 문화적 동질화의 경향을 가져온다. 결국 지구화시대 문화침투와 문화 충격은 문화적 동질화, 획일화를 확산시키고, 동시에 지역 정체성 상실의 위기의식으로 인해 문화정체성을 보존하려는 움직임을 강화시키는 결과를 초래하고 있다. 즉, 지구화는 세계문화의 동질성과 다양성을 파생시키면서 동시에 지역문화의 접합으로 새로운 혼성적 문화정체성을 만들어 내고 있다. 따라서 지구화 과정에서의 문화정체성은 과거 민족국가의 단일정체성에서 다정체성 또는 복합정체성을 지향하는 방향으로 변화하고 있다(변청자, 2003).

젊은이들의 경우 트위터, 블로그, 페이스북과 같은 모바일 폰과 온라인 시스템들은 젊은이들이 그들의 다면적인 자아를 창조하도록 문화적인 수단과 가상적인 공간을 제공하고 있다. 중국의 많은 젊은이들은 세계의 다른 곳의 젊은이들처럼 두드러지게 인터넷을 사용하고 국가 권력의 남용에 도전한다. 세계의 인권 학대를 기록한 블로그, 소형 비디오를 통해 젊은이들은 그들 자신의 발언권과 인식을 위해 싸운다. 인터넷이 자유, 자기결정권, 개인의 권리에 대한 생각들을 유포함에 따라 인터넷은 그들이 대면하는 열망을 성취하는 투쟁을 기록하는 중요한 수단이 되었다. 이러한 예들은 초국가적 문화와 기술의 요소들이 지역적인 자원들과 어떻게 조합되는지, 젊은이들의 혼종문화의 틀과 이행에 어떤 영향을 미치는지를 잘 보여 준다.

3 글로벌사회복지의 이해

1) 글로벌사회복지의 의미

지구화(globalization)에 대한 이러한 개념적 정의를 바탕으로 글로벌사회복지를 이해하면, 지구화의 특성을 반영한 사회복지, 즉 전지구라는 차원을 하나의 영역으로 인정하는 국제적 사회복지활동을 의미하는 것으로 규정할 수 있을 것이다. 이는 사회복지의 전통적 영역과 분야로서의 국제사회복지(international social work)가 국가라는 단위를 중심으로 주로 다른 국가에서나 또는 국가와 국가 간의 교류를 통해 이루어지는 사회복지활동이란 의미를 전제하고 있다는 점에서 유사하지만 차별적인 의미를 갖는 것으로 이해할 수 있다.

실제로 국제사회복지라는 용어는 기존의 사회복지가 한 국가 내에 국한하고 있는 것과는 달리 국제적 교류와 실천을 구분하는 노력이 포함되어 있지만, 국제사회복지는 국가 간 사회복지를 강조하고 있으며, 글로벌사회복지(global social welfare)는 지구촌 전체의 사회복지에 관심을 갖는 것으로 보아 글로벌사회복지라는 용어가 오늘날에는 보다 더 적합한 것으로 주장하고 있다(이용교, 2010; 이태수, 2011; 천정웅, 2011). 왜냐하면, 글로벌사회복지는 "전통적인 국제사회사업에 바탕을 두면서도 국제사회정책을 포괄"해야 하는데, "즉 빈민, 장애인 등 사회적 약자를 위한 국제사회복지를 포함하여 지구촌 모든 인간의 보편적 복지에 관심을 갖고자" 하기 때문이며, 이때 "보편적 복지는 모든 인간의 소득보장, 의료보장, 교육보장, 주거보장, 대인서비스 등을 포함하여 최저생활의 보장을 넘어서 삶의 질을 높일 수 있는 다양한 사회적 대책을 포괄한다"고 말하고 있다(이용교, 2010).

이런 인식에서 글로벌사회복지란, "세계화가 전면적으로 진행되고 있는 오늘날 국가, 인종, 국적을 초월하여 지구인들 모두의 인간다운 삶을 보장하고자하는 노력의 필요성을 인식하고 이를 달성하려는 모든 활동"이라 폭넓게 정의할 수 있을 것이다(이태수, 2011). 그러나 글로벌복지를 협의적으로 정의하면 지구적 차원의 심각한 빈곤, 소외, 불평등의 문제가 야기하는 후진국, 개도국 및 선진국 내의 피해자들을 옹호하고 이들의 삶을 개선하려는 전문적 활동이라 할 수 있다.

따라서 이는 기존의 사회복지(social welfare)가, 단일국가라는 한정된 공간과 국민을 대상으로 그 구성원들의 인간다운 삶을 보장하려는 총체적 노력이며 그 의의가 여전히 존중되어야 함에도 불구하고 글로벌복지는 다음과 같은 측면에서 기존의 사회복지의 지평을 더 넓게 개척하는 의미가 있다. 이태수(2011)는 이러한 글로벌복지의 의미를 다음과 같은 3가지로 정리하고 있다.

첫째, 오늘날 지구화의 전면적 등장으로 인해 일국의 사회적 위기가 결코 일국내의 구조적 원인에 의거하기 보다는 세계적 차원의 정치, 경제, 사회, 문화 등의 다양한 측면에 걸쳐 영향을 받아 초래된다는 점을 인식한다는 점, 둘째, 전지구적 차원에서 보면 빈곤, 소외, 사회적 배제, 불평등에 의해 희생되어 인간다운 삶과 인권을 보장받지 못한 광범위한 집단의 존재가 일국의 차원에서 볼 때보다도 더욱 심각히 드러남에 따라 더욱 활발한 노력의 여지를 발견하게 된다는 점, 셋째, 일국 안에서도 이젠 다양한 인종과 국적, 민족들이 구성원으로 혼재하게 되고 따라서 좀 더 보편적인 인권의식과 가치관을 통해 이러한 다양한 구성원들 사이에서 그 사회와 구성원들 간에 직면하는 다양한 문제들을 해결하는 데에 오히려 적극적 대응력을 갖추게 된다는 점 등이다.

2) 글로벌사회복지의 유형

글로벌시대의 국제복지를 어떻게 이해할 것인가는 그 개념적 이해와 함께 유형과 범주를 어떻게 구분하는 가에 따라 달라질 수 있다. 우선 글로벌사회복지와 관련한 유형구분이 있다. 글로벌복지에 대한 관심의 증대에 따라 다양한 내용의 글로벌활동이 이루어지고 있다. 전체적으로 글로벌시민의식, 글로벌시티즌십 등에 대한 인식이 확산되고 있으며, 사회복지와 관련한 영역에서는 국제개발협력과 NGO활동에 대한 관심이 높아지고 있다. 우선, 앞서 고찰한 글로벌복지의 개념과 그 의미를 바탕으로 글로벌복지의 유형은 다음과 같은 4가지 측면으로 이해할 수 있다(이태수, 2011: 11-13).

(1) 전지구적 차원

전지구적 차원의 빈곤이나 불평등, 부정의 문제의 해결에 비중을 두는 경우가 있다.

여기에는 응급구호, 사회개발, 국제질서의 재편 등에 관한 논의가 포함된다.

첫째, 응급구호란 기아, 비위생, 식수부족, 거주공간의 미비 등 가장 기본적인 의식주를 해결하지 못하는 계층에 대해 국제적인 원조와 인도적 차원의 지원으로서 필요한 생필품의 제공, 보건의료 활동의 전개, 주거지 마련 등의 응급 활동을 하는 것을 말한다. 이 경우 극단적인 기본욕구의 결핍을 해결하기 위해 매우 신속한 지원을 요하며 1차적인 욕구충족을 통해 사망과 심각한 질병, 장애유발 등을 방지하고자 하는 목적에 의거하여 활동이 이루어진다.

그러나 이러한 응급적 상황에 대한 대처의 필요성에도 불구하고 자칫 선진국이나 다국적 기업의 이해와 관철되는 통로를 마련하는 위험성이 존재하며, 수혜국이나 수혜집단의 역량강화나 자립가능성을 오히려 약화 또는 제거시킬 수 있다는 점에서 글로벌복지 활동의 과정이나 그 결과에 대한 오류를 자각하는 것이 요구된다.

둘째, 사회개발은 지역사회 또는 빈곤국가 차원의 자생력을 강화하고 스스로의 문제해결 역량을 확보하도록 개개인에 대한 교육과 훈련, 지역사회에 대한 인프라 구축이나 지역발전계획의 수립, 그리고 국가차원의 재정 확보나 각종 제도 설계 등에 기여하는 각종 활동을 말한다. 이는 물고기를 제공하기보다는 물고기 잡는 법을 알려준다는 취지를 갖고 있으며 응급구호의 한계를 극복하는 의미가 있다.

그러나 전지구적 차원의 구조적 모순 속에서 빈곤국가나 빈곤지역 스스로의 자립가능성이 크지 않다는 점에서 빈곤층이나 빈곤국가에게 책임으로 전가하는 문제를 야기할 수 있다. 또한 성과를 보기에는 언어적, 문화적, 지리적 장애를 극복하기 위한 중장기적인 노력이 지속되어야 한다는 점도 글로벌복지활동으로서 어려움을 갖게 된다.

셋째, 국제질서의 재편이란 빈민국가의 문제나 어느 지역의 심각한 빈곤층의 존재에 궁극적으로 영향을 미치는 국제적인 정치경제적 질서에 대한 근본적인 개편을 시도하는 활동을 말한다. 이를 위한 국제적인 NGO의 활동을 촉진하며, 국제적인 모순의 희생자의 인권에 대한 옹호활동을 전개함으로써 궁극적으로는 각국의 NGO들의 협력을 이끌어내며 국제적인 조정력을 갖춘 기구의 등장까지 추구할 수 있다.

그러나 이러한 활동은 근본적인 문제의 해결을 시도함에도 불구하고 실현가능성이 담보되기 어려우며, 실현수단을 확보하기 위해서는 고도의 정치력과 교섭력을 가져야 하며 또한 선진국과 개도국, 후진국 모두의 이해를 초월하는 공통의 이념과 제도를 구현해야 한다는 점에서 선언적 의미에 그칠 가능성이 매우 농후하다.

(2) 초국가적/국내적 차원

국가, 인종, 국적 등의 다양한 결합도에 따라 초국가적 글로벌복지와 일국내의 글로벌복지가 구분된다.

첫째, 초국가적 글로벌복지는 활동가 스스로의 국가영역을 초월하여 전지구적 관점에서 의미가 있는 곳이라면 국가와 인종, 국적을 뛰어넘어 활동하는 경우를 말한다.

둘째, 일국 내 글로벌복지는 일국 내에 다양하게 구성된 인종과 국적에 의해 야기되는 다양한 문제를 해결하기 위해 활동하는 경우를 말한다.

(3) 국가적 활동특성 차원

활동하는 국가의 특성에 따라 빈곤국가에서의 글로벌복지와 선진국가에서의 글로벌복지가 구분된다.

첫째, 빈곤국가의 글로벌복지는 심각한 빈곤 등 당면한 문제가 국가적 차원에서 집단적으로 발생하고 있는 빈곤국가에서 활동하는 경우를 말한다.

둘째, 선진국가의 글로벌복지는 선진국가 내에서도 역시 전지구적 차원의 문제와 연결되거나 그 영향력 하에서 발생하는 물질적 빈곤이나 정신적 황폐화, 사회적 배제 등의 문제가 발생하게 되므로 이러한 문제의 해결을 시도하는 과정에서 선진국가 내에서 활동하는 경우를 말한다.

(4) 지원/옹호 활동성격 차원

구체적인 활동의 성격에 따라 지원차원의 글로벌복지와 옹호차원의 글로벌복지가 구분된다.

첫째, 지원차원의 글로벌복지는 직접적인 현물지원이나 인력파견, 나아가 지역개발 등의 과정에 참여하는 활동을 말한다.

둘째, 옹호차원의 글로벌복지는 직접적인 지원이나 참여보다는 인권의 침해 현장을 고발하고 이를 위한 전지구적 차원에서의 인식개선이나 경각심 제고를 유발하여 마침내 새로운 질서나 구조를 만들고자하는 활동을 말한다.

글로벌사회복지를 이러한 4가지 측면으로 구분하여 이해하는 것은 글로벌사회복지의 대상과 관점, 목표를 다음과 같이 이해하는 것을 기반으로 한다(이태수, 2011: 11). 첫째, 글로벌사회복지의 대상으로는 단일국가, 단일민족을 넘어서서 국가나 인종, 또는 국적을 넘어서는 특성을 가지고 있다. 글로벌사회복지는 반드시 해외를 대상으로 한다는 의미만이 아니라, 한 국가 내의 다양한 인종이나 국적을 가진 이들이 모여 있을 때에도 적용될 수 있는 개념인 것이다. 둘째, 관점에 있어서는 일국 내의 정치, 경제, 사회, 문화 등등의 구조적 측면을 넘어서서 전세계적 차원의 정치, 경제, 문화적 관계들을 고려하는 관점을 수용하는 특성이 있다. 글로벌사회복지는 단순한 물질적 구호나 제공의 차원에서 그치지 않고 국제적인 연대감을 통해 정치적 권력의 배분이나 경제적 자원의 동원, 문화적 교류 등을 포함하는 것을 의미한다. 셋째, 목표에서는 궁극적으로 전세계적인 연대의식을 갖고 인권과 평화, 평등이 실현되는 지구공동체의 실현을 지향한다. 기존의 사회복지가 일국에 적용되는 국민기본선(national minimum)에 근거를 두고 있었다면, 글로벌사회복지는 전 지구적 차원에서 적용하는 전 지구적 기본선(global minimum)에 기초를 두어야 하기 때문이다.

4 글로벌사회복지의 요청과 동향

1) 글로벌시티즌십의 요청

글로벌시티즌십은 세계인으로서 갖는 공통의 관심, 연대감과 정체성을 강조하기 위해 사용되는 경우에는 글로벌시티즌으로서의 의식(또는 자질)을 의미한다. 세계시민사회를 살아가는 세계시민(global citizenship)은 ① 글로벌 이슈에 대한 인식과 이의 해결에 대한 책임감을 가지고 있으며, ② 가치의 다양성을 존중하고, ③ 세계를 보다 정의롭고 지속가능한 공동체로 변화시키려고 하는 사람이다. 같은 맥락에서 세계시민은 민족이나 국가의 차원을 넘어 인간의 복지, 환경, 기본권, 존엄성에 대한 글로벌 이슈에 관련할 수 있는 책임감 있고 윤리적인 시민을 말하는 것으로 정의한다(Oxfam, 2006; Pike, 2000). 따라서 글로벌 시티즌으로서의 정체성은 민족이나 국가의 차원을 넘어 인류보편의 이슈에 대한 인식과 보편적 인류애를 바탕으로 형성되며 전 지구적 이슈의 해결에 대한 책임감과 이를 바탕으로 한 실천으로 구체화된다.

한편, 한국 사회에서는 글로벌사회에서 필요한 능력과 자질을 일반적으로 글로벌 리더십으로 인식하는 경향이 있다. 글로벌 역량을 '글로벌 인재', '글로벌 리더'가 되기 위한 역량으로 이해하며 '글로벌 리더십'을 사회적 목표로 추구해 왔다. 글로벌 리더십이란 일반적으로 각국의 정치, 경제, 사회적 문제들을 전 세계적 맥락에서 이해하고 대처할 수 있는 능력이며 효과적인 문제해결을 위해 세계 여러 지역 사람들의 공동 협력을 이끌어 내고 동원할 수 있는 능력이다. 그리고 세계화된 사회에서 이들과 더불어 함께 살아갈 수 있는 능력이다. 글로벌기업들에서는 모든 수준의 리더들에게 글로벌 리더십의 함양을 요구하고 있다. 글로벌시대 리더는 자기 자신의 잠재력은 물론 남의 잠재력도 계발해 주고 협조적 관계를 구축해 나가고, 자국의 문화와 타국의 문화를 상호작용적으로 관리하는 리더로서의 자질을 갖추고 있어야 하기 때문이다.

이러한 차원에서 글로벌 리더십 함양을 위해 필요한 기본 역량으로 지구적 안목과 문화적 리터러시(cultural literacy)를 제시하기도 한다(김다원, 2011). 지구적 안목은 세계시민으로서의 지구적 마음가짐으로, 행동과 책임감의 지구적 수준을 통해 글로벌 리더의 역량으로 접근하는 것이며, 문화적 리터러시란 자신의 문화를 이해하고 다른 문화와의 차이점을 인식하며 그 차이점에서 새로운 가치를 창출해내고 다양하게 활용할 수 있는 문화적 감수성을 필요로 하는 것을 말한다. 학문적 관점에 따라 지구촌 사회는 '무한경쟁의 시장'이 될 수도 있으며 '공존·공생해야 할 지구공동체'가 되기도 한다. 글로벌 시티즌십은 인류와 세계의 지속가능한 발전을 위해 사회 모든 구성원이 가져야 할 책임과 실천능력으로서의 의미를 지닌다면, 글로벌 리더십은 세계화와 더불어 무한경쟁의 사회에서 개인과 사회의 존속·발전을 위해 국제적 경쟁력을 가진 우수 인재가 필요하다는 관점에서 강조되어 왔다. 이런 점에서 글로벌 역량 강화방법으로 Black(1999)은 여행, 팀 구성 훈련, 해외파견을 제시하고 있다. 여행과 훈련은 글로벌 상황에 대한 간접경험을 제공하지만 팀 구성과 해외파견은 직접적인 경험을 제공하는 방법이다.

2) 지구시민교육의 강화

글로벌사회복지와 관련한 주요한 내용의 또 다른 하나는 지구시민교육의 강조를 들 수 있다. 지구화는 동등한 기회를 부여하였고, 자유로운 경제활동, 경제활동의 공동참여, 민주화의 전개 등의 긍정적 측면이 논의되고 있다. 그러나 부정적 측면에 대해서도 다양하게 지적하고 있다. 금융시장의 자유화를 통한 일국 경제권의 불안정 야기, 국가 간 불평등의 심화 혹은 온존, 노동계층의 불안정성 증폭, 개인 삶의 질과 안정성에 대한 상대적인 열악화 등에 대한 지적은 그러한 것의 한 예로 볼 수 있다(이태수, 2011). 글로벌복지는 바로 이러한 세계적 차원의 부정적 측면에 대한 피해를 자생적으로 해결할 수 없는 국제정치, 경제의 구조로 인해 그 필요성이 제기된다고 볼 수 있다.

지구시민교육은 지구화로 인한 병폐를 개선하고자 하는 역기능을 회복하려는 긍정적인 시도인 지구화 전략과 이를 실천하기 위한 방법으로 제기되고 있는 것이다. 즉, 지구화가 주는 역기능을 보다 적극적으로 극복하고 전 인류가 보다 안전하고 행복한 삶을 영위하기 위하여 사회적 갈등을 해결하며, 환경의 급속한 파괴를 막고, 질병과 빈곤에 처해 있는 우리의 보이지 않으나 매우 중요한 이웃(the unseen but important neighbor)을 돌아보는 일은 궁극적으로 모두가 공동 번영할 수 있는 강력한 방법이라는 것이다(박선영, 2010).

한편, 한국에서도 이러한 지구시민교육은 이른바 개발교육이라는 이름으로 이미 실시되고 있다. 한국해외원조단체협의회를 위시한 원조단체들과 개발NGO들은 지구의 불공정과 세계화, 신자유주의가 불러온 병폐들을 개선하고자 하는 맥락에서 서구에서 사용되는 지구시민교육의 관점과 비슷한 내용을 가지고 개발교육이라는 이름으로 지구시민교육에 대한 관심을 보이고 있다. 특히 한국의 해외원조단체협의회를 위시한 개발 NGO들은 2000년 21세기를 맞이하여 세계의 빈곤타파와 국제협력의 방향을 설정하기 위해 8개의 주요 목표와 18개의 세부목표를 담은 새천년개발목표의 세부 목표들을 세계 다른 국가들과 파트너십을 이루어 적극적으로 실천하려는 의지를 가지고 노력해 오고 있다.

3) 국제자원봉사의 활성화 동향

국제자원봉사는 국제적인 일에 참여하는 자원활동을 말하며 해외자원봉사 또는 국제자원 활동으로 사용하기도 한다. 외국에서 활동하는 것이 일반적이지만, 활동장소가 국내일 경우, 국제적 문제나 프로젝트에 참여하는 것도 국제자원 활동 또는 자원봉사라 한다. 현재 우리나라에서는 최근 젊은이들이 외국에 나가 활동하는 것에 관심을 많이 가지게 되었고, 이에 따라 여러 단체와 학교에서 새로운 국제자원 활동 사업을 개발하여 시행하고 있는 현실이다.

국제사회의 상호 이해 및 협조를 공유할 수 있는 적극적인 해외 자원 봉사 활동은 세계화 속으로 동참하는 가장 좋은 방법이다. 세계 각국에서 온 봉사자들은 자원봉사 기관 안에서 도움이 필요한 이웃과 함께 생활하면서 사랑과 봉사를 실천하게 된다. 자원 봉사자들은 일정한 기간 동안 다양한 자원봉사활동 경험을 쌓으면서, 선진국의 복지시설 및 기관에 대한 지식을 넓히고, 선진국의 사회와 문화에 대한 이해도를 높일 수 있을 뿐만 아니라 외국어실력 또한 향상시킬 수 있다.

이러한 해외자원봉사활동은 다음과 같은 몇 가지 기대효과가 있는 것으로 이해된다. 첫째, 세계시민으로 여러 사람을 만난다. 국적, 연령, 신분이 전혀 다른 다양한 사람들을 만나 함께 일하기 때문에, 인생관과 가치관이 다른 사람들로부터 새로운 경험을 배우게 된다. 둘째, 국제사회에 공헌한다. 한국인으로서가 아니라 이 지구에 사는 지구시민의 일원으로서 국제사회를 위해 기여할 수 있다. 인류공동체로서 지구가 당면하고 있는 여러 국제적인 문제 해결에 보다 적극적으로 참여함으로서 보다 나은 세계를 만들 수 있다. 셋째, 자신의 성장에도 도움이 된다. 한 나라에 정착해 살며 활동하는 것은 여행자가 결코 발견할 수 없는 것을 많이 볼 수 있으며, 대부분의 사람들에게 이러한 경험은 평생 결코 잊을 수 없는 귀중한 것이 된다. 따라서 특정분야에서 현장경험을 쌓는 것은 견문을 넓히고 자기 자신을 성장시키며, 또한 이러한 경험이 나중에 자신의 문제를 해결하는데 매우 효과적으로 작용한다. 넷째, 자기발견이다. 자신의 나라와 가족과 떨어져서 타국에서 활동하는 것은 자기발견의 기회를 준다. 자신의 진짜 모습은 무엇인가, 어느 정도의 적응력을 가진 사람인가를 알 수 있게 한다. 자신의 장단점, 자신의 진짜 흥미, 적성, 가능성 등도 알게 된다. 다섯째, 경제적인 활동이다. 보통의 여행이나 유학보다 경제적이라는 점이다. 또한 이윤을 추구하는 기업(회사나 여행사)이 아니라, 여러 국제문제 분야에서 활동을 하는 단체 등에 자신의 돈(참가비 등)을 내고 활동에 참가함으로써, 자신의 부를 사회에 환원하는 부수적인 이득도 있다.

4) 개발NGO활동의 증대

글로벌사회복지와 관련한 주요한 특징의 하나는 다양한 국제협력과 개발사업이 정부는 물론이지만, 흔히 NGO로 알려진 비정부기구(Non-Governmental Organization)를 통해서 활발하게 실시되고 있다는 점이다. NGO란 정부운영기관이나 영리단체가 아닌 “비정부기구”를 의미하며, 어떤 특정한 목적을 실행하기 위해 뜻을 같이하는 사람들이 자발적으로 만든 비영리 단체를 지칭한다. NGO는 다양한 사회봉사활동과 인도주의적 기능을 수행하고, 시민들의 계몽활동을 주도하고 있다. 또 정부의 정책을 감시하고, 시민들의 참여의식을 고취시킴으로써 시민사회 구현에도 앞장서고 있다. 아울러 현대사회에서 꼭 필요한 전문지식을 제공함은 물론 모든 사회문제에 대한 조기 경보체제의 역할도 담당하고 있다. 최근에는 NGO 간의 국제협력을 대폭 강화하여 세계 문제에 대한 공동의 해결책을 모색하고, 문제점을 지적해 나가면서 국제적 위상을 넓히고 있다.

NGO는 자율적 참여와 실천 활동, 커뮤니케이션의 다양화, 사회적 연대의 활성화, 제반 분쟁과 갈등의 조정을 통하여 사회통합에 기여하고, 정부는 물론 사회의 여러 권력에 대한 감시, 비판기능을 수행하여 시민사회를 방어하며, 국제관계에서 정부가 해결하기 어려운 문제를 민간 차원에서 해결하는 정부 보완적인 역할도 수행한다.

정부기구나 국제기구와 다른 NGO의 특징은 다음과 같은 몇 가지로 이해된다.

① 공식적(formal)이다. ‘제도적’이라고도 할 수 있으며, 그 의미는 정기적 회의활동, 사업계획을 갖고 정관 혹은 회칙을 갖춘 조직들이라는 점이다. 따라서 이 조건에 맞는 조직들은 정부기관에 등록된 조직들뿐 아니라 다른 민간 조직들도 여기에 포함된다.

② 사적(private) 단체이다. 정부의 간섭을 받지 않는 ‘비정부’ 단체이다.

③ 비영리적(non-profit-distributing)이다. 때로는 기금 모금 등을 위한 수익사업을 할 수 있으나 조직의 대표에게 영리가 돌아가지 않고 조직의 사업에 직접 투입되어야 한다. 즉 영리를 추구하지 않는 사적 조직들이다.

④ 자치적(self-governing)이다. 조직을 관리하고 정책을 결정하는 등 모든 절차가 내부 정관 혹은 규율에 따라 시행되며 외부의 간섭이나 압력을 받지 않는 조직이다.

⑤ 자원적(voluntary)이다. 조직의 주요사업, 활동, 조직행정 등에 자원봉사자가 중심 역할을 하는 조직이다. 또한 조직의 운영자금의 상당부분이 자선, 개인기부, 기업 및 정부의 자원적 지원 등에 의존하는 조직이기도 하다.

⑥ 비종교적(non religious) 활동목적을 갖는다. 조직의 주요사업이 종교적 서비스와 종교 교육을 위한 목적이 아니어야 한다. 교회, 사찰 등이 제 3섹터 조직들이 아니라 교회, 사찰 등이 설립한 비종교적이고 사회공헌적인 목적을 가진 별도의 조직들이다.

⑦ 비정치적(nonpolitical) 단체이다. 조직의 목적이 특정 정치인 혹은 정당을 지원하거나 로비 등 정치활동을 하기 위한 것이 아니라, 인권, 사회정의, 환경에 대한 정부정책에 압력을 행사하거나 시민의 참여를 유도하는 등의 조직들이 제3섹터 조직에 포함된다.

5) 다문화교육과 다문화복지의 요청

한국 사회의 문화는 지구화와 시민 사회의 심화로 문화 다양성, 문화의 다원성이 증가되고 있지만 이와 더불어 여전히 국가주의, 민족주의적 경향, 기업 중심 사회로의 변화라는 획일적인 측면 또한 가지고 있다. 다문화 교육과 복지는 한국 사회에 다양하고 이질적인 문화 집단들이 증가하는 가운데 이들에 대한 차별과 배제의 문제가 발생하고 있는 시점에 놓여 있다. 지구화로 인하여 외국인 노동자와 결혼 이주여성이 증가하고, 사회의 기본 단위인 가족 내부에서부터 민족적 혼성성이 빠르게 진전되고 있기 때문이다.

이러한 다양화하고 이질적인 문화적 요소들을 한국 사회에서 포용하기 위해서 이들을 동등한 시민으로 인정할 수 있도록, 스스로 민주 시민으로 행동할 수 있는 교육과 이들을 위한 다문화사회복지가 요청되고 있다. 다문화 교육이란 인간 개개인의 성장을 교육적 목표로 하며 이러한 교육이 평등하게 이루어질 수 있도록 기회를 제공하고 이를 위해 학교의 변화를 모색하는 것이다(장원순, 2009). 다문화교육은 거시문화(macro-culture)의 측면(제도, 조직 등)과 미시문화(micro-culture)의 측면(일상문화 등)의 공존을 통하여 하나의 사회체제로서 구성된다. 다문화 교육의 핵심은 민족이나 인종의 문제를 다루는 것이 아니라 차이의 문제를 다루는 것이라고 보고 있다. 우리사회가 보다 개방적이고 관용적인 공동체가 되기 위해서는 다문화 교육이 효과적으로 이루어질 필요가 있다(김창근, 2008).

다문화복지는 사회문화적인 요소와 사회복지가 연계하여 이루어지는 분야로서 사회내부에 특수문화의 공존을 인정하고 그에 따른 환경까지 총체적으로 이해하는 실천이며 태도로 볼 수 있다. 다문화복지실천에서 주요 대상은 민족과 인종의 정체성과 역사적으로 차별받아온 사람들, 가족들, 그리고 지역사회이다. Lum(1992)은 다문화사회복지를 민족이나 인종, 그리고 사회경제적 지위로 인하여 차별받아 온 사람들을 대상으로 하여 이들의 다양성과 차이점을 존중하고 원조관계에서 작용하는 문화적인 요소를 인식하는 것이라고 하였다. 이렇게 보면, 다문화복지는 사회 환경의 상호작용 속에서 이들의 심리사회적 기능의 질을 향상시키는 것이기도 하다(박현성, 2011).

5 결론

글로벌사회는 이제 개인의 생활세계가 되었다. 우리 모두 인류역사에 전례 없는 글로벌 시대의 맥락에서 살고 있기에 글로벌사회의 시민으로서 필요한 능력과 태도를 습득하는 것은 생존을 위해 필요한 것이 되고 있다. 급격히 변화하는 상호의존의 세계에서, 향후 직면하게 될 난국과 도전을 잘 극복하고 글로벌사회의 맥락을 이해하고 행동할 수 있는 능력과 자질이 요구되고 있다.

세계화가 세계의 국가를 하나의 시민사회로 변화시켜 가는 양상을 보이지만, 국가가 해체되어 지구촌이 한 국가로 된다는 의미가 아니라, 서로 다른 문화, 사람, 그리고 국가의 정체성이 있을 때 자신의 고유성이 있고, 다름과 교류하고 소통하면서 시너지를 낼 수 있다. 따라서 세계라는 공통된 범위 내에서 세계는 하나의 공동체의 어려운 문제를 세계적 차원에서 협력하여 해결해 나가자는 공동체의식을 바탕으로 함께 발전하고 지속적으로 삶을 유지하자는 데 큰 의의가 있다.

2

CHAPTER 02

국제사회복지의 **개념과 영역**

02 국제사회복지의 개념과 영역

1 국제사회복지의 개념

국제사회복지(international Social Work)라는 용어와 관련하여 '국제적(international)', '세계적(global)', '국가 간(cross-national)'이라는 용어들이 많이 혼용되고 있다. 먼저 '국제적'이라는 말은 ① 2개 국가 혹은 그 이상의 국가들 간의, ② 2개 국가 혹은 그 이상의 국가나 국민과 관련된, ③ 국가 간의 관계에 관한, ④ 다수 국가의 국민들이나 활동이 포함된, ⑤ 국경을 넘어선, 혹은 국가의 관점을 넘어선 등의 의미를 가지고 있다. 이에 비해 '세계적'이라는 말은 '지구 전체에 영향을 주는 현상을 의미'할 때 구체적으로 활용되며, '국가 간'이란 용어는 보다 제한된 의미를 가지면서 몇 개 혹은 제한된 국가들 간의 비교 혹은 교류 등을 의미할 때 활용된다(Healy, 2010).

Cox와 Pawar(2006: 20)는 국제사회복지를 "사회사업 교육과 실천을 세계적 그리고 지역적으로 증진하는 것으로서 이는 국제적 상황에서 인권, 생태, 사회 개발의 전망과 이에 대한 반응을 아우르는 통합적 접근에 기초하고 있다"고 보았다. Healy(2008: 10-16) 역시 국제사회복지를 "사회사업 전문직과 그 회원들(사회사업가들)이 수행하는 국제적인 전문가 활동과 그 능력"이라고 보고 국제 관련 국내 사회복지 실천 및 옹호,

전문 교류, 국제실천, 국제정책 개발과 옹호의 네 가지 영역으로 제시하였다. 제시한 영역들을 구체적으로 살펴보면 다음과 같다.

첫째, 국제 관련 국내 사회복지 실천 및 옹호란 사회복지사들이 국제문제를 포함한 문제를 다루는 것으로 2개국 이상의 국가들이 사례나 정책문제에 어떤 방법으로든 관여되어 있는 것을 의미한다. 국제적으로 관련된 국내 사회복지 실천 및 옹호에는 난민 이주정착, 타 국민 관련업무, 국제입양, 결혼이민, 외국근로자문제 등이 포함된다. 사회복지 전문직이 이러한 국제관련 국내 사회복지업무를 수행하기 위해서는 타 국민에게 영향을 미칠 수 있는 외교정책 및 국내정책에 대해 알아야 한다.

둘째, 전문교류란 사회복지 경험과 정보를 국제적으로 교환하고 이 경험과 지식을 국내 사회복지의 실천과 정책을 향상시키는 데 활용할 수 있는 능력이다. 여기에는 특정 분야의 외국 학술지와 서적을 읽는 것, 타국의 전문가들과 연락을 취하거나 방문하도록 초대하는 것, 국제회의에서 전문적인 교류에 참여하는 것, 타국의 창의적인 사회복지를 파악하고 이를 국내에 적용하는 것과 같은 다양한 활동이 포함되며 컴퓨터를 통한 통신 및 화상회의 등의 기술발달로 전문교류는 더욱 활성화되고 있다.

셋째, 국제실천이란 사회복지사들이 국제개발기관에서 일하거나 자원봉사를 통해 국제개발 업무에 직접적으로 기여하는 것으로 사회복지 전문가는 사회복지 경험과 정보를 국제적으로 교환하고 이 경험과 지식을 국내사회복지의 실천과 정책을 향상하는 데 활용할 수 있는 능력을 갖추어야 한다. 사회복지사들은 자신들의 전문훈련과정에서 배운 많은 기술들을 국제원조 및 개발에 활용하고 이 기술들을 개발 및 국제상황에 대한 지식, 교차 문화적 업무에서의 민감성 및 의사소통 기술들과 혼합하여 활용한다.

넷째, 국제정책 개발과 옹호란 사회복지 전문직이 전세계적으로 중요한 사회문제에 대해 입장을 정리하고 표명하며 그 문제를 해결할 수 있는 전문능력과 관련이 있다. 국제문제에 대한 실질적인 변화와 행동은 전문가들이 국경과 문화적 경계를 넘어 상호 협력할 때 가능하다.

2 국제사회복지의 정의와 영역

우리나라에서 국제사회복지는 International Social Work과 International Social Welfare 두 용어가 혼재되어 사용된다. Healy(2008), Cox와 Pawar(2006)가 각기 저술한 'International Social Work'이라는 두 외국 교재가 모두 '국제사회복지'로 번역되었는가 하면 Midgley(1997)의 'Social Welfare in Global Context' 또한 1999년 '국제사회복지'로 번역되었다. 전자의 두 책이 포괄적, 제도적 개념의 사회복지보다는 실천 전문직인 사회사업(Social Work)적 입장에서 국제사회복지를 다루고 있다면, 후자는 국제적인 맥락에서 인류의 안녕을 증진하는 국제적인 사회복지문제를 폭넓게 다루었다.

먼저, 국제사회복지, International Social Work이라는 용어는 1943년 George Warren에 의해 처음 사용되었으나 그 역사적 기원은 19세기말~20세기 초 전문사회사업의 출현과 함께 Jane Addams와 같은 사회복지 활동가가 영국의 인보관 운동을 보고 Hull House를 세운 것에서 비롯된 것으로 보기도 한다. 전문사회사업이 발달하고 국제화되는 과정 속에서 국제사회복지가 전문사회사업의 한 독특한 실천영역인가 아니면 국제적으로 진행되는 사회복지 행동 또는 활동들의 집합인가 하는 논의는 지속적으로 논의되어 왔다.

Healy(2001)의 경우 International Social Work을 포괄적인 '국제적 활동(international action)'으로 정의하며 4가지 범주의 개념과 활동으로 분류하였는데 첫째 세계화, 개발, 인권, 초국가주의를 중심으로 하는 국제적으로 연결된 국내 실천과 옹호활동(다문화 가정, 난민 가정 돕기), 둘째, 전문적 교류(국제사회복지 학회, 교류활동), 셋째, 국제적 실천(국제 개발사업, 국제원조·봉사 NGO활동), 넷째, 국제적 정책 개발 및 옹호(아동 인권선언, 국제 난민 옹호 작업) 등이다. Cox와 Pawar(2006)는 International Social Work를 국제공동체, 모든 현장의 광범위한 특정 인구집단과 개입이 필요하고 가능한 모든 수준에 관련된 활동범위를 포괄한다고 보며 그 대응 수준을 국제, 국내, 지역, 구역 등의 4개 영역으로 나누어 제시한다. 또한 세계적 관점, 인권 관점, 생태적 관점, 사회개발 관점이라는 4가지 관점을 통합한 모형을 International Social Work의 실천접근으로 제시하였다.

Xu(2006)는 International Social Work 실천이 단순히 전통적 방법을 국경 넘어 실천하는 것이라기보다는 국제적 압력과 행동으로부터 파생된 (국내외) 사회문제를 해결해야 한다는 입장에서 접근해야 하는 것으로 보아 국내 사회문제까지도 그에 영향을 미친 국제적인 원인과 결과를 염두에 둘 것을 제안하였다. Mohan(2008)에서는 International Social Work를 하나의 실천분야이며 상호 확산적인 국제사회의 역동을 수용하는 전체론적 개발(holistic development)의 접근을 취해야 함을 주장한다. 이러한 접근이 가능하기 위해 지식의 다양성, 3개의 기본 E(Enlightenment: 계몽, Episteme: 총체적 인간, Empathy: 공감)에 바탕을 둔 지식, 모든 사람들을 위한 정의를 추구하는 전문직이 될 것을 제안하였다(이창호, 2011).

미국의 NASW가 발간하는 전문사회사업 백과사전들을 살펴보면 ≪Encyclopedia of Social Work 19판≫(1995)에서는 International Social Work을 International Social Welfare의 한 부분으로 보면서도 International Social Work Education, 즉 교육만은 별도의 주제어로 다루었다. 또한 ≪The Social Work Dictionary 3판≫(1995)에는 International Social Work를 별개의 주제어로 다루며 조직과 활동범위가 어떠하든 전문사회사업의 방법론과 지식, 사회복지사의 개입을 필수적으로 충족시켜야만 하는 구체적 활동으로 규정하는 것으로 나타난다(이창호, 2011).

국제사회복지, International Social Work에 대해 Midgley(1997)는 사회적 약자를 대상으로 국제적인 맥락에서 공중위생, 의료, 교육, 주택 및 노동 등을 포함하는 생활개선, 사회보장, 사회정책, 사회사업 등을 실천하는 것으로 정의한다. 즉 오늘날 국제공동체가 직면하고 있는 빈곤, 분쟁, 박탈, 기아, 불평등과 같은 광대한 사회문제들을 세계적 수준에서 개선하기 위하여 인류의 안녕을 설명하고 이해하고 평가하고 증진시키는 모든 활동영역으로 국제사회복지를 규정하고 있다.

한편, 이용교(2011)는 국제사회복지가 International Social Welfare라기보다는 Global Social Welfare라고 보고 있는데, 이는 International Social Welfare가 국가 간 사회복지를 강조하는 반면 Global Social Welfare는 지구촌 전체의 사회복지에 관심을 갖는다고 파악하기 때문이다. 국제사회복지(Global Social Welfare)는 국가 간(International) 사회복지를 포함하지만 지구촌 전체에 영향을 미치는 사회복지문제에 대한 대책에 좀 더 강조점을 둠과 동시에 전통적인 국제사회사업과 함께 지구촌 모든 인간의 삶의 질을 높이는 국제사회정책까지도 포괄하는 것이어야 한다는 입장을 취한다.

국제사회복지, 국제사회복지학에 대한 논의는 진행 중이므로 무엇이라고 한정하기는 어려우나 International Social Work와 International Social Welfare, 그리고 Global Social Welfare의 세 가지 용어로 정리해 보았다. 첫째, International Social Work가 전문사회사업의 한 독특한 분야라는 데에 대체로 많은 학자들이 동의하고 있으며, 둘째, International Social Work과 International Social Welfare가 '국제사회복지'라는 우리말로 동일하게 번역되고 있지만 두 용어는 비슷하면서도 다른 개념임을 알 수 있다. 한편으로 국가 간(International)을 넘어 사회적 약자뿐만 아니라 모든 인간의 보편적 복지를 지향하는 의미에서 국제사회복지를 Global Social Welfare로 보는 입장도 있음을 알 수 있다.

3 국제사회복지의 발달요인

국제사회복지의 발달요인을 환경적 요인, 문화적 요인, 안보요인, 경제적 요인으로 정리할 수 있다(김동수 외, 2013; Healy, 2008). 첫째, 환경적 요인을 살펴보면 한 국가에서 발생하는 환경문제는 바로 이웃하는 국가의 환경뿐 아니라 전세계 환경에 영향을 미치는 환경적인 의존과 관련이 있다. 공기오염과 해양오염이 가장 대표적인데, 이들은 국가 간의 경계가 없다. 대기오염은 지구온난화에도 영향을 준다. 환경적 상호의존은 전세계의 모든 사람에게 영향을 주며 국제정책 과정 및 목표에도 중요한 도전을 안겨주고 있다. 다양한 생물의 손실, 산림개발과 사막화의 증가는 해당지역 주민에게도 즉각적인 위협을 주지만 다른 나라 사람들의 삶에도 부정적인 영향을 준다.

둘째, 문화적 요인과 관련하여 통신기술의 발달, 국제적인 인구 이동, 세계여행객들의 증가 등은 문화적 접촉을 빈번하게 발생시키는 요인들이다. 교차문화의 영향은 대중문화를 동질화하는 효과가 있다. 한편, 세계화는 전통적인 생활양식과 문제해결에 위협을 준다. 많은 사람에게 세계화는 더 많은 소득을 의미하지만, 이것은 곧 물질주의의 확산을 의미하기도 한다. 또한 관광산업은 해당 국가에 실질적이면서도 잠재적인 이익이 되기도 하지만 전형적인 초국가 산업으로서의 관광은 부정적인 측면도 있다. 관광산업이 해당 지역주민 및 전통을 존중하지 못하면 교차 문화적 교류의 긍정적인 면이 침해된다. 관광 및 문화적 동질화가 원주민들의 삶에 미치는 영향은 특히 심각하다.

셋째, 안보요인은 국제안보의 상호의존을 말하는 것으로 안보 문제는 핵무기의 위협 속에서 점차 더 명백해지고 있다. 핵폭발의 영향을 통제할 능력이 국제사회에 거의 없고 지역 간의 분쟁이 더 큰 침략으로 확산될 수 있다. 이슬람교와 힌두교 그리고 기독교의 원리주의가 등장하는 것은 문화 및 정치의 주도적 싸움과 함께 변화하고 있는 세계에 대한 두려움과도 관련이 있다. 국제협력은 안보의 향상과 테러행위의 파악 뿐 아니라 여러 불안한 상황의 해결을 위해서도 반드시 필요하다.

넷째, 경제적 요인은 사회복지사에게 특히 중요한 것으로 세계화가 됨으로써 장기실업, 노동 불안정, 채무, 저소득 등 전세계인의 복지에 부정적인 영향을 준 것을 말한다. 다국적 기업은 여러 국가에서 복잡한 과정을 거쳐 물건을 생산해 내어 국산품과 외제품의 경계를 모호하게 만들며, 그 규모로 인해 세계경제에 국제적 영향력을 더해

가고 있다. 다국적기업의 성장과 경제의 세계화는 저비용 고수익을 위해 일자리가 한 국가에서 다른 국가로 이동할 수 있다는 것을 의미한다.

4 국제사회복지의 지식기반

1) 세계화

세계화는 21세기 사회복지실천의 맥락을 제공하며 사회 환경을 이해하는 것뿐만 아니라 인류의 복지와 인간행동에 영향을 미치는 것으로 작용하고 있다. Jan Aart Scholte의 책 ≪세계화: 비판적 개설서≫에 따르면 세계화에 대한 세 가지의 입장을 볼 수 있다. 세계화를 현대사회에서 가장 중요한 현상으로 규정하는 세계화론자, 세계화의 중요성 또는 존재 자체를 부정하는 회의론자, 그리고 세계화의 중요성을 인정하지만 세계화가 세계 질서의 한 측면일 뿐이지, 세계화로 세계 질서의 모든 것이 다 바뀔 수 없다는 온건주의자로 구분한다.

회의론자들은 "세계화된 경제"는 신화일 뿐이며, 다국적 기업의 운영방식은 국가 간 교류의 틀을 벗어나지 못했다고 본다. 세계화가 주권국가에 바탕을 둔 세계정치체제를 전혀 바꾸지 못했다고 보는 입장이다. 한편, 세계화를 현대 사회에서 가장 중요한 현상으로 규정하는 세계화론자는 세계화에 대해 부정적인 견해와 긍정적인 견해의 두 가지 입장으로 나눠진다. 세계화에 대해 긍정적인 견해를 피력하는 세계화론자는 '국경 없는 세계'를 주창하는 반면 세계화에 부정적인 견해를 피력하는 이들은 다국적 기업의 세계지배를 비판하고 있다. 온건주의자들은 세계화의 중요성은 인정하지만, 세계화 자체만으로는 현대 사회에서 가장 중요한 변화가 될 수 없으며, 세계화는 생산, 거버넌스, 지식 체계에서 일어나고 있는 변화와 밀접하게 연관되어 있다고 본다. 또한 세계화에 의한 변화는 국가별로 차이가 크고 도시와 농촌에서도 차이가 관찰된다고 보는 입장이다.

세계화는 단순히 시장 추동적인(market-driven) 경제 현상만은 아니며 상당부분 정치적·이데올로기적 현상이기도 하다. 세계화는 이념적으로 신자유주의(neo-liberalism)의 정치와 이데올로기에 의해 형성되었기 때문에 경제적 세계화는 대체로 신자유주의적 특징을 갖고 있다. 신자유주의적 세계화를 옹호하는 쪽에서는 주로 국가정책의 효율성을 중시한다. 즉 세계화로 인한 급격한 환경변화에 적응하기 위해 각국 정부는 구조조정을 서두르는 한편, 재정적자의 축소와 정책효율성 증대를 위한 긴축정책을 실행한다. 이는 국가경쟁력 배양이라는 목표를 위한 것이지만, 그 대가로 실업, 고용불안정, 소득불평등, 신기술 적응이라는 긴장을 임금생활자에게 전가하게 되고, 각국 정부는 임금생활자를 보호하는 각종 시장제도와 복지제도를 근본적으로 수정해야 하는 상황에 직면하게 되는 것이다(박형진, 2009).

2) 개발

'개발'의 의미를 가진 Development는 '발전'이라는 의미로도 이해할 수 있는 것으로 국제개발협력이나 공적개발원조 등에 사용되며 원조와 협력에 대한 논의의 핵심이 된다. 개발의 개념은 여러 분야에서 다양한 관점으로 정의되는데 산업 혁명 이전까지 식물이나 인간의 신체기관의 성장이나 인간의 지식과 신체의 성장을 의미하던 것이 19세기 산업혁명이 본격화되면서 경제와 사회의 성장이나 진보를 의미하게 됨으로써 긍정적인 의미를 가진 개념으로 사용하게 되었다(한국국제협력단, 2013). 개발이란 "사회적 존재로서 개인의 개발을 뜻하며, 이는 개인의 해방과 자기실현을 목표로 한다. 개발은 빈곤과 무지, 그리고 질병을 뿌리 뽑는 것으로 시작되며 욕구충족을 위해 고안된 것이어야 한다"(Agere, 1986: 95). 한편, Bryant와 Kappaz는 개발의 개념을 개인이 자신의 미래에 영향을 줄 수 있는 능력을 개발하기 위한 권리라고 하였다.

개발원조는 제2차 세계대전 이후 오일쇼크, 부채위기, 재정과 무역의 불균형에 따른 전세계적인 경제적 · 사회적 · 정치적인 긴장이 고조되어 이를 위한 해결방안으로써 본격적으로 대두되었다. 초기에는 국가 간 원조가 자본 또는 기술의 무상이전의 형태였으나 점차로 개발 협력을 제공하는 공여국이 늘어나게 되면서 원조의 형태가 무상원조, 유상원조, 기술협력 등으로 다양화되었다. 국제협력이 국가 간 상호이익을 도모하기 위한 다양한 분야에 걸친 재원 및 인적 교류를 의미하는 것이라면, 개발협력은 선진국에 비해 경제와 사회발전 수준이 저조한 상태에 있는 국가와의 개발과 협력을 의미한다(서경원, 2013).

과거에는 개발을 상대적으로 저개발 상태인 국가들이 국민의 욕구를 보다 적절히 충족시켜 줄 수 있는 능력을 강화하기 위한 하나의 과정으로 간주하였다. 1984년 국제개발학회(The Society for International Development)는 "대다수 사람들의 욕구를 충족시키도록 고안된 지속가능한 과정으로, 이는 단지 물질적인 성장이나 소수의 이익을 충족시키기 위한 것이 아니다"라는 공평한 분배와 개발에 관한 관심을 명백하게 표현하였다.

3) 초국가주의

Bruneau(2010)는 디아스포라와 초국가주의를 구분하는 것이 장소와 영토와의 관계라고 보았다. 디아스포라는 모국에 매우 강하게 정박하는 것을 함축하고 있으며 디아스포라 집단은 종족 정체성을 다시 만들어내기 위해 정체성을 끊임없이 재창조하고 재모델화하는 과정을 연속적으로 이루며 종족 정체성을 통해 집합적 연대감을 산출한다. 반면 초국가주의에서는 모국과의 단절이 일어나지 않으며, 또한 모국이라는 곳에 다시 뿌리내려질 필요도 없다고 본다. 따라서 초국가주의에서는 이주자 가족은 두 개 이상의 국가에서 평행적인 삶을 산다. 디아스포라가 '정체성', '종족관계'에 보다 초점을 맞춘다면 초국가주의는 1990년대 초반 이주연구 영역에서 사용되기 시작했으며 '이주자', '공간', '연계'를 강조한다(이윤경, 2013).

초국가주의는 다른 국가들 사이에 있는 사람들을 묶어내는 연계(linkage)이고, 초국가적 연계를 지속시키는 동시성(simultaneity)을 가지고 있다. 먼 거리의 이동과 커뮤니케이션을 더 빈번하고, 빠르고, 규칙성 있게 만든 과학기술의 발달이 이주자들이 모국과 그들이 사는 정착국가들에서 동시적으로 관여할 수 있도록 했으며 이러한 동시적 관여(engagement)라는 것은 여기저기 다른 공간으로 분산된 사람들 사이를 좁히고, 사회적 제도를 변화시키고 새로운 삶의 기회를 출현시키는 역할을 하였다(윤인진, 2012). 한편, 초국가주의의 특징은 탈영토화의 의미를 공유하고 있는 지구화의 특징과 중첩되기도 하며 혼동되어 사용된다는 점에서 지구화 개념에 주목할 필요가 있다. 지구화의 영향은 보편적이며 전세계적인 반면 초국가주의는 특정 지역이나 국가의 제한적인 사회적, 지리적 공간 속에 발생하는 현상이다.

Faist(2010)에 따르면 초국가주의 접근은 3가지 차원에서 지구화 접근과 차이가 있다. 첫째, 지구화 접근과 초국가주의 접근 모두 국경 가로지르기의 특성을 갖고 있지만 전자가 전세계 지역을 모두 아우르는 반면, 후자는 국가적, 지역적 영토에 강한 연결을 강조한다. 즉 국경가로지르기의 초국가주의 현상은 분명한 영토적 선호가 있으며, 목표나 초점이 특정 국가 또는 지역으로 나타나는 특징이 있다. 둘째, 초국가주의가 국가주의, 가부장주의, 성차별주의, 민족주의 등 특정 종류의 주의(ism)와 믿음을 강화시키고 재창조하는 반면에 지구화 접근은 증가하는 보편적 규범의 중요성과 연관된다. 셋째, 지구화 접근이 권리나 시민권에 관한 포괄적인 이론을 제공하는 것과는 달리 초국가주의 접근은 지구적으로 확산된 보편화된 권리에 대한 명확한 전제가 없으며 국가적 그리고 초국가적 영역 내 권리를 둘러싼 논쟁적인 갈등에 초점을 맞춘다.

4) 인권

보편타당한 인간의 존엄성과 기본 권리에 대한 이념을 최초로 세계적인 합의문건

형태로 도출한 것이 1948년 UN의 '세계인권선언(Universal Declaration of Human Rights: UDHR)'이다. 이 선언문은 인류 역사상 처음으로 모든 인간이 인간으로서 부여받는 기본권에 대해 전세계가 명확하고도 포괄적인 합의를 도출했다는 점에서 중대한 의미가 있다.

세계인권선언문의 제1조에서 정의한 인권이란 모든 인류의 천부적 존엄성과 연관된 평등하고 양도할 수 없는 권리이며, 이 권리를 인정하는 것이 세계의 자유, 정의, 그리고 평화의 기초이다. 따라서 인권은 어디에나 적용되는 '만유적(universal)'이며 누구에게나 같은 '평등적(egalitarian)'권리이다. 즉, 인권은 인간이 인간답게 존재하기 위한 보편적인 인간의 모든 정치·경제·사회·문화적 권리 및 지위와 자격을 총칭하는 개념이다(김동수 외, 2013).

UN인권고등판무관사무소(2013)는 보다 구체적으로 인권을 국적, 거주지, 성, 민족이나 종족, 피부색깔, 종교, 언어, 또는 그 밖의 자격(status)이 무엇이든 상관없이 모든 인간에게 주어진 천부적인 권리이며, 우리 모두는 차별 없이 자신의 인권을 평등하게 누릴 자격을 가지고 있다고 정의하였다. 이러한 것들은 모두가 서로 연결되어 있고, 상호의존적이며, 결코 분리될 수 없는 권리로 보편성과 절대성의 원칙, 상호의존성과 불가분성의 원칙, 평등과 비차별의 원칙, 권리와 의무의 원칙이라는 4대 원칙을 가진다. 세계인권선언문의 30개 조항에서 정의하고 있는 주요개념을 살펴보면, 〈표 2-1〉과 같다.

〈표 2-1〉 세계인권선언서의 각 조항별 주요개념

조번호	주요개념	조번호	주요개념
1	천부적 자유/존엄/평등/형제애	16	혼인/가족보호
2	차별금지	17	사유 및 공유 재산
3	생명/자유/안전	18	사상/양심/종교
4	노예 및 예속 금지	19	의사표현/정보접근
5	고문 및 잔혹형벌 금지	20	집회/결사
6	법률적 인간성 보호	21	대의정치/공공서비스의 평등

7	법률적 평등	22	사회보장
8	법률적 구제	23	직업/임금/노동조합
9	불법구금 및 추방 금지	24	휴식/여가
10	공평한 재판	25	건강과 행복한 생활/환경
11	무죄추정	26	교육
12	사생활	27	문화적 삶/예술/학문적 혜택
13	거주/이동	28	UDHR의 권리와 자유의 이행
14	망명	29	공동체의 의무/타인의 권리존중
15	국적	30	UDHR의 권리 훼손 금지

출처: 김선호(2013). p. 9.

Ife(2001)는 인권이 세 가지 흐름 속에서 발전해 왔다고 보며 인권의 전통을 3세대로 구분한 바 있다. 제1세대 인권은 공민권과 정치권으로 개인의 자유를 박탈하는 모든 것으로부터의 해방을 보장하도록 고안된 권리이다. 즉 개인주의에 기초하며 기본적인 자유에 초점을 맞춘 것으로 보호를 강조하기 때문에 '소극적' 인권, '부정적' 표현의 권리라고 한다. 투표권, 언론의 자유, 집회의 자유, 공정한 재판과 법 앞의 평등, 공민권, 사생활의 보장, 자기표현의 권리, 종교의 자유, 공무담임의 권리, 시민생활과 사회생활에의 자유로운 참여, 존엄하게 대우받을 권리, 공공안전의 권리, 차별받지 않을 권리, 합법적 사업을 보호받을 권리, 협박・희롱・고문・강요 등을 받지 않을 권리 등이 포함된다.

제2세대 인권은 모든 인간이 누릴 자격이 있는 경제적, 사회적, 문화적 권리이다. 개인이나 집단이 잠재력을 완전히 실현할 수 있도록 다양한 형태의 사회급여와 서비스를 받을 권리, 취업할 권리, 적정임금을 받을 권리, 적절한 의식주에 대한 권리, 교육받을 권리, 적절한 의료보호를 받을 권리, 사회보장에 대한 권리, 노령기에 존엄하게 대우받을 권리, 여가에 대한 권리 등을 포함한다. 국가가 더 능동적이고 적극적으로 역할을 할 것을 요구하므로 '적극적' 인권이라고 한다.

제3세대 인권은 집합적 수준에서 규정될 때에만 이해할 수 있는 권리로 개인보다는 지역사회, 전체인구, 사회나 국가에 해당되는 권리들이다. 경제발전에 대한 권리, 세계무역과 경제성장으로부터 혜택받을 권리, 결집력 있고 조화로운 사회에서 살 권리, 오염되지 않은 공기를 숨 쉴 권리, 깨끗한 물을 마실 권리, 자연을 경험할 권리 등이 포함된다.

한편, 인권침해 여부를 판단할 수 있는 국제적으로 승인된 규약으로 시민적 및 정치적 권리에 관한 국제규약(ICCPR)과 경제적, 사회적, 및 문화적 권리에 관한 국제규약(ICESCR)이 있다. 이외에 특수인구의 보호를 위한 것으로 모든 형태의 인종차별철폐에 관한 국제규약(CERD), 여성에 대한 모든 차별 철폐에 관한 협약(CEDAW), 아동권리협약(CRC), 고문 및 잔혹한, 비인도적인 또는 굴욕적인 대우나 처벌 방지에 관한 협약(CAT), 모든 이주노동자와 그 가족의 권리보호를 위한 국제협약(ICPRMW 또는 MWC), 장애인 권리에 관한 국제협약(CRPD) 등이 있다. 이 특수한 인구들은 모두 어느 국가에서나 가장 인권을 많이 그리고 쉽게 유린당하고 있는 약소 인구에 해당한다(김동수 외, 2013).

5 국제사회복지실천에 대한 관점

국제사회복지 실천의 통합적 관점은 [그림 2-1]과 같이 서로 다른 4가지 관점을 강화하고 보완하면서 본질적으로 각각의 관점이 중요하다는 것을 나타낸다. 세계적인 관점은 총체적인 상황을 나타내며, 인권적인 관점은 가치기반을, 생태적 관점은 인간과 자연 간의 근본적인 연계를, 그리고 사회개발 관점은 행동을 위한 전체적인 지침이나 행동의 기저를 이루는 방향 감각을 나타낸다(Cox & Pawar, 2006).

4가지 관점 중 세계적 관점을 구체적으로 살펴보면 세계적 관점은 접근법의 경계를 형성하고 지구의 필수적인 통일성(unity)을 강조한다. 세계적 관점에는 통일성, 다양성, 상호의존성, 지구화, 지역화, 세계시민권 등의 여섯 가지 차원이 있다. 첫째, 통일성은 모든 인간이 같은 기원에서 비롯되고 같은 행성에서 거주하며, 같은 기본권을 갖는다는 것을 의미한다. 인간의 다양성에도 불구하고 특정 환경들에 대한 다양한 욕구와 문화적 동일성을 인정하는 상호관련성이 존재한다. 둘째, 다양성은 전세계적으로 인간의 본성과 삶이 다양하고 문화적·인종적 다양성뿐만 아니라 정치, 경제, 사회체계의 다양성이 있으며 이들 체계들 사이에 상당한 경쟁과 갈등도 야기된다는 것을 말한다. 셋째, 상호의존성은 우리가 상호 도움이 되는 목표들을 확인하고 성취하려고 함에 따라 우리의 다양성의 이점을 끌어들이는 한편, 차이를 두려워하기보다 존중하게 되며 우리 모두가 우리의 공통점들을 동일시함을 나타낸다. 넷째, 동일성이 지구의 내재된 하나됨을 의미한다면 세계화는 하나의 지구구조와 시스템, 즉 정치·경제, 사회·문화, 기술적 특성이 경험적으로 존재함을 의미한다. 세계화의 속도는 엄청나고 세계적 시민사회를 통해 강화되는데 '위로부터의 세계화'와 '밑으로부터의 세계화'가 있다. 다섯째, 지역화는 세계화의 정반대되는 개념으로 지역수준 없이는 세계화수준이 아무런 근거를 갖지 못한다는 것을 이해할 필요가 있다. 또 다른 의미의 세계화는 세계화 현실에 의해 지역수준이 거의 무시된다고 보는 경우로 이 경우 지역상황은 세계화 현실에 의해 간과되고 남아있는 현실로서의 "강제된 지역화"를 야기한다. 여섯째, 세계시민권의 관점에서 세계와 지역은 긴밀하게 연계되어 있고 실제로 분리될 수 없다. 우리는 모두 이상적으로 볼 때 한 국가의 시민인 동시에 특별한 조국에 속하기도 하면서 국제 공동체의 보호를 받을 자격이 있는 세계 최초의 시민이기도 하다는 입장이다.

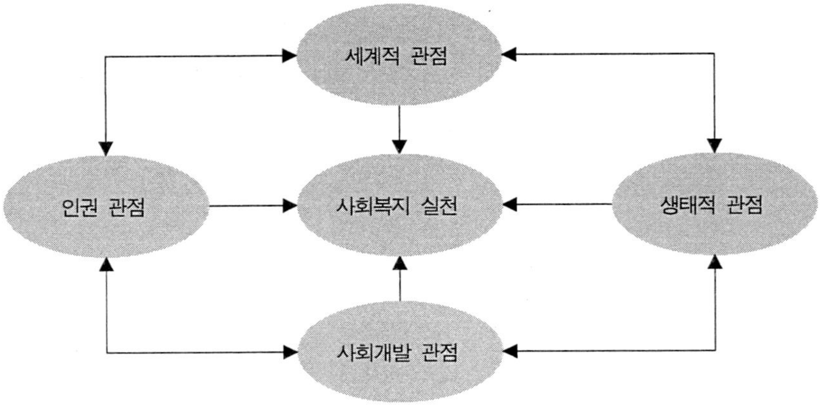

[그림 2-1] 국제사회복지실천을 위한 통합관점 접근

출처: Cox & Pawer(2010). 박영희 외 역. p.62.

한편, 국제사회복지 실천의 통합관점 접근을 위해 4가지 관점 각각의 시각으로부터 고려해야 하는 핵심 차원들을 정리하면 〈표 2-2〉와 같다.

〈표 2-2〉 국제사회복지실천을 위한 통합관점 접근

관점	핵심 차원
세계적 관점	통일성, 다양성, 상호의존성, 세계화, 지역화, 세계시민권
인권적 관점	가치와 원칙들, 인권들, 보편성, 삶과 행동에 대한 지침
생태적 관점	전체론과 통일성, 다양성, 형평성, 지속가능성
사회개발 관점	가치기반 차원, 주도적 개입 차원, 복합차원, 복합수준

출처: Cox & Pawer(2010). 박영희 외 역. p. 82.

6 국제사회복지실천을 위한 가치와 윤리

국제사회복지의 윤리에 대한 논의에서 전제조건이 되는 것 중 하나는 윤리에 관한 보편주의와 문화적 상대주의의 관점을 이해하는 것이다(Healy, 2010). 사회복지의 보편적 가치를 규정하여 모든 국가의 사회복지 업무에 적용할 수 있을 것인지에 대한 문제가 논의의 대상이 되기도 한다. 한 국가 혹은 한 문화적 상황에서 윤리적이라 생각했던 관습이 다른 사람들에게는 비윤리적인 것이 될 수 있기 때문에 해외에서 살면서 일하는 사람들은 도덕적 모호성으로 갈등을 경험할 수 있다(Donaldson, 1996).

보편주의 관점에서는 인류의 모든 구성원은 동등한 절대적인 권리를 공유하며, 문화는 도덕적 권리와 규정의 타당성에 적합하지 않다는 입장을 취한다. 문화적 상대주의에서는 문화는 도덕적 권리 혹은 규정의 타당성의 유일한 원천으로 한 사회의 구성원들은 다른 전통을 따르는 사회의 행동, 특히 문화에 준하여 행해진 행동에 대해서 합법적으로 비난할 수 없다는 입장이다(Healy, 2010 재인용). [그림 2-2]와 같이 보편주의와 상대주의는 하나의 연속선상의 어느 한 가운데 위치하고 있어, 문화적 전통을 유지하면서 보편적 권리의 입장을 동시에 고려한다.

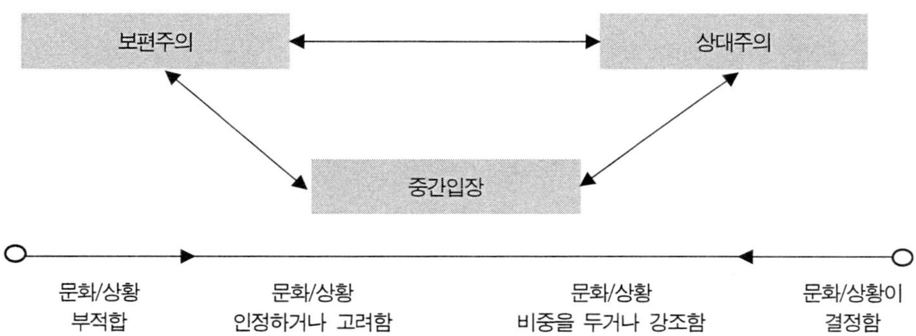

[그림 2-2] 윤리적 결정을 위한 보편주의와 문화적 상대주의의 연속선

출처: Healy(2010). 노충래 역. p. 361.

한편, 사회복지사는 전문가의 '윤리강령'으로 그 가치를 확정하고 있다. 사회복지사의 전문직 윤리강령 이외에 개발교육합동추진위원회는 국제적 활동을 하는 사람들을 위해 〈표 2-3〉과 같은 중요한 가치 몇 가지를 제안한 바 있다(김동수 외, 2013).

〈표 2-3〉 국제적으로 상호의존적인 세계를 위한 가치

- 국제 정의와 형평성에 대한 관심
- 상이한 문화, 전통, 신념 그리고 표현된 욕구에 대한 존중
- 개발을 촉진시키고자 하는 개인의 책임감
- 국제 기근 및 빈곤문제와 관련된 개인의 가치명료화
- 국제안보를 향상시키기 위한 수단으로서 공유와 협력의 수용

출처: 김동수 외(2013). p. 484.

Link(1999)는 전세계의 사회복지에 적용할 수 있는 네 가지 공통원칙을 제시하였는데 첫째, 사회복지 전문활동에 대해 책임을 질 것, 둘째, 인류의 삶을 향상시키는 방법으로 행동할 것, 셋째, 과업 뿐 아니라 과정에도 초점을 둘 것, 넷째, 문화적 이해를 바탕으로 행동할 것 등이다. UN개발프로그램(United Nations Development Programme: UNDP)은 1966년부터 지구상에서 모든 수준의 사회, 모든 사람들의 삶의 질을 향상할 목적으로 빈곤축소와 MDGs의 성취, 민주주의적 협치, 위기예방과 회복, 환경보전과 지속가능 개발을 위한 에너지 등의 네 분야에 초점을 맞춰 지속가능한 성장을 추진하도록 협동하고 있다.

UNDP는 이와 같은 목적을 달성하기 위해 매년 〈인간개발보고서〉를 내었는데 1994년 보고서에서는 사회복지와 관련된 윤리원칙인 보편주의적 생명권을 제시하였다. 이 원칙은 어떠한 아동도 '잘못된 계층', '잘못된 국가', '잘못된 성별'로 태어났다고 해서 짧은 인생을 살거나 비참한 삶을 살아서는 안 된다는 것을 천명하고 있다. 사회복지의 가치로서 생명권의 보편주의 관점을 채택하는 것은 사회복지 전문직이 전세계에서 비참하게 살아가고 있는 어린이들과 그들 부모의 삶을 향상시키는 데 헌신하기 때문이다.

CHAPTER 03

국제사회복지의 역사

03 국제사회복지의 역사

1 국제사회복지의 흐름

19세기 말에 시작된 사회복지의 두 가지 사회운동, 즉 자선조직협회와 인보관(settlement house)의 설립은 사회복지의 시초로 인식된다. 자선조직협회는 1869년, 최초의 인보관인 토인비 홀(Toynbee Hall)은 1884년으로 두 기관 모두 런던에서 시작하였다. 이것이 미국으로 이전되어 미국의 첫 자선조직협회는 1877년 버펄로에, 인보관인 헐 하우스(Hull House)는 1889년 시카고에 설립되었다. 미국의 헐 하우스를 세운 Jane Addams와 독일의 Alice Salomon과 같은 이는 국내적 문제들뿐 아니라 여성문제·세계평화·근로조건과 같은 국제사회의 사회문제에까지 관심의 범위를 넓히고 있었으며 이 두 사람에 의해 1909년 '평화와 자유를 위한 세계여성연맹'이 창설되었다(Healy, 2010).

1928년 프랑스 파리에서 2,000명이 넘게 참석한 사회복지 전문직 최초의 국제사회복지학술대회는 전문사회사업을 바탕으로 하는 국제사회복지 확산에 결정적인 분수령이라고 할 수 있다. 한편 국제사회복지(International Social Work)라는 용어는 1943년 George Warren에 의해 처음 사용되었으며 제2차 세계대전 이후 다양한 정의, 다양한 형태의 국제적 교류와 전문사회사업 활동을 포괄하는 개념으로 발전하였다. 제1차 세계대전은 새로운 욕구를 만들어 내었으며 개발된 서비스들은 식민지 활동의 결과로 생긴 것들이었다. 제2차 세계대전의 종결과 그후 유엔기구의 등장은 전문사회사업의 국제적 확산 및 국제사회복지 실천에 결정적인 영향을 미쳤다. 당시 유엔구제부흥기관(UN Relief and Rehabilitation Admistration: UNRRA)은 유엔 기구로서 유럽 44개국을 대상으로 전후복구에 힘썼다. 미국이 주도하여 유럽·아시아 등지에서 전쟁 피해국과 신생 독립국들을 지원하기 위해 대대적인 구호 및 부흥활동을 펼쳤다(이창호, 2011).

사회복지에서 국제적인 활동이 시작되면서 전문직의 특성을 갖추기 위한 교육들도 생겨났다. Mary Richmond가 1897년 전국사회사업학회에서 보다 조직화된 훈련의 필요성을 강조한 이후 1898년에는 뉴욕자선조직협회가 자선사업에 관한 교육을 시작하였는데, 자선사업에 관한 이 하계 프로그램은 미국의 전문 사회사업교육의 시작이라 볼 수 있다. 1899년 암스테르담의 사회사업대학원은 최초의 사회복지대학원으로서 당시 이 기관이 다루었던 분야는 빈민 복지, 주택관리, 토인비 업무, 고아 및 유기아동보호, 공장 사회사업 등이다. 사회사업교육은 영국, 미국, 유럽 대륙에서 20세기의 출발점에서 동시에 시작되었으며, 각 곳에서 전임 훈련과정으로 강의가 발달하게 되었다(Healy, 2010).

조직화된 국제적 전문 교류가 이루어지면서 국제사회복지대학협회(IASSW), 국제사회복지사연맹(IFSW), 국제사회복지협의회(ICSW)와 같은 국제적인 자발적 조직이 생기게 되었다. 이러한 활동으로 인해 사회복지의 이슈들과 관련된 공식적인 정부 간 조직의 형성이 증가하였는데 이들 중 첫 번째가 노동관계의 향상과 고용조건의 개선을 위하여 1919년에 설립된 국제노동기구(International Labour Organization: ILO)이다(Healy, 2010).

1950년대와 1960년대는 후진국 개발의 개념을 경제개발에서 사회개발까지 확장한 시대로 경제성장 위주의 개발만이 아니라 교육·복지·보건·인권 등 후진국 주민들의 사회적 평등·역량 개발을 위해 사회개발 접근이 강조되었다. 사회개발에서 가장 관심을 끈 전문직은 전문사회사업이었으며 서구의 부유한 국가인 미국과 영국식 전문사회사업의 이론, 실천 방법, 기술이 아프리카·아시아·남미의 가난한 나라들로 흘

러들어갔다. 유엔은 개발도상국의 사회복지 관료들이 미국과 영국에서 사회복지를 공부할 수 있도록 재정적으로도 지원하는 등 전문사회사업이 유엔에 의해 국제적으로 확산되었다(Cox & Pawar, 2010).

1970년대와 1980년대를 거치면서 미국과 영국식 전문사회사업은 유엔 내에서 점차 그 영향력을 잃어갔다. 이는 개발도상국에 대한 관심사가 다시 경제개발로 옮겨간 것도 이유가 되지만 개인을 초점으로 하는 전문사회사업이 개발도상국 사회개발 운동에 적응하는 것이 매우 더뎠기 때문이기도 했다. 1970년대 이후 개발도상 국가들은 각각 나름대로의 토착화된 사회복지 모형들을 발전시켜 나갔다. 자문과 기술이전, 차용의 시기가 지나면서 서구모델의 거부와 함께 사회복지의 토착화 추구로 변화하였다.

한편, 사회복지에서 국제적인 학문 연구는 사회정책의 영역에서 일하는 사회과학자들에 의해 이루어졌는데 영국의 Richard Titmuss는 영국사회정책에 초점을 맞추면서도 미국의 사회적 프로그램을 분석하고 비평했으며 사회정책을 형성하는 개발도상국의 정부들에게 학술적인 자문활동을 했다. 국제사회복지의 연구들이 규칙적으로 나타나기 시작한 것은 1960년대 후반과 1970년대 초반으로 20세기 사회복지에 대한 정부의 개입이 확대된 이유를 설명하고자 하였다. 오늘날 국제사회복지의 영역에서 학문적 활동은 아주 급속도로 팽창했고, 많은 책, 기사, 보고서들이 출판되었다. 1970년대 이전엔 다른 나라의 사회프로그램을 설명한 책들을 거의 발견할 수 없었지만 1980년대 와서는 중국에서 나이지리아까지 다양한 국가들의 연구결과가 출판되었다.

전문사회사업은 나름대로 국제적 전문직으로서의 위치를 확고히 하고 공통의 윤리규범에 합의하려고 노력했다. 유엔은 동구권 체제가 무너진 1990년대 이후 특히 여성·아동·인권 등 특수집단과 특수문제에 초점을 맞추었으나 전문사회사업은 그 변화에 적응하지 못했으며 이러한 문제에는 전문사회사업보다 국제 여성단체·인권단체·생태환경단체 등 개발NGO들이 더 활발히 활동하는 모습을 보이고 있다(Healy, 2010).

지구촌화가 본격화된 1990~2000년대 이후 전문사회사업과 이에 바탕을 둔 국제사회복지는 새로운 역할과 리더십을 요구받고 있다. 전문사회사업은 국제적인 연대와 지도력을 많이 잃었지만 여전히 선진국에서나 개발도상국에서나 자원고갈, 빈곤, 억압, 이민, 실업, 불평등과 같은 문제의 해결을 도와야 하는 상황에 놓여 있다. 또한 지구촌 경제의 등장과 확대, 1990년대 대이민 물결, 새로운 상호의존적 국제관계에 따라 국제사회복지가 성장하였으며, 각국의 사회복지 정책과 실천 역시 국제적인 힘과 다른 나라들의 접근방식에 영향을 받으며 변화하고 있다(Midgley, 1999).

2 주요 영역별 발전 역사

1) 공적개발원조

공적개발원조(Official Development Assistance: ODA)의 효시는 1947년 미국의 전후 유럽 부흥지원 정책인 마셜플랜(Marshall Plan)이라고 볼 수 있다. 그후 개발원조는 제2차 세계대전 이후 냉전시기의 구소련과 그에 대항하는 미국의 헤게모니 전략으로 그 규모와 내용이 조금씩 변모하였고, 1980년대 후반 공산주의가 몰락하면서 ODA가 큰 전환기를 맞이하게 된다.

ODA역사는 2000년 UN 정상회담에서 선언된 새천년개발목표에 의해서 다시 한 번 큰 주목을 받기 시작했다. 그후 9.11 테러사건을 계기로 세계평화는 다시 위협받게 되었고, 선진국과 후진국 간의 빈부격차 해소와 개발의 문제는 국제사회의 주 이슈가 되었다. 또한, 공적개발원조 역사와 함께 원조효과에 대한 논란이 지속되어 왔는데 2005년 3월에는 원조효과제고를 위한 파리선언이 채택되면서 원조효과 증진을 위한 국제적인 노력이 시작되었다고 할 수 있다.

〈표 3-1〉 공적개발원조(ODA)의 발전과정

시기 구분	특성
제2차 세계대전 후 ~1960년대	• 개발원조의 발아기: 미국의 지도적 역할 증대와 마셜플랜을 통한 유럽 전후 부흥 지원, 신흥 독립국의 원조수요 증대 및 동서냉전체제 하에서 미 · 소 간 원조경쟁 전개
1970년대	• 새로운 DAC의 ODA 개념과 통계자료에 근거 GNP대비 ODA 0.7% 목표를 제시한 보고서 1970년대 UN이 채택, 개도국과 선진국 간 경제격차 심화, 개도국이 선진국에 신 국제경제 질서 구축을 주장, 남북문제 등장 • 선진 공여국들은 1960년대 거시지표를 개선하는 데 초점을 둔 경제 성장 개발전략으로부터 인간의 기본 욕구 충족에 우선순위를 두는 미시지향적, 후생 목표적 방식으로 개발전략 수정
1980년대	• 신흥공업국, 산유국, 최빈국 등 개도국의 분화현상 심화 및 외채누적, 경제체제, 정치불안, 만성적 피곤 등으로 개도국의 원조욕구 다양화, 선진국은 재정적자, 경제불황 등 원조피로 현상 대두 • 1980년대 말에는 환경, 인적 자원 및 여성 개발 등장, 최빈국에 관한 UN회의에서 GNP 대비 0.15% 특별 목표치 제시
1990년대	• 빈곤의 심화와 함께 인구, 식량, 마약, 환경, 지역분쟁 등이 범세계적 문제로 부각, 개도국의 자조노력에 대한 강조, 비경제적인 요인 중시 • 1996년 DAC 회원국들은 제34차 고위급 회의에서 원조개발전략 수립, 냉전의 와해로 미국의 전략적 원조동기가 축소됨에 따라 대부분 공여국들이 ODA를 축소, 1997년 DAC 회원국의 GNP 대비 ODA 비율은 0.22%를 기록
2000년대	• 9.11 테러 사건을 계기로 선 · 후진국 간 빈부격차 해소 및 개발문제는 최근 유엔을 비롯하여 국제사회의 주 이슈가 됨, 2000년 9월 밀레니엄 정상회의에서 새천년 개발목표(MDGs)가 선언됨, 2005년 3월에는 프랑스 파리에서 원조효과 제고를 위한 파리선언이 채택됨

출처: KOICA 홈페이지.

ODA와 관련하여 한국은 전후 수원국의 입장이었지만 경제성장으로 공여국이 된 유일한 국가이다. 우리나라에 제공된 원조는 긴급구호부터 구조조정프로그램까지 시대 상황에 따라 다양했으며 경제 사회 개발에 큰 역할을 하였다. 1950년대는 미국의 절대적인 지원에 의존했으며 1960년대는 경제구조 전환기로서 무상원조였던 이전 시대와는 달리 양허성 차관이 도입되고 공여국도 일본의 비중이 증가하기 시작하였다. 1970년대 후반부터 1980년대까지 비양허성 자금의 비율상승과 함께 원조규모가 감소하고 일본을 비롯한 독일, 국제부흥개발은행 등 공여기관이 더욱 다원화되었다. 1990년대 원조지위의 전환기를 맞아 한국은 1995년 세계은행의 차관에서 벗어났으며 2000년

개발원조위원회(Development Assistance Committee: DAC) 수원국에서 제외되었다(정우용, 2013). 한국은 2010년 24번째 회원국으로 DAC에 가입한 이후 ODA 규모가 1174만 달러로 이전보다 43% 증가하는 수준을 보였다. 그러나 GNI 대비 ODA 비율은 2012년 0.14%로서 OECD DAC 평균인 0.29%에 못 미치고 있다(김미림, 2015).

〈표 3-2〉 2014년 기준 한국의 ODA 현황

	2007	2008	2009	2010	2011	2012	2013
ODA/GNI	0.07	0.09	0.1	0.12	0.12	0.14	0.13

출처: 김미림(2015).

2) 국제개발협력

국제개발협력(International Development Cooperation)은 선진국과 개발도상국 간, 개발도상국 내에서 발생하고 있는 개발격차를 줄이고 개발도상국의 빈곤을 해소하며 세계인권선언이 주창하고 있는 천부적 인권을 개발도상국 사람들이 누릴 수 있도록 하기 위한 국제사회의 구체적인 노력과 행위이다.

국제개발협력에서 '개발'의 이론적 근원은 근대성과 깊이 연관되어 있으며 '경제성장'이라는 차원에서 양적성장 중심의 개발이 현재까지 이루어져 온 것이 사실이다. 일반적으로 세계은행의 빈곤지표 또는 국민총소득(GNI)으로 경제성장을 분류한 것에서도 나타나듯 부의 측정지표를 개발성과의 지표로 동일시해 왔다(이금순 외, 2008).

이와 같이 개발에 따른 경제성장적 접근, 인적 자본형성과 인적 자원 개발 접근은 인간을 목적이 아니라 상품생산을 위한 자본재로 인식한 것으로 수많은 재화와 서비스의 공급에 중점을 두는 '전통적 개발접근'에 해당한다. 전통적 개발접근에서 근대성 개념은 물질적 척도를 기반으로 한 서구 혹은 선진국 중심의 경제 상태나 사회제도로의 변화와 발전에 이르게 하는 과정이라고 정의된다.

한편, 전통적 개발개념을 넘어서 경제성장, 기본욕구, 역량접근을 결합하여 개발의 모든 측면을 포괄하는 '인간개발'로 전환하게 되는데 이는 인간에게 제공되는 선택과 기회를 중심으로 개발에 접근하는 방식이다. 인간개발 접근 방식은 사람들이 자신들의 완전한 잠재력을 개발하고 장기적이고 건전하며 창조적인 삶을 향유할 수 있는 환경을 창출하는 개념으로까지 확대된 것이다. 이른바 전 사회체계의 상향적 운동으로서 사회체계에는 경제적 요인뿐만 아니라 비경제적 요인, 개인적 소비만이 아니라 교육, 위생 등의 공동소비가 포함되며 사회적 구성, 사회내의 권력구분 등 제도와 태도도 포함하고 있다.

이제 개발은 '전향적 발전'으로 변화하여 근대화 개념이 바탕이 되었던 경제성장 중심의 산업화, 도시화, 과학화, 합리화 등의 접근법에서 벗어나 인간개발, 사회개발, 참여적 개발, 지속가능한 개발 등의 다양한 개발담론들로 발전해 나가고 있는 상황이다. 이러한 변화의 근간에는 인간의 삶의 질 향상과 사회·문화·정치·경제적인 것, 인간사회의 모든 영역과 분야에서의 동반적, 동시적, 지속적인 증진과 향상이라는 인식이 바탕으로 전제되어 있다. 전 지구적 관점에서 바라본 빈곤, 인권, 민주주의 등에 대한 근원적 시각이 지배–종속적 관계, 공여–수원의 관계, 시혜–수혜의 관계 등의 이원적 구조를 벗어나 동등한 인간으로서 삶의 질 향상을 위해 평등과 연대의 움직임을 포괄한 개발담론, 개발이슈, 개발사업, 개발활동으로 발전하고 있다(공선주, 2012).

국제개발협력의 구체적인 시작은 1945년 UN헌장을 마련하고 경제, 사회, 문화 및 인권과 관련한 국제문제를 해결하기 위하여 국제적인 협력을 증진하고자 한 것에서 출발한다. 지난 60여 년간의 국제개발협력의 역사를 정리하면 〈표 3–3〉과 같다(김은혜, 2013; 서경원, 2013).

〈표 3-3〉 국제개발협력의 역사

시기	특성
1950년대	• 냉전체제의 시작으로 미국이 사회주의 세력 확장에 대항하기 위해 대외원조를 시작 • 동서냉전의 확대 속에서 신생 독립국 관리 위한 외교적 목적과 함께 이들 국가의 비참한 생활에 대한 인도적 관심과 개발도상국에 대한 원조 증가
1960-70년대	• 1960년대 '개발의 10년'으로 규정, 개발도상국들이 연간 5% 경제성장할 수 있도록 선진국들이 GNP 1%를 원조로 제공하도록 촉구 • 제2차 '개발의 10년' 선언, 개발도상국들의 연평균 6%경제성장과 3.5%의 1인당 소득증가를 목표로 하여 선진국들이 공적개발원조로 GNP의 0.7%를 제공하도록 촉구
1980년대	• 국제통화기금(IMF), 세계은행(World Bank) 등장, 개발도상국에 대한 양 기구의 위상 높아짐. 개발도상국은 양 기구의 자금 지원을 받는 조건으로 경제 전반에 걸친 구조조정 추진 • 대내적으로 정부 역할 축소되고 시장기능 강화, 대외적으로 무역과 투자 자유화
1990년대	• 냉전구조의 해체와 세계화 동시 진전 • 개발의 중점과제가 기존의 빈곤퇴치와 경제성장에서의 환경, 인권, 여성, 아동, 사회개발 등의 이슈에 집중함
2000년대	• 제55차 UN 정기총회에서 192개국의 합의로 2015년까지 달성할 새천년 개발목표(MDGs) 8개 항목과 21개 세부목표와 지표 채택 • Post-2015 개발-빈곤 감축을 넘어선 자유로서의 개발 추구, 삶의 질 개선 및 개인의 역량 강화를 위해 평등한 기회 부여를 요구하는 '약자의 목소리' 반영

3) 한국과 국제사회복지사업 – 대북원조

대북지원은 1995년 북한의 수해발생과 국제사회에 대한 지원호소를 계기로 시작되었다. 대북지원은 식량, 비료 지원을 주 내용으로 한 인도적 지원과 남북 철도·도로 연결, 개성공단 조성, 관광협력, 지하자원개발, 농업협력, 경수로 지원 등의 남북경제협력 지원 등으로 구분할 수 있다. 대북 인도적 지원은 크게 직접지원과 국제기구와 남한 NGO를 통한 간접지원으로 나눌 수 있는데 직접지원은 식량 및 비료지원을 무상과 유상 방식으로 한국적십자를 통해 이루어진다. 남한 NGO를 통해 이루어지는 간접지원은 농업환경, 보건의료, 사회복지 등의 분야에서 인도적 상황의 개선을 위해 지원이 이루어지거나 국제기구를 통해서 취약계층을 대상으로 한 식량, 의약품, 영양식 등이 지원되었다. 대북지원의 인도적 지원에 대한 세부적인 내용들을 정리하면 다음과 같다.

(1) 정부 차원의 직접 지원

정부차원의 대북지원이 본격화된 것은 1998년 김대중 정부 때이며 같은 해 민간차원의 대북지원 활성화 조치도 발표되었다. 1999년에는 북한의 식량증산을 돕기 위한 비료 15만 5천만 톤을 지원하였으며 이후 매년 20~30만 톤의 비료가 2005년까지 당국 차원에서 지원되었다. 1999년 2월 정부는 대북지원 창구다원화 조치를 발표하였다. 이는 그간 대한적십자사 창구 일원화에 따른 소량 적기지원의 어려움과 대북 직접 접촉의 욕구를 가진 NGO의 희망을 감안한 것이며, 남북 주민 간 접촉면 확대, 민간 교류협력 활성화, 새 정부의 전향적 대북정책 추진의지 등의 정책적 측면이 반영된 결과이다(이승준, 2006).

2000년 남북정상회담의 성과물인 남북공동선언으로 인해 남북관계는 급속도로 발전하게 되고 정부의 대북지원은 크게 늘어나게 된다. 북한은 식량지원을 지속적으로 요청하였고 이에 정부는 북한에 상환책임을 부과하는 차관방식으로 외국산 쌀 30만 톤과 옥수수 20만 톤을 지원하였다. 2001년 미국 부시 행정부가 등장하면서 북・미 관계가 냉각됨에 따라 남북관계 또한 소강상태가 되었고 남북 당국 간 대화 중단으로 식량지원이 이루어지지 않기도 하였으나 2002년, 2004년에 재개되었다(이동현, 2009).

정부는 세계보건기구(WHO)를 통한 북한 말라리아 방역지원에 지속적으로 참여하고 어린이・임산부 등 취약계층에 분유와 탈수방지제 설비를 지원하는 UNICEF의 사업에 참여하였으며 2001년과 2002년 세계식량계획(WFP)을 통한 식량지원 사업에도 동참하여 중국산 옥수수를 지원하였다. 김대중 정부의 대북화해협력정책의 기조를 계승한 노무현 정부는 계속적인 지원을 펼쳐 북한 어린이의 심각한 영양부족 문제를 해결하고 질병 발생률을 감소시키기 위해 2004년, 2005년 UNICEF를 통해 어린이 영양식 및 의약품 등을 확대, 지원하였다(이동현, 2009).

이 시기 정부는 북한의 핵보유 선언으로 인해 대북 인도적 지원에 대한 국제적인 압력을 받기도 하였으나 대북 인도적 지원을 일관성 있게 유지하였으며 북한에 대한 선(先)당국회담 후(後)지원이라는 전제를 내세우고 이에 따라 북한과의 대화를 유도하면서 지원하였다. 2005년 7월 정부는 북한이 6자 회담에 복귀하는 조건으로 북한에 대해 200만kW 대북전력지원방안을 발표하기도 하였다(이승준, 2006).

(2) NGO를 통한 간접 지원

북한의 공식적인 지원 요청 이후 우리 사회에서는 대북 인도적 지원이 사회적 의제가 되어 지원 분위기가 조성되었다. 1996년 범종단 사회단체인 우리민족서로돕기운동본부가 발족되어 북한수재민돕기운동이 전개되었다. 이 당시는 냉전 상태를 크게 벗어나지 못했으므로 정부는 NGO에 의한 대북지원을 원칙적으로 허용하면서도 다른 한편으로는 여러 형태로 제한하였는데 그 대표적인 예로 대북지원 창구를 대한적십자사로 일원화한 것이다. 대한적십자사를 통하지 않은 개인이나 특정 단체의 개별적 대북지원을 원천적으로 금지하였고 쌀이나 현금지원을 허용하지 않았으며 민간단체가 국민을 대상으로 모금 활동을 하는 것을 자제하도록 요청하였다(박지혜, 2012).

'햇볕 정책' 이후 민간단체 대북지원에 대한 규제가 대폭 완화되었고 정부는 NGO가 그동안 요구해 왔던 대북지원 창구 다원화 조치를 단행했으며 1999년 10월부터 민간의 대북 인도적 지원 사업에 대해 남북협력기금을 지원하기 시작했다. 그러나 이러한 정부의 제도적 · 정책적 조치에도 1998년 이후 NGO의 대북지원 실적은 그다지 확대되지 못했는데 이는 IMF 외환위기와 북한의 도발적 행위에 따른 남북관계의 악화가 이유라고 할 수 있다(양현모, 2007).

2000년에 들어오면서 NGO의 대북 인도적 지원 방향은 단순 식량지원에서 더 나아가 구호 및 개발사업을 통해 자생력 확보에 도움을 주는 방식의 지원으로 바뀌었고 특히 어린이, 임신수유부 등 특수 취약계층에 대한 집중지원 프로그램을 개발하는 등 NGO 단체별로 지원분야를 특화해 지원의 효율성과 전문성을 제고시켜나가기 시작했다. 무엇보다 정부가 재정적으로 지원하기 시작하면서 NGO의 대북지원은 다시 활기를 찾게 되었다. 정부는 2000년 7개 단체에 33억 8천 만 원의 남북협력기금을 지원하였고 2008년에는 37개 단체, 40개 사업에 100억 6천 만 원의 기금을 지원하여 그 규모가 더욱 늘었다(이승준, 2006).

노무현 정부가 출범한 2003년 이후 NGO에 의한 대북지원 활동은 더욱 활발해졌다. 2004년 4월 용천역 열차 폭발사고로 발생한 재해에 대해 대북지원 NGO는 정부와 별도로 '용천돕기추진본부'를 결성하여 신속하게 대처하였는데 이때 NGO의 지원규모는 280억여 원에 이르렀다. 정부가 단순 측면지원 역할에서 벗어나면서 정부와 NGO는 협력하여 직접적으로 대북지원을 하게 된다. 즉 대북지원 민간단체들은 용천역 재해 지원을 계기로 정부와의 긴밀한 협력이 필요하다는 인식하에 민·관 협력기구 '대북지원민관정책협의회'를 출범시켰다. 2005년 3월, 정부와 민간이 합동으로 북한의 대형참사 발생에 대비한 '대북지원 긴급구조 매뉴얼'을 만드는 등 정부와 NGO가 공동으로 정책을 수립하는 관계로 발전하였다(박지혜, 2012).

이명박 정부 출범 이후 2009년 북한의 로켓발사와 핵실험, 2010년 천안함 사건으로 남북관계는 경색단계로 접어들었다. 정부가 대북지원 금지조치인 5·24 조치를 시행함에 따라 NGO의 대북지원은 수개월 동안 이루어지지 않았으며 의약품 등 최소한의 수준에서 지원이 이루어졌다. 2011년 3월, 정부는 투명성 확보를 전제로 취약계층 지원 사업을 중심으로 한 인도적 지원의 재개를 허용했다. NGO를 통한 지원의 경우 북한의 영유아 등 취약계층에 대한 영양식, 의약품 등 보건의료사업에 남북협력기금을 사용하였고, 민간차원에서도 자체재원을 활용하여 지원하였다(박지혜, 2012).

〈표 3-4〉 NGO의 대북지원

시기구분	특성
제1기(1970.8~1981.6)	제한된 시기
제2기(1984.6~1995.9)	점진적 모색기: 북한이 공식적으로 국제사회에 대북지원을 요청하기 전 시기, 북한에 수해나 재난이 발생했을 때 남한으로부터 성금 지원 등이 이루어진 시기
제3기(1995.9~1998.3)	제한적 허용 및 확대 시기: 공식적이고 지속적인 NGO의 대북 인도적 지원이 허용되기 시작
제4기(1998.3~1999.10)	활성화 및 창구다원화 시기: 정부의 활성화 조치
제5기(1999.10~2004.8)	적극적 지원의 시기
제6기(2004.9~2008.2)	제도의 구축 시기: 대북 인도적 지원이 확대되고 제도화되는 기간에 해당
제7기(2008.2~현재)	남북관계의 경색기 및 남북교류협력의 둔화기

출처: 안득기(2008). 재구성.

4

CHAPTER 04

세계빈곤과 불평등

04 세계빈곤과 불평등

1 서론

매년 10월 17일은 세계 빈곤퇴치의 날(International Day for the Eradication of Poverty)로써 1987년 프랑스 파리 트로카데로(Trocadero)의 '인권과 자유의 광장'에서 Joseph Wresinski 신부의 주도하에 빈곤으로 인한 희생자 10만 명이 모여 '절대빈곤 퇴치운동 기념비 개막행사를 연 것이 시작이 되었다. 이후 1992년 10월 17일 유엔(UN)에 의하여 제정되었으며, 빈곤·기아 근절과 국제적 관심 촉구를 위하여 매년 기념하고 있다(시사상식사전, 2016).

이렇듯 전세계에 광범위하게 퍼져 있는 문제들 가운데 하나는 빈곤문제다. 빈곤문제는 이제 세계적인 현상이며 국제사회복지 및 국제사회에 가장 커다란 문제점이 되고 있다. 빈곤은 그 본질상, 그리고 그 원인과 시사점이 국경을 넘어서기 때문에 이제 국제적 상황에서 바라볼 수밖에 없으며(Bryant & Kappaz, 2005: 160) 국제문제들 가운데 가장 근본적이면서도 해결하기 어려운 문제이고 많은 사회문제의 원인이다. 즉, 빈곤은 이주문제의 가장 큰 원인이 되며, 에이즈 확산의 주요 요인이자 마약 생산 및 남용과 연계되어 있고, 거리의 아동과 노숙자, 그리고 아동노동 및 영양결핍의 직접적인 원인이 된다(최원석, 2015). 이러한 빈곤문제는 기아, 영양실조, 질병확산 등의 문제를 일으키는 데에 그치지 않고 수없이 많은 경제·사회·정치적 갈등의 원인을 제공하고 있다. 빈곤은 그 성격자체가 국지적인 문제가 아니라 전세계적으로 상호 연관적인 영향을 주며 범지구적인 쟁점문제로 부각되고 있기 때문에 국제사회에서는 저개발국의 빈곤을 해결하지 않으면 세계의 평화와 번영이 어렵다는 인식이 확산되고 있다.

여기에 발맞추어 2000년 선언된 UN밀레니엄개발목표(Millennium Development Goals: MDGs) 중 첫 번째에 절대빈곤 및 기아퇴치의 문제를 다루고 있으나(이수진, 2011) 일련의 성과에도 불구하고 빈곤·교육의 평등 등에 있어 여전히 미비한 점이 존재한다. 최근 그 한계를 극복하기 위해 설정된 목표인 지속가능발전목표(SDGs)가 이행 중에 있다. 2015년까지 절대빈곤율이 1990년 기준 19억 명에서 2010년 12억 명으로 감소함에도 불구하고, 빈곤의 감소문제는 여전히 불규칙하게 진행 중이며 하루에 1.25 달러 이하로 생활하는 사람의 대부분은 사하라 이남 아프리카와 남아시아 두 지역에 거주하고 있는 것으로 나타났다(유엔새천년개발목표 보고서, 2014).

이와 같이 국제사회의 꾸준한 노력에도 불구하고, 빈곤 퇴치의 결과는 만족스럽지 못하다. 유엔을 비롯한 다양한 국제기구, 선진국들이 ODA, 수많은 NGO들의 빈민구호활동들을 전개하였으나, 국제기구들의 비효율성과 비협조성, 선진국들의 부진한 ODA 실적, NGO활동의 재정적, 인적 한계와 책임성의 결여 등과 같은 문제들이 꾸준히 제기되어 왔다. 빈곤은 삶을 유지하기 위해 기본적으로 요구되는 필수요소가 결핍된 상태를 의미하므로 생존권의 박탈과 연결된다. 이와 유사한 개념으로 불평등은 이러한 생존권의 직접적 박탈을 의미한다고 할 수 없으나, 대부분 분배문제와 연결되어 결핍을 고착화시키는 기저로 작용한다. 불평등은 재화나 권위가 박탈당하거나 전유되는 상태(곽성일, 2015에서 재인용)로 불평등은 상대적인 개념이다. 결핍을 겪고 있지 않은 대중들 사이에도 불평등은 존재하고, 결핍을 겪고 있는 빈곤층 사이에도 불평등은 존재할 수 있다. 분배가 제대로 이루어지지 않으면 사회구성원 중 일부는 고통을 느낄 수 있으므로 분배의 문제는 빈곤과 연결된다. 따라서 빈곤과 불평등이 한 사회가 처한 고통정도를 나타낸다는 점에서 상호 밀접한 연관을 가지고 있지만 동일한 개념은 아닌 것이다.

MDGs는 소득 이외 교육, 건강, 영양 등 빈곤의 다양한 측면을 포괄했다는 점에서 이전의 협소한 개발담론에서 진일보한 측면을 보였으나, 불평등 문제를 외면했다는 점이 주요한 한계로 평가되고 있다. MDGs체제가 종료된 2015년부터 2030년까지 국제개발의 새로운 의제가 될 Post-2015 개발의제의 준비 과정에서 주목할 것은 불평등의 해소가 핵심 의제 중 하나로 부상되었다는 점이다. 유엔, OECD, 다보스포럼 등 각종 국제 논의의 장에서 사회 불평등이 지속가능한 발전과 빈곤 감소를 심각하게 저해하고 있어, 각국의 정부와 국제사회가 불평등의 완화를 위해 특별한 노력을 기울여야 한다는 점이 강조되고 있다. 이에 본 연구에서는 빈곤과 불평등에 대한 개념정의 및 연구동향을 살펴보고, 연구결과에 근거한 빈곤 및 불평등의 원인 및 결과, 상호 간의 영향에 대해 알아본 뒤, 빈곤과 불평등에 대처하는 국제사회의 정책방향을 모색해 보고자 한다. 이러한 연구결과는 소득불균형과 빈부격차를 심화시키는 원인에 대한 진단과 국제사회의 전세계 모두를 위한 다양한 움직임 및 방향성을 조명하고, 새롭고 건전하며 지속 가능한 국제사회로 나아가는 정책 아이디어와 비전을 살펴보는 데 의의가 있을 것이다.

2 빈곤과 불평등의 이해

1) 빈곤의 개념 정의

빈곤은 경제적, 사회 문화적 및 보호, 정치와 같은 다차원적인 부분에서 개인의 안녕과 복지를 달성하는 능력의 제약을 의미한다. 국제기구들(유엔개발계획, 유엔난민기구, 세계은행)의 정의의 공통점은 빈곤을 단지 소득 불평등에 의한 기본적 생활 요구 조건의 물리적 상태에 대한 결핍으로만 이해하는 것이 아니라, 더 나은 삶을 위한 선택의 자유 박탈이라는 다차원적 결핍으로 이해한 부분이다(방설아, 2014). 일반적으로 빈곤은 "개인, 가족이나 집단이 가지고 있는 물질적, 문화적 그리고 사회적 자원이 제한적이어서, 그들이 속해있는 사회에서 받아들일 수 있는 최소한도의 생활수준을 유지할 수 없는 상태"라고 규정할 수 있다(EEC, 1985; 문진영, 2015 재인용).

협의적 의미에서의 빈곤은 인간이 존엄성을 유지하면서 살아가는데 필요한 기초적 상품과 서비스를 획득할 수 있는 재화나 능력이 결여되어 있는 상태를 의미하고, 낮은 수준의 보건 및 교육, 깨끗한 식수와 위생에 대한 접근성 결여, 신체적 불안전 등을 포함하고 있다(World Bank, 2000). 이러한 협의적 의미의 빈곤은 가장 전통적인 접근법으로서 빈곤을 물질적 측면에서 정의하고 있다(박한규, 2013).

가장 광의적 의미의 빈곤 개념은 Sen(1987)의 정의가 주로 언급된다. Sen의 빈곤개념은 "부적절한 수입과 교육, 취약한 건강, 신체적 불안전, 낮은 자신감, 무기력, 개인으로서 권리의 결여 등을 포함하는 한 사회의 일원으로서 기능할 수 있는 주요 능력이 결여되어 있는 상태"이다. 그의 정의는 빈곤을 다차원적 현상으로 보고 있으며, 단순한 방법으로서는 궁극적으로 해결할 수 없는 것이라고 보고 있다.

1995년 코펜하겐(Copenhagen)에서 개최된 "사회개발에 관한 세계정상회의(World Summit on Social Development)" 이후부터 유엔에서는 광의적 의미의 빈곤 개념을 사용하고 있으며, 현재 국제사회에서는 빈곤의 개념이 확대되고 있는 추세이다. 즉, 빈곤 문제를 파악하는 데 물질적인 측면뿐만 아니라 비물질적인 측면의 중요성을 강조하는 경향이 높아졌다는 것이다.

(1) 절대적 빈곤과 상대적 빈곤

빈곤의 개념에 대한 가장 일반적인 구분법은 절대적 빈곤(absolute poverty)과 상대적 빈곤(relative poverty)으로 나누는 것이다. 절대적 빈곤은 많은 나라의 경우 빈곤율(poverty ratio)을 산출함에 빈곤선(poverty line) 이하의 소득을 가지는 사람을 전체인구수로 나눈 값을 빈곤율로 정의한다. 이때 빈곤선의 기준으로 먼저 최저생계비를 산출하고 그 이하를 빈곤인구라고 명명하는데, 이것이 바로 절대적 빈곤의 개념에 기반한 계산방식이다.

세계대전 이후 서구 유럽에서 복지국가가 등장한 이후에도 여전히 빈곤문제는 해결되지 않고 오히려 근로빈곤층(working poor)이 등장하기 시작하였으며, 나아가 풍요 속에서 상대적으로 빈곤감을 느끼는 경우가 증가하면서 절대적 빈곤 개념의 정태적 측면(static)에 대한 비판이 제기되었다. 이러한 비판 위에 상대적 빈곤 개념이 태동되었다.

상대적 빈곤 개념을 처음으로 주장한 Peter Townsend(1962, 1979)는 빈곤은 동태적(dynamic) 개념이고 단지 물질적 측면(material)뿐만 아니라 사회 구성원으로서 감정적인 측면(emotional)까지 연계하여 개념화해야 한다고 주장하였다. 이때 자원은 물질적인 측면뿐만 아니라 교육, 건강 등을 모두 포괄하며, 오늘날 많은 유럽 국가들이 이러한 상대적 빈곤의 개념과 사회적 박탈(social deprivation)지표를 채택하고 있다. 그러나 이러한 상대적 빈곤의 개념 역시 결국 구체적으로 빈곤을 측정하기 위해서는 절대적인 기준선에 대비하여 측정해야 하는데, 이를 임의적으로 규정해야 한다는 점에서 개념적 한계가 있다(정원오, 2008).

예컨대, OECD 국가에서는 소득이 한 사회의 평균소득이나 중위소득의 40%, 50%, 60% 이하일 경우 빈곤한 상태로 보는 것으로 이 개념은 선진국에서 빈곤율 추정에 자주 활용되며, 특히 국제비교 시에는 주로 중위소득의 50% 소득을 상대빈곤선으로 사용한다(김미곤, 2014).

〈표 4-1〉 주요기관, 학자, 국가들의 상대적 빈곤선

주요기관/국가	상대적 빈곤선 기준
OECD	중위소득의 40%, 50%, 60%
World Bank	개발도상국은 평균소득의 1/3, 선진국은 평균소득의 1/2
EU	평균가계지출의 60%, 일인당 평균지출의 50%
Townsend	평균 가구소득의 80% 이하
Rainwater	가구당 평균소득 46~58%
영국	평균소득의 50%
프랑스	중위소득의 50%
미국	평균소비 지출의 68%

〈표 4-2〉 국가별 빈곤심각도 지수

국가별	1981년	2002년	2011년
동아시아 태평양	19.53	3.08	0.47
유럽/중앙아시아	0.3	0.19	0.09
중남미	2.46	2.73	1.48
중동/북아프리카	0.49	0.23	0.14
남아시아	8.97	4.21	1.61
사하라이남 아프리카	12.97	14.13	10.4
전체	11.41	4.4	2.31

출처: 곽성일(2015). p. 44.

(2) 인적능력 박탈과 빈곤

이와 같이 절대적, 상대적 빈곤은 모두 물질적인 측면을 중심으로 빈곤을 규정하는 소득접근법(income-approach)이다. 반면에 이러한 관점을 넘어서 인적능력(human capability)을 중심으로 빈곤을 정의하고 측정하고자 하는 시도가 있다. 이는 노벨 경제학 수상자인 Amartya Sen(1999: 87)의 논의에 기반하고 있다. 그는 기본적으로 개발을 인간의 자유를 향상시키는 것(development of capability)으로 규정해야 한다고 주장하였고, 또한 빈곤을 단지 소득이 낮은 것으로 규정하기 보다는 기본적인 잠재능력의 박탈로 규정해야 한다고 주장하였다. 즉, 빈곤을 측정하기 위해 생활수준(standard of living)을

평가할 때 그 기준을 재화(commodity)나 그 재화가 창출하는 특성(characteristics)으로 재단하기보다는 궁극적으로 그 재화를 이용하여 사람이 기능을 수행할 수 있는 능력을 중심으로 하여 빈곤 문제에 접근해야 한다는 것이다.

절대적 빈곤이나 상대적 빈곤 개념 공히 빈곤을 측정하는 데 유용하지만, 빈곤의 원인에 대해 설명하거나 그에 기반을 둔 해법을 제시하기에는 부족한 점이 있다. 반면 인적 자원 접근법은 빈곤을 유발하는 원인에 대해 주목하였다는 점에서 기존 접근법과 차이가 있다. 또한 인적 자원 접근법은 빈곤을 단순히 소득이 아니라 인적 자원의 관점에서 정의함으로써 빈곤퇴치를 위한 국제개발협력의 목표에 있어서 프레임 자체를 변화시켰다. 기존의 소득접근법의 프레임으로만 인식하게 된다면 개발의 목표는 절대적 빈곤을 퇴치하기 위해 소득을 증대시키는 데 집중하게 된다. 그러나 인적 자원 접근법에 기반을 두게 되면, 빈곤감소를 위한 개발의 궁극적인 목표를 인적 자원을 향상시키는 것으로 재구성하게 된다. Sen의 이러한 주장은 실제로 국제개발협력 의제의 패러다임이 변화하는 데 크게 영향을 미쳤다.

(3) 사회적 배제

이처럼 최근에 빈곤에 대한 담론에서 빈곤을 정적인 개념 보다는 동태적인 개념으로 파악해야 하며, 단지 소득뿐만 아니라 다차원적인 측면에서 이해되어야 한다는 인식이 확산되어 왔다. 이 같은 배경에서 등장한 논의가 바로 '사회적 배제(social exclusion)'라는 개념이다. 이 개념이 프랑스에서 처음 제기되었을 때는 기존의 빈곤인 실업 등 전통적인 사회문제를 다루기 위한 제도의 수혜대상에서 배제된 집단(빈곤, 장애인, 노인, 학대아동, 약물중독자, 자살자 등)을 일컫기 위한 목적이 있었다. 이후 사회적 배제에 대한 담론이 확장되면서 주로 '관계(relation)'에 초점을 두고 장애인, 비숙련 노동자, 이민자, 청년 실업자 등이 사회적으로 단절되는 과정을 지칭하는 개념이 되었다. 이후 비슷한 문제를 겪고 있던 유럽 국가들 사이에 사회적 배제라는 개념이 이론적·실천적으로 확산되었고, 특히 1997년 암스테르담 조약을 통해서 유럽연합이 추구해야 할 목표로서 채택된 후에는 '빈곤에 영향을 미치거나 빈곤에 의해 발생하는 다양한 사회현상을 지칭하는 개념'으로 사용되고 있다(강신옥, 2006).

그럼에도 불구하고 사회적 배제 개념의 모호성과 포괄성에 대해 비판이 존재하는 것은 사실이다. 그러나 기존의 빈곤(poverty), 혹은 박탈(deprivation)이라는 개념에 비해 보다 동태적이고, 다차원적이고, 사회구성원과의 관계를 중시하는 특성을 갖고 있기 때문에(Berghman, 1995), 사회정책의 이론적 논의와 여러 국가들의 정책 결정에 널리 사용되고 있다. 다른 무엇보다 사회적 배제란 개념은 빈곤의 개념을 평등과 시민권과 연관하여 논의할 수 있도록 개념을 확장시켰다는 데 가장 큰 의의가 있다(강신옥, 2006 재인용).

사회적 배제는 경제적 측면에서 노동시장으로부터의 배제, 사회적 측면에서 시민권의 부족, 정치적 측면에서 의사결정과정으로부터의 배제 등을 포괄하는 개념으로 정의될 수 있다(이주하, 2011 재인용). 이러한 점에서 개발학 분야 및 국제개발협력과 관련된 현장에서도 새로운 빈곤담론으로 사회적 배제란 개념을 사용하기 시작했다. 특히 1995년 코펜하겐에서 열린 사회개발정상회의(World Summit for Social Development)에서 최초로 사회적 배제(social exclusion), 사회적 통합(social integration) 논의가 시작된 이후 많은 공여기관들이 이를 정책목표로 활용하고 있다.

2) 세계 절대빈곤 현황

유엔새천년개발보고서(2014)에 의하면 전세계적으로 절대빈곤은 눈에 띄게 감소하고 있는 것으로 보고되고 있다. 1990년, 개발도상지역에 거주하고 있는 거의 절반의 사람들이 하루 1.25달러 이하의 소득으로 생활하고 있으며, 이 비율은 2010년까지 거의 22%로 감소되었다. 이는 2015년까지 절대빈곤율을 절반으로 줄이겠다는 새천년개발목표(MDGs)의 목표를 5년 앞당겨 달성했다는 의미이다. 같은 기간, 절대빈곤층의 규모는 1990년 기준 19억 명에서 2010년 12억 명으로 급격히 감소하였다.

이처럼 전세계적으로 놀라운 성과를 달성했음에도 불구하고, 빈곤의 감소는 여전히 불규칙하게 진행 중이다. 하루에 1.25달러 이하로 생활하는 사람의 대부분은 남아시아와 사하라 이남 아프리카 두 지역에 거주하고 있는 것으로 나타났다. 2010년, 인도에서만 전세계 12억 절대빈곤층의 3분의 1이 살고 있다. 중국 역시 빈곤층이 상당한 규모로 감소했음에도 불구하고 2위를 기록했으며, 전세계 절대빈곤층의 거의 13%에 달하는 규모의 사람들이 살고 있다. 다음으로는 나이지리아(9%), 방글라데시(5%), 콩고민주공화국(5%)이다. 2010년 기준으로 위에 언급한 5개의 국가들에 전세계 절대빈곤층의 3분의 2가 거주하고 있는 것으로 알려졌다.

상당한 규모의 절대빈곤층을 가지고 있는 인구밀집 국가들 외에도 높은 빈곤율을 보이고 있는 소규모의 취약한 국가체제를 유지하고 있는 분쟁지역 국가들도 있다. 그러나 그러한 국가들은 소득수준이나 소비상황에 대한 세부내용을 파악할 수 있는 가구조사가 양적으로도, 질적으로도 부족하다. 그러한 문제점은 계속해서 빈곤을 타개하기 위한 적절한 정책과 프로그램을 고안하고 실행하는 노력에 장애가 되고 있는 실정이다.

3) 불평등에 관한 개념 정의

불평등의 정의는 연구자마다 서로 다르게 정의될 만큼 매우 복합적인 개념이다. 먼저 단순히 불평등을 경제적 지위관계에 기초하여 소득 또는 소비수준의 상대적 분포로 정의내릴 수도 있다. 이처럼 계층별 분배로 불평등을 정의내리는 것은 분배구조의 치우침을 드러낸다는 점에서 의의가 있으나, 개인의 노동, 소비, 저축, 투자 등과 같은 경제행위와 소득의 결정구조, 또는 상호관계를 고려하지 못한다는 점에서 한계가 있다. 다시 말해 계층별 분포를 가지고 정의된 불평등은 거시 경제이론을 통해 설명하기가 쉽지 않다. 왜냐하면 개인이 어떤 방식으로 그리고 얼마나 생산에 참여했는가라는 문제가 불평등의 측정에 중요하게 관여되지 않았기 때문이다. 따라서 이 관점으로부터 불평등 완화방안을 제시하기가 쉽지 않다(곽성일, 2015).

이러한 단점을 보완하기 위해 불평등을 소득의 기능별 또는 요소 지분(factor share)별 분배로서 정의내리기도 한다. 이 정의에 따르면 생산요소 각각의 상대가격 체계의 변화가 각 생산요소의 몫을 변화시키고, 사회의 분배상태도 변화시킨다. 즉 분배는 개인이나 가구가 생산에 기여하는 어떤 요소를 가지고 있느냐와 생산요소의 가격에 의해 결정된다. 따라서 불평등은 경제성장을 위한 필요악으로 해석될 수 있다. 그러나 이러한 기능별 분배이론은 비 시장 동인(non-market force)의 역할과 영향력을 고려하고 있지 못하다는 점에서 한계가 있다.

불평등지수(inequality index)는 한 사회에 존재하는 소득분배의 불평등도를 하나의 숫자로 대표하여 표현할 수 있는 지표를 말한다. 즉, 소수의 부자들이 국가의 전체소득 중 너무 많은 부분을 차지하고 대다수 국민들이 극빈층이 되어 있으면, 그 국가는 소득분배가 매우 불균등하다고 한다. 이러한 소득분배의 불균등도를 계량화하여 나타낸 것이 불평등지수(inequality index)이다(경제학사전, 2011). 소득불평등의 측정 방법은 다음과 같다.

(1) 로렌츠곡선과 지니계수

로렌츠곡선(Lorenz curve)은 개인의 수적누적분포를 가로축으로 하고 소득의 누적분포를 세로축으로 하여 구해진 곡선이다. 만약 모든 개인이 동일한 수준의 소득을 가지고 있다면 하위 10%의 인구는 총소득의 10%를 가질 것이고, 하위 20%는 총소득의 20%를 가질 것이다. 모든 인구층을 대상으로 이 점들을 연결하면 모든 인구가 동일소득을 가지는 동일소득선이 대각선의 모양으로 그려진다. 현실에서는 하위 10%의 인구는 총소득의 10%보다 훨씬 적은 소득을 가지므로 소득의 누적분포는 대각선 아래의 곡선모양을 가지게 되는데 이것이 로렌츠곡선이다(김상균 외, 2013).

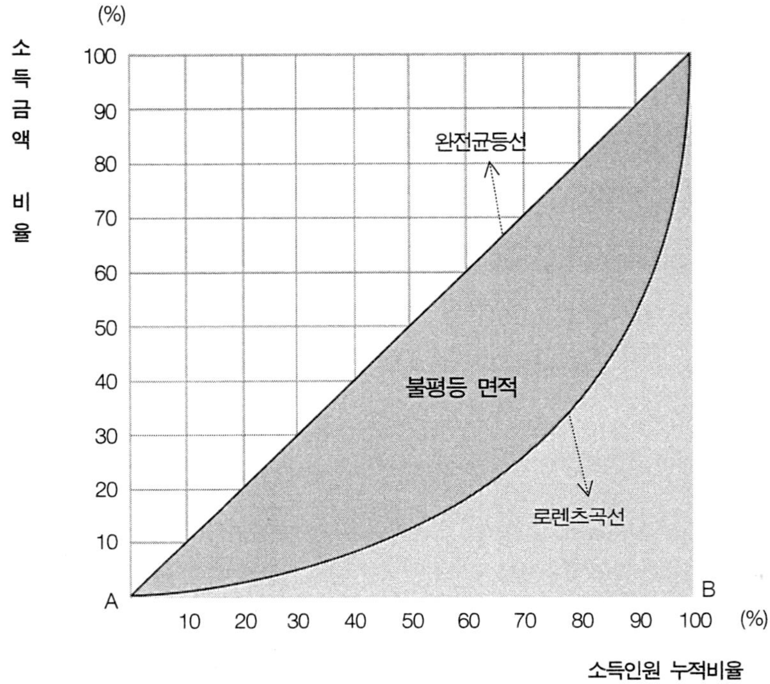

[그림 4-1] 로렌츠곡선

출처: 이시윤(2015). p. 5.

지니계수(Gini coefficient)는 불평등도를 나타내는 가장 일반화된 방법으로, 이를 보는 하나의 방식은 Lorenz(1905)가 고안한 로렌츠곡선의 측면에서, 소득의 크기대로 순서를 매긴 뒤, 낮은 소득을 가진 사람부터 시작해서 횡축에 인구를 누적해 가고, 종축에는 그들의 소득을 누적해 감으로써 불평등도를 나타낸다(김재호 · 정주연, 2013). 지니계수는 모든 개인이 동일한 크기의 소득을 가진 가장 평등한 분배상태를 0으로 한다. 그리고 불평등도가 증가할수록 수치가 커져, 한 개인이 모든 소득을 독점하고 나머지는 소득이 없는 가장 불평등한 분배상태에 이르면 수치가 1이 된다.

(2) N분위 분배율

N분위 분배율은 소득분배정도 판별법으로서 소득분배의 정도를 나타내는 것들 가운데 빈부격차를 가장 잘 설명해 주는 것으로 알려져 있다. 10분위 분배율은 인구를 소득 순으로 정렬하여, 하위 40%의 소득합계를 상위 20%의 소득합계로 나눈 값이다. 보통 0.45 이상이면 양호, 0.45 미만이면 중간 수준이고, 0.35 미만이면 불평등으로 여겨진다. 즉, 값이 커질수록 소득불평등은 완화되며, 값이 작을수록 소득불평등은 심화된다(민승규, 2006). 소득 5분위 분배율은 인구를 소득 순으로 정렬하여, 상위 20%의 소득을 하위 20%의 소득으로 나눈 값이다. 소득의 양극화 즉, 저소득층과 고소득층 간의 소득격차를 나타내는 것으로서, 값이 커질수록 소득 분배의 불평등도가 증가한다(이시윤, 2015; Xiangshan, 2013).

(3) 앳킨슨지수

앳킨슨지수(Atkinson index)는 균등분배대등소득(equally distributed equivalent income: y^{EDE})의 개념에 의존하고 있다. 즉, 균등분배대등소득이란 어떤 총소득의 수준이 있어 만약 이 수준의 소득을 모든 사람에게 균등하게 나누어 준다면, 현재의 분배상태하에서 누리고 있는 사회후생과 동일한 수준의 사회후생을 가져다줄 수 있는 경우의 해당 총소득의 평균을 의미한다(김재호 · 정주연, 2013). 따라서 균등분배대등소득은 현재의 분배상태에 불평등이 존재하고 이로 인해 사회후생이 저항되어 있는 한 현실의 평등분배보다 작을 수밖에 없으며, 불평등의 정도가 심하면 심할수록 양자 간의 격차는 더욱 커지게 된다.

$$A = 1 - \frac{y^{RDE}}{\mu}$$

만약 현실의 분배상태가 완전히 균등한 것이어서 평균소득이 바로 균등분배대등소득이 된다면 앳킨슨지수는 0의 값을 갖는다. 반면에 소득의 분배가 지극히 불평등하여 균등분배대등소득이 거의 0에 가깝다면 엣킨슨지수는 1에 가까운 값을 갖는다. 예를 들어, 평균소득이 150만 원이고 균등분배대등소득이 120만원일 때의 엣킨슨지수는 0.2의 값을 가질 것이다. 엣킨슨지수는 균등분배대등소득의 개념을 통해 다양한 가치판단이 반영될 수 있는 통로를 열어놓고 있다. 이 지수를 구하는 공식을 만들 때, 평등성을 얼마나 중시하느냐에 따라 균등분배대등소득의 크기가 달라질 수 있게 만들어 놓았기 때문이다. 이와 같은 신축성은 지니계수 등 다른 불평등지수에서는 기대할 수 없는 엣킨슨지수 고유의 장점이라고 할 수 있다. 이와 같은 장점 때문에 엣킨슨지수는 소개된 지 얼마 되지 않아 지니계수에 버금갈 만큼 자주 사용되는 불평등지수로서의 위치를 차지하게 되었다(경제학사전, 2011).

3 빈곤 및 불평등의 원인과 결과

1) 빈곤의 원인 및 결과

먼저 빈곤이 발생하는 이유에 대해서 크게 개인적, 사회·국가적, 국제적 차원의 세 가지 차원에서 나누어 살펴볼 수 있다.

(1) 개인적 차원

빈곤의 원인을 개인적 차원에서 찾는 이들은 개인의 노동에 대해 동기부족, 낮은 기대, 무절제, 게으름, 의타심 등을 지적하고 있다. 이러한 시각은 일반 사회구성원들이 빈곤계층에 대해 나태하고, 부도덕하고, 의존적이라는 편견을 가지게 한다. 이로 인해 빈곤계층 스스로 빈곤에 대한 사회적, 부정적인 성격을 그대로 받아들임으로써 빈곤상태가 지속된다고 볼 수 있다는 것이다(장영실 외, 2005).

그러나 선천적인 신체적, 정신적 장애를 가지고 있는 사람들에게도 빈곤의 원인을 무능력이나 게으름으로 돌릴 수 없다. 이러한 경우는 국가나 사회에서 이들이 가난에서 벗어나 인간으로서 기본적인 권리와 삶을 살 수 있는 기회를 제공해 주어야 할 것이다. 따라서 빈곤의 원인을 개인적인 차원에서만 찾는 것은 분명한 한계가 있다.

(2) 사회 · 국가적 차원

경제적 저발전을 빈곤의 원인으로 보는 시각이 있다. 이러한 시각은 시장경제가 발달되어 있지 않고, 산업화가 뒤처진 국가들 내에서 빈곤이 만연하고 있다고 본다. Vasquez(2001)에 따르면, 산업화 이전 유럽에서는 대부분의 사람들이 빈곤층에 속했다고 한다. 그러나 산업화가 본격적으로 진행되기 시작했던 1820년대 이후 유럽에서 빈곤계층이 급속하게 줄어들었다는 것이다. 또한 빈곤의 원인을 사회적, 경제적 제도의 문제에서 찾기도 한다. 즉, 빈곤은 한 국가 내 정치, 사회, 경제구조가 부의 분배 및 재분배를 공평하게 하지 못하여 경제적 불평등이 생겨난다. 따라서 정치적, 경제적, 사회적으로 구조적인 소외를 받는 사람들이 빈곤계층으로 전락하고 있다고 보고 있다. 이러한 분석의 대부분은 마르크스적 사회과학 인식론이나 비판이론적 시각에서 이루어지고 있다(박한규, 2013 재인용).

(3) 국제적 차원

현재 세계의 빈곤 원인으로 신자유주의적 경제에 기반한 세계화가 국가들 사이뿐만 아니라 국가 내 빈부의 격차를 더욱 악화시켰다고 주장한다. 세계화는 궁극적으로 자본과 시장의 세계화이며, 신자유주의 경제는 시장경쟁 원리를 가치로 내걸고 노동시장 유연화, 구조 조정, 사회복지의 축소를 강조한다. 이러한 신자유주의적 경제의 흐름에 적응하는데 실패한 국가들은 더욱 빈곤한 국가로 전락했으며, 많은 국가들 내에서도 특별한 기술이 없는 비숙련 노동자들은 직업을 잃거나 일용직 노동자로 전락하여 더욱 빈곤해졌다는 것이다.

(4) 빈곤의 결과

빈곤은 질병, 교육 불평등, 아동 및 여성 인권 침해, 정치적 폭력 등과 같은 인간의 기본 인권과 삶에 매우 심각한 문제들을 야기한다(박한규, 2013 재인용). 우선, 빈곤은 건강을 유지하는 데 필요한 충분한 영양분을 섭취할 수 없게 하여 건강을 악화시킬 뿐만 아니라, 심지어 기아로 인해 사망에 이르게 한다. 특히 저개발국가에서 영아사망률, 아동사망률을 높이고 평균 수명을 낮추는 주요한 원인이다. 세계보건기구(WHO)의 통계에 따르면, 기아와 영양실조는 세계 인류의 건강에 가장 큰 위험을 가하고 있다. 전세계적으로 8명 중 1명은 만성적 영양결핍에 시달리고 있고, 5세 미만 아동들 중 1/7이 여전히 저체중 상태로 집계되었으며, 아동 1/4은 발육부진 상태에 놓여 있다.

둘째, 빈곤은 적절한 교육을 받을 수 있는 기회를 박탈한다. 2012년까지 초등학교 학령기 아동 10명 중 1명은 미취학 상태였고, 전세계 초등학령 아동의 22%를 차지하는 분쟁지역에 살고 있는 아동은 전세계 미취학아동의 50%를 차지하고 있다. 따라서 분쟁지역에서 사는 아동, 가난한 농촌 거주의 여아 그리고 장애아동들은 미취학 상태일 가능성이 매우 높다.

셋째, 빈곤은 폭력으로 쉽게 연결된다. 절대 빈곤은 가정의 파괴, 가정 내 아동 및 여성에 대한 폭력의 원인이 되기도 한다. Jeffery Sachs(2006: 15)는 극단적인 빈곤이 사회적 불안정과 정치적 폭력을 증폭시키고, 심지어 세계평화를 뒤흔드는 테러리즘의 근본 원인이라고 지적하고 있다.

이와 같이 빈곤은 한 개인에게 질병, 교육 불평등, 기아, 경제적 불평등, 정치적 폭력 등 인간의 존엄과 기본권을 심각하게 저해하는 매우 심각한 위협이 된다(World Bank, 2008). 따라서 빈곤의 문제를 해결하지 아니하고서 인간의 존엄과 생명을 다양한 위협들로부터 보호하는 것은 불가능한 일일 것이다.

2) 불평등을 증가시키는 요인과 사회적 효과

(1) 불평등을 증가시키는 요인

점점 증가하는 소득불평등은 경제세계화라는 외적 요인과 그와 연관된 국내의 사회경제 정책이 주요한 배경으로 분석되고 있다(UNRISD, 2010: 59; UNDP, 2013: 72-75). 1980년대 이후, 많은 나라들에서 소득불평등이 증가하는 경향이 관찰되는데, 세계적인 차원의 금융 자유화와 이에 결부된 숙련노동 우대 경향이 소득불평등을 증가시키는 경향을 나타냈다고 분석된다(UNDP, 2013: 72-83). 이러한 외적 요인과 연동되어 국내의 정책이 소득불평등의 가속화에 영향을 미쳤는데, 성장보다 가격안정을 중시하는 통화정책, 노동자의 권리를 약화시키는 노동정책, 누진세와 사회정책의 강화 대신 재정안정성을 강조하는 재정정책 등이 그러한 국내정책으로 평가된다.

소득 이외 건강, 영양, 교육 등 인간개발 영역의 불평등에는 가구 간 소득 격차와 정치적 요인, 정부의 사회복지 지출 정도, 특정 집단에 대한 편견 등 사회적 규범이 주요하게 영향을 미치는 것으로 알려져 있다. 건강, 영양, 교육 영역에서 젠더 간, 지역 간 격차는 특히 정부 정책 및 사회적 규범과의 연관성이 큰 것으로 분석된다. 이는 가구의 소득 증가가 자동적으로 가정 내 여성이나 여아의 삶의 질 증진으로 이어지는 것이 아니라는 점, 사회 내 존재하는 차별적 관행이 여성, 특정 지역에 거주하는 소수인종·민족 등에게 자원이나 기회가 불균등하게 주어지는 방식으로 작용한다는 점으로 설명될 수 있다. 다른 한편, 한 나라의 경제성장이나 소득수준은 그 사회 내 건강, 영양, 교육 등 영역에서의 불평등 수준에 결정적 영향을 미치지 않는 것으로 나타났다(UNDP, 2013: 144-151).

(2) 불평등이 초래하는 사회적 효과

불평등은 여러 측면에서 사회에 부정적인 효과를 초래한다. 불평등이 지속적인 성장을 어렵게 하고 빈곤 퇴치에 저해 요인으로 작용한다는 다수의 연구들이 있다(IMF,

2014a, b; UNDP, 2013; World Bank, 2006). 세계은행의 세계개발보고서(2006)는 '불평등의 덫(inequality traps)'이라는 개념을 통해 경제·정치·사회·문화적 장치와 제도를 통해 사회집단들 사이에서 권력, 부, 지위의 격차가 지속될 경우, 중·저소득층에 속하는 개인들이 그 사회 내에서 충분히 능력과 자질을 발휘하지 못하는 환경을 구조화하기 때문에 그 격차가 크지 않은 상황에 비해 사회의 효율성이 낮다는 분석을 제시했고, 구조화된 불평등의 심각성에 대한 국제사회 차원의 논의를 불러일으켰다. 또한 아시아개발은행의 2012년 공식리포트(ADB, 2012)는 1990년대 이후 아시아에서 불평등이 증가하지 않고 안정된 상태를 유지했다면, 지난 20년 동안 추가로 2억 4천만 명의 사람들이 빈곤을 벗어날 수 있었을 것이라는 분석을 제시하였다.

유엔 경제사회사무국의 2013년 세계 사회 상황보고서는 불평등이 초래하는 다수의 부정적 결과는 단지 하위계층뿐 아니라 기존 분배구조의 수혜자인 듯한 사람에게도 영향을 미치며, 불평등은 경제성장을 제약하는 덜 안정적이면서 비효율적인 경제시스템으로 이어지고, 빈곤퇴치를 심각하게 저해한다고 보고하였다. 또한, 부의 불평등은 교육, 건강, 영양상의 불평등을 양산하는 데 주요한 영향을 미치며, 심각한 불평등은 민주주의를 위협하고, 그로 인한 사회적 갈등의 위험성을 높인다(이주영, 2015 재인용).

3) 빈곤과 불평등 간의 관계

(1) 빈곤과 경제성장과의 관계

경제성장과 불평등에 관한 주요한 연구로 Kuznets(1955)의 역U자형(inverted-U) 가설을 들 수 있는데, 일인당 국민소득의 증가와 함께 불평등이 증가하다가 일정시점 이후에는 불평등이 감소하는 경향을 보인다는 것이다(윤성종, 2015 재인용). 그러나 최근의 실증연구는 Kuznets 가설을 지지하지 않는 것으로 나타나고 있다(Beuno et al., 1998; Deininger & Squire, 1998; Ravallion & Chen, 1997). 즉 소득증가와 함께 불평등이 증가하는 경향이 뚜렷하나 일정시점 이후 하락하는 현상은 나타나지 않는 경우가 많다고 분석된다.

미국의 경우에 대공항 이후 소득증가와 함께 불평등이 감소하였으나, 1975년 이후에는 불평등이 증가하고 있는 것으로 나타났으며, 이는 기술의 변화, 이민, 국제무역의 증가, 진학률 감소에 기인하는 것으로 보인다. 경제성장 외에 역사와 정치가 불평등에 영향을 미친 중요 요인이라는 점에는 의심할 여지가 없다. 세계 최악의 불평등국가 중 하나인 남아프리카공화국은 세계은행에 의하면 2008년 0.67의 지니계수를 기록하고 있는데, 이는 오랜 기간의 인종차별정책에 기인하고 있다. 즉 백인 외의 인종이 농지 소유에서 배제되어 불평등이 심화되었다는 것이다(Perkins et, 2013).

남미의 불평등은 플랜테이션 농업위주의 토지소유의 집중에서 비롯된 측면이 강한 반면, 동아시아의 벼농사는 가족경영에 적합하여 타 지역에 비해 상대적으로 소득 불평등이 낮다고 볼 수 있다. 또한, 동유럽과 중앙아시아의 낮은 불평등은 상당부분 법제화된 임금체계와 생산수단의 국가소유로 인하여 교육 이외는 생산자산을 축적할 수 있는 기회가 제한되었기 때문이다. 최근에 이 지역이 시장경제로 전환되면서 불평등이 커지고 있는데, 이는 새로운 경제발전과 더불어 발생하는 현상으로 볼 수 있다.

이와 같이 불평등은 소득수준과 더불어 빈곤의 정도를 결정한다. 불평등이 낮을 경우 교육인 물적 자본에 대한 생산적인 투자가 가능해진다. 반면 불평등이 높을 경우 부유층이 정부지출이나 무역정책 등에 영향을 미쳐 경제의 비효율성과 낮은 성장을 초래할 가능성이 크다. 또한 불평등은 사회적 불안정을 초래하여 치안이나 민간 보안비용 증가 등 비생산적인 활동을 증가시켜 투자촉진에 장애가 되기도 한다.

(2) 빈곤과 불평등 간의 관계

빈곤 및 불평등 증가요인은 다양하다. 신자유주의, 기술의 발전, 노동소득분배율의 감소, 고용 없는 성장, 비정규직 및 저임금 근로자의 증가, 인구 고령화 등의 거시적인 요인과 건강의 악화, 낮은 교육수준, 빈곤문화 등의 미시적인 다양한 요인이 중첩적으로 작용한 결과이다(김미곤, 2014).

빈곤과 불평등은 모두 사회복지에 부정적 영향을 준다는 선입견을 가지고 있다. 물론 절대빈곤(absolute poverty)이 일정수준의 삶을 유지할 수 없는 결핍된 상태를 의미하므로 경제성장과 복지에 악영향을 준 빈곤 갭으로 결론 내리는 것은 당연하다. 그러나 상대적 불평등의 감소가 경제성장을 통한 복지증가와 빈곤 감소에 긍정적 영향을 미친다고 결론 내리기에는 아직 증거는 부족하다.

한편 Dollar와 Kraay(2002)는 불평등 개선이 빈곤개선과 아무런 관계가 없으며, 단지 성장만이 빈곤율을 낮출 수 있다고 보았다. 이들의 연구는 성장이 낙수효과(trickle-down effect)를 나타내므로 정부의 불평등도 개선노력이 반드시 필요하지 않을 수 있다는 점을 강조했다. 또한 Kraay(2006)는 불평등 완화가 단기에는 빈곤 감소에 중요하지만, 장기에서는 성장이 빈곤 감소에 더 유리하다고 주장하였다. Barro(2008)는 불평등의 심화가 빈곤국가에 부정적 영향을 주지만, 부유한 국가에는 긍정적 영향을 미침을 밝혔다. 즉 빈곤국가에서는 낮은 불평등도가 경제성장에 긍정적이라는 증거를 제시하였다(곽성일, 2015 재인용).

보편적으로 불평등은 불공정하다고 볼 수 있다. [그림 4-2]에서 나타나듯이 경제성장은 빈곤을 감소시킬 수 있다. 만일 소득 분포가 변하지 않는다면 빈곤 감소는 오로지 성장에 의해서만 달성될 수 있다. 그러나 만일 성장이 없다면 빈곤 감소는 소득의 재분배에 의해서만 달성될 수 있다. 그러므로 결국 빈곤 정도는 성장과 재분배의 정도에 의해서 결정된다.

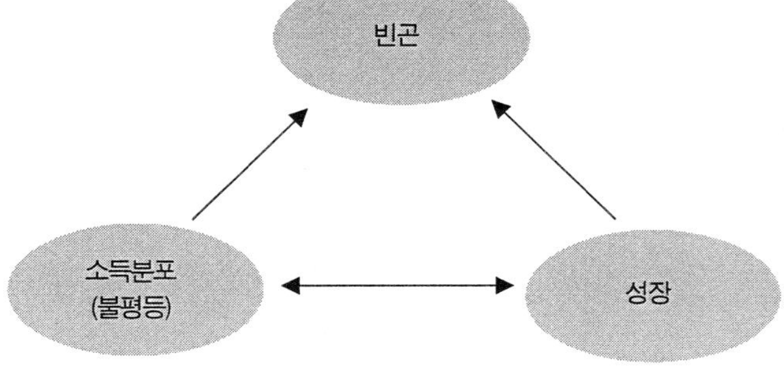

[그림 4-2] 빈곤–불평등–성장 간 관계

출처: Bourguignon(2004).

4 결론

현재 세계빈곤 문제는 국제사회에서 가장 중요한 글로벌 아젠다로 대두되고 있다. 2000년대에 들어서 국제사회는 유엔의 MDGs를 중심으로 세계빈곤 퇴치를 위한 노력을 적극적으로 전개해 왔다. 그러나 그동안의 국제기구의 빈곤퇴치 프로그램은 현지 사정을 무시하거나 부합하지 않는 등 많은 문제점을 노정하고 있어서 세계빈곤 문제는 아직 크게 개선되지 못하고 있다. 빈곤문제를 효과적으로 해결하기 위해서는 국제기구들이나 선진국들의 ODA를 통한 상향식(bottom-up)방식을 채택할 필요가 있다. Rodrik(2000)은 빈곤감소에 초점을 두는 정책이 필요한 이유로 첫째, 경제성장은 소득수준이나 분배를 무시하기 때문에 민주적인 정부는 빈곤계층에게 혜택이 가는 반면에 나머지 전체에게 조금 더 손해가 가는 경우 이를 채택할 필요가 있으며, 둘째, 빈곤층의 복지는 이에 알맞은 관심을 받지 못하므로 빈곤층 보조정책은 빈곤층의 평균소득을 올리는 데 효과적일 수 있고, 셋째, 빈곤층에 초점을 맞추는 것은 보다 광범위하고 능력개발 지향적인 접근일 수 있기 때문이라는 것이다. Rodrik은 경제발전의 궁극적인 목적은 가치 있는 삶으로 이끌 수 있는 능력의 극대화에 있다고 주장한 Sen(1989)의 의견에 동조하면서 이러한 측면에서 빈곤계층은 열악하기 때문에 긴급한 정책적 관심을 받을 필요가 있다고 주장하였다.

세계은행(1990)은 빈곤감소를 위한 정책으로 크게 시장지향 경제성장의 촉진과 빈곤계층에 대한 직접적인 의료 및 교육서비스의 제공을 들고 있다. 시장지향 경제성장에는 거시경제안정, 무역과 투자 자유화, 사회간접자본 투자 확대, 신용대출시장 확대 등을 포함하고 있는데 이러한 정책들은 노동수요를 확대하는 성장을 촉진하며, 따라서 빈곤계층에게 혜택을 주게 된다. 빈곤계층에 대한 직접적인 의료 및 교육서비스 제공은 생산성 향상을 통해 빈곤감소를 가져오게 된다. 그 외에 시장의 기회를 누릴 수 없는 개인에 대한 사회안전망 확충이 제시되었는데, 그 수혜자는 노년층, 질환자뿐 아니라 자연재해나 경제적 위기로 고통 받는 그룹을 포함하고 있다(윤성종, 2015에서 재인용).

우리나라는 국제사회의 지구빈곤문제 완화를 위한 국제사회의 움직임에 따라서 이미 2009년 11월 OECD/DAC에서 24번째 회원국으로 가입하였으며, 세계최초로 "원조를 받던 나라에서 원조를 주는 나라"가 되었다. 오늘날에도 이러한 ODA의 중요성을 인식하고 개발 NGO와의 협력을 강화하면서, 원조규모의 확대와 규모증가 속도를 조절하는 양적인 측면에서와 무상원조 비율과 비구속성 원조비율을 확대하면서 원조효과성을 제고하는 노력을 지속하는 등 질적인 측면에서도 개선을 위해 노력하고 있다(천정웅, 2013).

그러나 아직도 양적, 질적 측면에서 OECD/DAC의 다른 나라들과 비교해 보았을 때 보다 적극적인 노력과 개선이 필요한 상황에 있다. 특히, 우리나라 개발NGO들의 많은 경우가 다양한 지구빈곤화 문제를 위한 프로젝트들을 운영하고 있으며, 개발도상국의 주민, 특히 아동과 청소년을 위한 개발원조에 참여하는 등 활발한 활동을 전개하고 있다. 공적개발원조에 대한 최근의 대외경제정책연구원(2011)의 여론조사결과를 보면,

응답자들은 대외원조 제공에 대해서는 긍정적이고 적극적인 태도를 보이고 있지만, 다수(62.7%)가 한국을 여전히 개발도상국으로 인식하고 있으며, 대외 원조규모의 확대에 대해서는 유보적인 입장을 나타내고 있다. 국민의 ODA 사업에 대한 인지도 및 공감대 제고를 통해서 국민의 자긍심을 높이고 맞춤형 홍보와 교육을 증대하여, 국제개발협력 사업에 대한 이해를 제고함은 물론, 지구적 규모의 빈곤문제에 대해 관심을 제고하고 우리나라가 기여하는 부분의 양과 질을 향상시키는 방안을 다각도로 마련하는 노력을 기울일 필요가 있는 것이다.

또한 불평등을 완화하고 평등을 증진하기 위해 국제사회와 각국의 정부는, 어떤 정책적 방향성 하에 빈곤 감소와 사회 발전 전략을 수행해야 할 것인가에 대해 논의하고 있다. 세계은행(2006), 유엔사회개발연구(2010), 유엔디피(2013) 등 개발 관련 기구들이 제시하는 정책적 방향에는 일정한 시각의 차이에도 불구하고 공통적 흐름이 존재하는데(이주영, 2015) 기본적 관점으로는, 동등대우, 절차적 공정성에 국한한 평등의 개념을 넘어, 실질적 기회의 평등 증진을 추구한다. 그러나 결과의 평등을 어느 정도 적극적으로 추구할 것인가에 대해서는 다소 관점의 차이가 있는데, 세계은행(2006)은 모든 개인은 인종, 젠더, 사회경제적 배경, 출신국과 같이 정해진 조건과 관계없이, 재능과 노력을 통해 자신이 원하는 삶을 추구할 수 있어야 하며, 건강, 교육, 소비 수준 등 결과에 있어서 빈곤한 상태에 처하지 않을 수 있어야 한다는 의미로 형평(equity)의 증진을 추구한다. 이는 실질적 기회의 평등을 중심으로 하되, 결과의 측면에서는 빈곤 상태의 방지에 초점을 둔 접근이라고 할 수 있다. 유엔사회개발연구소(2010)나 유엔디피(2013)는 결과의 불평등 상황이 지속되어 고착화되면 사회적 약자집단에 대한 차별과 편견이 견고해지고, 사회적 연대를 어렵게 한다는 점을 지적한다. 이러한 관점 하에서, 교육, 보건 부문의 강화를 통해 기회의 평등을 증진하고, 빈곤층만 구분하여 최소한의 생존을 보장하는 데 치중하는 사회안전망 중심의 소극적 접근을 넘어 보편적인 사회보장의 확대를 통해 결과의 평등을 증진하는 접근을 권고한다.

또한 불평등을 해소하기 위한 정책의 포괄적인 방안들은 다음과 같은 몇 가지로 볼 수 있다. 첫째, 공공지출을 통해 교육, 보건, 식수 및 위생 부문 등 사회 서비스를 확충하고, 아동·노인을 비롯해, 질병·장애·실업·임신 및 출산 등으로 소득이 없는 개인 및 가구를 위한 소득보장 등의 사회보장정책을 강화해야 하며, 공적개발원조를 통해 재원을 확보해야 한다는 것이다. 둘째, 괜찮은 일자리(decent job)를 많이 창출하는 포용적 경제성장을 추구해야 하며 셋째, 젠더, 인종·민족, 장애, 거주지역 등에 근거한 차별을 금지하고, 차별적인 사회적 규범, 관습, 태도를 타파하며, 사회적 약자층의 시민·정치적 권리의 강화를 통해 사회정치적 지위를 증진시켜야 한다. 이들의 의사가 사회제도와 정책을 결정하는 정치적 과정에 좀 더 폭넓게 대표될 수 있도록 하는 것이다. 정치체제가 일국의 불평등에 어떤 효과를 갖는지 확인하기 위해 새로운 불평등 지수를 활용하여 세계 43개국을 대상으로 27년간 패널데이터를 분석한 변영학(2016)의 연구결과에 따르면, 민주주의는 불평등을 완화하는 효과가 있는 것으로 밝혀졌으며 무역개방, 교육수준, 비례대표제 역시 평등한 분배구조에 기여하는 것으로 나타났다. 그리고 자본시장의 개방, 1인당 국민총생산, 실업률, 정부의 당파성은 유의미한 평등화 효과가 없었다. 따라서 민주주의가 일상생활이 되는 자연스러운 교육, 사회를 구현시켜 나가야 할 것이다.

5

CHAPTER 05

지구환경문제와 국제사회복지

05 지구환경문제와 국제사회복지

환경문제는 그동안 인구의 증가, 급속한 산업화, 화석연료 소비의 증대라는 삼중적 요인의 결과로 그 규모와 정도가 증대되어 왔으며 핵전쟁의 위협과 함께 오늘날의 세계가 직면한 가장 심각한 국제사회의 이슈로 대두되고 있다. 예를 들어 지구의 온난화는 분명히 인류의 미래를 위협할 수 있는 심각한 사회문제이며, 이미 태평양의 섬나라 투발루는 기후온난화로 인한 해수면 상승으로 그들의 영토가 모두 곧 물에 잠길 정도로 심각한 상태에 있다는 것을 대부분 알고 있지만, 이 문제를 해결하는 것은 매우 어려운 문제이다.

또한 과거 자연재해는 인간이 만들어 낸 것이 아니었지만, 현대의 자연재해는 상당 부분을 인간이 만들어 내고 있다. 예를 들어 전세계적인 기후변화는 인간이 만들고 뿜어내는 이산화탄소의 증가로 나타났으며, 또한 이로 인해 나타나는 다양한 이상기후와 재난은 주로 인간이 모두 함께 만들어 온 것이었다. 따라서 과거에는 한 국가 내에서의 조율을 통해서 대부분의 환경문제가 해결되었지만, 이제는 세계의 모든 나라들이 합의해야 하는 문제로 나타나고 있다. 이런 점에서 환경문제의 해결은 인류사회의 절대적 과제가 되고 있으며 이를 위한 노력이 여러 가지 형태로 다양하게 전개되고 있는 실정이다.

1 환경문제의 정의와 글로벌라이제이션

환경이란 인간의 활동에 영향을 주고 한편으로는 인간의 활동으로부터 영향을 받는 주변의 모든 요소들을 말한다. 이러한 환경에는 인간의 생존에 필수적인 공기, 물, 흙, 생물(식량자원), 태양에너지 등과 같은 자연환경적 요소와 더불어 인간의 삶의 질을 높여주는 도구, 주거, 도시, 문화, 법, 역사 등과 같은 인공적 환경요소가 있다. 이렇듯 환경은 자연에서 인문현상에 이르기까지 복합적인 구성요소로 되어 있는 것으로 볼 수 있다.

그러나 일반적으로 환경문제는 생태계의 가정에 기초하여 정의되는 경향이 있다. 따라서 환경문제는 인간 활동이 생태계의 자연적 과정을 방해한 결과 건강과 생존을 위협하는 변화를 초래함으로 인한 문제로 본다(김명자, 1991). 그러나 환경문제를 어떤 시각으로 보는지에 따라서 대책들은 달라지는데, 대체로 생태계의 파괴가 쉽게 눈에 띄지 않는 경우가 많다는 것이다. 이런 점을 감안하면 환경문제는 "사회의 영향력 있는 사람들이 환경변화로 인해 일련의 집단들이 생존을 위협받거나 불편한 상황에 놓인다고 판단하고 개선할 필요가 있다고 느끼는 어떤 상황"이라고 정의할 수 있다.

특히, 오늘날의 생태 위협은 네 가지 측면에서 과거의 위협들과 다른데 첫째로, 오늘날의 환경문제는 누적적인 결과에 있어 전 지구적이며, 둘째로, 오늘날의 우리의 환경문제는 공기와 물의 오염, 삼림파괴, 남획, 토양침식과 같은 인간이 만든 생물퇴행적인 산물이다. 셋째로, 오늘날 인류의 일부는 주로 인간활동과 정부정책 때문에 만들어진 환경위기에 보다 취약하며, 넷째로, 오늘날 우리는 고대보다 환경위협에 대처할 수 있는 시간과 공간이 더 적다.

이런 점에서 환경문제가 국제사회의 이슈로 대두된 것에는 환경의 글로벌라이제이션에 따라, 이미 점진적이고 논쟁적이며 복잡한 과정을 통해 이루어진 것임을 알 수 있다(김용근, 1994). 과거 환경 피해를 제거하기 위한 대부분의 시도들은 주로 지역수준이나 국가 수준에서 이루어졌다. 환경 이슈의 글로벌라이제이션은 제2차 세계대전 이후 글로벌 상호의존의 성장과 미국이 초강대국으로 등장하면서 함께 이루어졌다. 지구적 차원의 환경문제에 대한 대처노력은 주로 서유럽, 미국, 캐나다에서 등장한 환경운동의 형태였다. 예를 들면, 1967년 토니캐리언 호 사건, 1968년 파리에서 개최된 생물권 회의(Biosphere Conference), 1972년 스톡홀름에서 개최된 유엔 인간환경회의(United Nations Conference on the Human Environment), 1992년 유엔 환경개발회의(리우정상회의), 2002년 지속가능발전세계정상회의(World Summit on Sustainable Development: WSSD) 등은 환경문제에 관하여 국제적인 관심과 영향을 미치게 한 대표적인 예이다(조한승 · 고영일, 2013).

토니캐리언 호 기름 유출 사건은 1967년 3월 18일 밤 영국의 남서쪽 끝에서 약 40km 떨어진 바다에서 12만 3000톤, 길이 250m의 초대형 유조선이 무리한 운항으로 인하여 좌초 되어 원유를 유출시켜 영국 남서부의 해안선 150km와 프랑스의 북부인 부르타뉴 해안을 오염시켜 막대한 환경오염을 발생하게 만든 사건이다. 또한, 유엔 인간환경회의는 국제연합이 '오직 하나뿐인 지구'를 슬로건으로 하여 주최하였으며 1968년 5월 국제연합 경제사회이사회에서 스웨덴이 제안, 그해 국제연합 총회에서 개최를 결정한 것이다. 지구를 환경파괴로부터 보호하고 천연자원이 고갈되지 않도록 국제적인 협력체제를 만드는 것이 목적이며 113개국에서 1,200여 명의 대표가 참가하였으며, 소련과 동유럽 각국은 참가하지 않았다. 회의에서는 100항목에 달하는 행동계획의 권고(勸告)를 채택하였다.

또한, 유엔환경개발회의(United Nations Conference on Environment & Development: UNCED, 일명 Earth Summit)'는 각국 민간단체가 중심이 된 '지구환경회의(Global Forum '92)'가 함께 개최되었는데, 통칭하여 '리우회의'라 한다. 이 회의의 주제는 '인간과 자연환경 보전 경제개발의 양립'과 '환경적으로 건전하고 지속 가능한 발전(ESSD)'이었으며, 리우선언을 비롯하여 의제 21(Agenda 21) · 기후변화협약 · 생물다양성협약 · 산림원칙 등을 채택하였고, 지구환경회의에서는 지구헌장 · 세계민간단체협약 등을 채택하였다.

환경 문제의 글로벌라이제이션은 비정부기구와 여성운동, 원주민 문제를 통해서도 이슈화가 많이 되고 있다. 여성운동은 UNEP주도하에 여성과 환경에 대한 회의를 개최하고 지속가능한 발전이 이루어진다. 케냐의 여성들은 그린벨트 운동(Green Belt Movement)을 조직하여 삼림파괴의 지속을 막고 조림활동을 통해 땅을 되찾는 운동을 벌이고 있다. 그린벨트운동은 1986년부터 범아프리카 그린벨트 네트워크로 확대돼 다른 아프리카 국가들에까지 전파됐다. 가난한 여성에게 일자리를 주는 동시에 무분별한 벌목으로 훼손되는 아프리카를 다시 녹화하자는 사업이다.

원주민들의 삶은 자연환경과 서로 얽혀 있기 때문에 일반적으로 개발은 그들에게 지대한 영향을 가져온다. 지구온난화로 인해 북극해의 출입이 쉬워지게 되어 북극지역의 자원개발이 많이 이루어지고, 북극해의 유빙이 녹아 해수면이 상승하면서 북극지역의 원주민들의 고향을 떠나게 만들고 결국 그들의 고유문화도 손실되고 있다. 아마존의 삼림파괴는 널리 알려진 글로벌 이슈인데 브라질의 경제 개발과 농업 산업의 발전은 아마존 원주민들의 엄청난 희생을 치른 대가였다(조한승 · 고영일, 2013).

2 환경문제의 심각성과 그 실상

"환경쟁점"에 포함되는 문제를 분류하는 데에는 많은 방법이 있는데 환경문제를 생각하면 가장 먼저 환경오염이란 단어를 떠올리기도 하며, 그리스인들이 이해하는 4가지 기본요소(공기, 물, 토양, 불)를 사용하여 각 요소들과 관련된 자연적이고 인위적인 문제를 서술하기도 한다. 환경파괴행위를 중심으로 보면 삼림과 종의 소멸, 지구온난화, 각종 폐기물에 의한 공해, 과잉인구 등으로 구분할 수도 있다. 오늘날은 (1) 온실효과에 따른 지구온난화, (2) 성층권의 오존층파괴, (3) 해양생태계의 파괴, (4) 사막화, 토양침식 등의 토양악화, (5) 야생생물의 종의 감소, (6) 산성비, (7) 유해폐기물의 국경이동 등이 중요한 쟁점이 되고 있다(천정웅, 1995).

여기서는 이를 크게 환경악화의 원인과 배경에 관련된 소비, 인구, 빈곤의 문제, 지구공유자원의 오염과 파괴에 관련된 쟁점, 국가와 국가 간의 국경을 넘어 문제화되거나 자원 황폐화로 인해 쟁점이 되는 문제, 그리고 군사활동과 관련한 환경문제 등의 4가지로 구분하여 고찰하기로 한다.

1) 소비 · 인구 · 빈곤의 문제

첫째는 소비과잉과 환경악화의 문제이다. 지구환경의 악화가 심화되는 궁극적 원인은 인간의 다양한 활동에 기인한다는 점에서 자원과 에너지를 과잉소비하여 야기되는 문제의 경우 지구환경문제의 원인과 발생 배경 중심으로 중요하게 논의된다. 먹이사슬의 맨 윗부분을 차지한 인간의 생존과 번영을 위한 과도한 자원사용과 환경에 대한 무분별한 개발이 오늘날 전세계적인 환경문제의 원인이 되고 있는 것이다.

지난 몇십 년간의 세계경제의 성장률을 보면, 지구상의 재화생산과 서비스 산출량은 1980년의 15조 5천억 달러에서 1990년 20조 달러로 증가했으며, 세계 생산량의 경우는 지난 10년간 1950년까지의 전세계 생산량보다 4조 5천억 달러 이상 증가되었다. 달리 말하여 1980년대 동안 지구경제 산출량의 증가는 인류의 시작으로부터 1950년대까지의 수천 년 동안의 산출량보다 더 많았다는 것이다. 세계의 소비추세는 서비스, 가공식품, 내구재, 그리고 자동차에 점증적으로 의존하고 있으며, 결과적으로 더 많은 쓰레기와 공해를 배출하게 되고 석유, 물, 석탄과 같은 자연자원을 더욱 대량으로 소비할 것이다.

둘째는 인구증가와 빈곤의 악순환에 따른 문제이다. 인구증가와 환경의 상호관계에 존재하는 가장 중요한 문제는 “식량의 부족”과 “환경의 파괴” 문제이다. 그중에서도 식량문제는 현실적으로 더 절박한 문제이다. 지구촌은 현재 전 인구의 10%에 해당하는 5억 명의 인구가 매년 기아선상에서 허덕이고 있으며, 그중 매년 수십만 명은 굶어 죽어가고 있다. 다가오는 2025년에는 세계인구가 최소한 76억에서 최대 94억이 될 것으로 예측되고 있는데 이러한 인구증가에 따른 새로운 농경지의 개간과 초지조성의 확대는 앞으로 지구상의 숲의 황폐화와 사막화 현상을 더욱 가중시킬 것으로 보인다.

빈곤이 환경문제의 배경과 원인으로 중요하게 논의되는 것은 빈곤이야말로 최대의 환경문제이며 환경파괴의 주원인이 된다는 인식에서 비롯한다. 환경파괴는 현실적으로 "절대 빈곤"이 중심이 되고 있기 때문에 그것이 환경파괴와 직결되고 환경파괴가 다시 "절대 빈곤"을 촉진시키는, 문자 그대로 "악순환"이 되풀이되고 있다.

2) 지구공유자원의 오염과 파괴

첫째, 지구온난화현상이 현재의 추세대로 계속된다면, 지구는 이러한 가스들의 축적에 의해 더욱 더워질 것이 예상되고 있다. 지구온난화 현상이란 대기 중에 있는 이산화탄소, 메탄, 질소, 프레온가스 등의 증가로 인해 우주로의 대기열 방출을 부분적으로 저지하는 온실효과가 발생하여 지구의 지상온도가 상승되는 것을 말한다.

기온의 변동은 해수면상승과 환경파괴를 생기게 하고 생물·식물과 인간활동에 지대한 영향을 미친다. 우선 농업생산성과 식량 사정은 대기온도를 중간 온도와의 일정한 편차 속에서 순환하는 대기의 전통적인 에너지관리 체계에 좌우되고 있는데, 대기온난화는 이 관리체계를 교란시키게 된다. 이에 따라 적도상의 해양에서는 증발습기와 함께 태풍이 훨씬 빈번히 일어나고 강화되어 해안을 강타함으로써 중요한 식량생산지역의 농업생산량 저하, 산호층의 파괴와 삼림의 파괴 및 해수면 상승으로 인한 해안도시의 침수 등과 같은 큰 재앙이 초래될 것이다. 과학자들은 온실가스가 대기를 변화시켜 결국 기후변화와 기온상승을 불러일으킬 것이라고 주장한다.

둘째, 지구생태계를 위협하는 또 하나의 범인은 오존(Ozone)층 파괴다. 오존의 감소 역시 대기오염으로부터 만들어지는 심각한 환경문제로 여겨지는데 대기 중의 오존층(ozone layer)은 우리가 흔히 사용하는 프레온가스 때문에 감소되고 있다(조한승·고영일, 2013). 오존층은 전체대기의 10만분의 1에 불과하지만 성층권 35㎞ 부근에 얇게 지구를 감싸 태양빛에서 나오는 유해자외선을 차단함으로써 생명체를 보호해 주는 필터 역할을 하고 있다.

오존층 파괴는 피부암, 백내장 등의 질환과 농작물, 해양생태계 파괴 등 결과가 아주 치명적이다. 자외선(UV-B)은 인간, 동물, 식물, 기타 물질에 많은 영향을 주는 것으로, 지구표면에 도달하는 자외선의 증가는 인간에게 해로운 효과(피부암, 실명, 면역반응 체계의 억압 등)를 가져올 뿐만 아니라 육상과 해상 생태계의 생산성에 타격을 주게 된다. 더 나아가서, 오존 분포의 변화는 대기권의 온도분포에 변화를 가져오고, 지역적 그리고 지구적 기후변화를 초래한다.

셋째, 생물종의 다양성 감소의 문제이다. 생물다양성(Biodiversity)은 지구상에 살고 있는 생물의 수와 다양성으로 정의되며 유전적 다양성, 종(種) 다양성, 생태계 다양성을 포함한다. 전세계 곳곳의 야생동물이 환경오염에 따른 서식지 파괴와 무분별한 남획으로 멸종 위기에 몰려 있다. 야생동물의 멸종은 환경오염의 상징이자 그 자체로도 비윤리적이다. 생물다양성은 환경 글로벌리제이션의 핵심으로서, 삼림파괴, 농업, 바이오기술, 인류학, 제약회사, 지속가능한 발전, 글로벌 무역, 윤리학 등과 관련된 수많은 단체와 개인에게 커다란 영향을 준다. 생물의 다양성은 인류에게 많은 혜택을 주는데 대표적인 예로 농작물이 질병과 해충에 취약한 것을 다양한 유전적 조성의 교배로 감소시켜 주고, 의료 및 제약 산업발전에 매우 중요하다(조한승 · 고영일, 2013). 생물다양성의 감소로 모든 사회경제적, 환경적 혜택이 줄어들게 되고, 긴 안목으로 보면 필요를 충족시킬 차세대의 능력을 감퇴시킬 것이다.

넷째, 지구공유자원의 악화와 파괴는 해양오염의 문제와도 관련된다. 해양은 지구표면의 71%를 차지하며, 대기권, 암석권, 생물권과의 상호작용으로 생명체의 존재를 가능하게 하는 조건형성에 중요한 역할을 담당하여 왔다. 또한 해양은 동식물의 서식처를 제공하는 기능 외에 인류에게 식량, 에너지 및 광물자원을 공급한다.

그러나 오랫동안 바닥없는 물통으로 여겨진 바다는 수세기 동안 쓰레기 처리장으로 사용되어 왔다. 대규모 기름유출, 연안지역의 급속한 발전, 석유제품 사용의 증가, 글로벌 무역 수요를 충족하기 위한 운송의 극적인 증가 등은 바다오염을 급증시켰다. 이러한 해양의 오염은 귀, 호흡기, 피부 감염 등의 발생률을 증가시킨다. 오염된 해산물의 섭취는 곧바로 바이러스성 질병 감염과 콜레라 같은 악성 질병과도 직결된다.

3) 국가 간 이동오염과 자원황폐화

첫째, 산성비와 대기오염의 문제를 들 수 있다. 이산화황, 산화질소, 휘발성 유기화합물 등으로 구성된 산성비(acid rin)는 대부분 석탄을 연소시킴으로써 만들어지는데 호수와 강, 하천의 산성을 높임으로써 산성비는 동물과 식물에 피해를 입힌다(조한승 · 고영일, 2013). 산성비는 주로 화석연료(기름, 석탄, 가스 등)의 연소 시 배출되는 황 및 질소화합물이 공기 중에서 산화반응하고, 대기 중의 수분과 결합하여 발생하는 것이다. 이러한 산성비는 상승기류를 타고 5천 킬로미터 이상 이동하여 다른 지역의 건물, 교량, 구조물 등을 부식시키고 토양, 수자원 및 생태계에 큰 영향을 미치게 됨으로써 지구적차원의 환경문제로 대두되는 것이다.

둘째, 유해폐기물의 국경 이동에 따른 환경자원의 황폐화의 문제이다. 유독성폐기물의 위험에 대한 경고는 1950년대와 1960년대에 일본에서 처음으로 나타났는데, 화학발전소에 의해 미나마타만으로 방출된 수은에 오염된 물고기를 수백 명의 사람들이 먹고 불구가 되거나 사망하였다. 1970년대 후반에는 미국의 뉴욕, 나이아가라 폭포의 거주지구에 있는 많은 사람들이 수영장과 지하실로 스며든 위험한 화학혼합물에 노출되었다. 또한 살충제 사용은 근대 농업에 가장 중요한 것으로 새로운 물질이 사람들에게 주는 위험을 잘 말해 주고 있다.

셋째, 자연자원의 황폐화로 대표적으로 논의되는 것은 열대림파괴의 문제이다. 삼림지대는 일반적으로 토양과 지역기후, 토양의 수리, 토양과 식생간의 영양물질 순환효율을 안정시키고 보호하며 사람 및 동식물에게는 안식처를 제공하는 기능을 한다.

열대림은 생물학적 다양성(유전적 다양성과 종의 다양성을 포함)을 창출하고 보존하고 있으며, 종의 보호(원주민 포함)를 제공하고 식량과 의약품 및 산업에 쓰이는 물질을 제공하며, 수자원 보존의 원조뿐만이 아니라 기후에 영향을 끼치고 과학적 연구와 교육을 위한 살아 있는 실험실로서 기여한다.

그러나 오늘날의 열대림파괴 실정은 그 규모와 속도라는 양측면에 중대한 국면을 노정시키고 있으며, 많은 생물종의 멸종을 초래하고 생물종의 다양성을 심각하게 감소시킨다. 산림황폐화는 열의 유동률, 강우, 달, 행성이 반사하는 태양광선의 반사율에 변화를 줌으로써 지역적인 기후에 영향을 미치며 이산화탄소, 기타 온실기체를 대기중에 더 많이 방출하는 결과를 초래하였다. 또한 소작농, 상업 영농자, 대규모 목장, 벌목회사, 선별 벌목, 경제 개발로 인한 사회기반시설의 건설도 삼림파괴의 원인으로 들 수 있다(조한승・고영일, 2013).

넷째, 열대림의 파괴 다음으로 가장 눈에 띄는 지표의 문제는 육지의 혹사, 특히 사막의 가장자리 근처에서 사막의 확대를 재촉하는 사막화라고 하는 과정이다. 세계의 사막화 현상에 대한 최근 유엔환경계획의 조사는, 건조지역내 관개지의 30%, 천수답의 47%, 방목지의 73%가 어느 정도의 영향을 받은 것으로 보고 있으며, 전체 지구표면의 35%에 해당하는 지역이 사막화의 위협에 직면해 있고, 인류 인구 1/5의 생존과 관련되어 있다고 한다.

4) 군사활동과 환경이슈

인류의 문명이 형성된 이후 우리 조상들은 분쟁을 벌이면서 환경을 이용하였고, 필연적 결과로 환경이 파괴되었다. 제3차 포에니 전쟁(Punic War, 기원전 149~146년) 중에 로마군은 카르타고 농장에 소금을 뿌렸고, 이에 따라 이 지역의 농업생산이 파괴되었다. 또한 베트남 전쟁 중 미국의 밀림의 나무를 고사시키기 위해 고엽제(Agent Orange)를 사용하였는데 환경파괴는 물론 전쟁 참여 병사들에게까지 많은 피해를 입혔다. 이후 걸프전에서 이라크 병사들이 벌인 유전지대에 불을 질러 석유가 매일 연소하면서 많은 피해를 입혔고 러시아와 체첸의 전쟁에서도 유사하게 러시아가 체첸의 유전에 불을 질러 그 지역의 생태계를 파괴 시켰다(조한승 · 고영일, 2013).

미국과 영국, 프랑스가 남태평양에서 핵실험을 벌인 후 핵오염 방지를 위해 1985년 남태평양비핵지대(South Pacific Nuclear Free Zone)를 조성하였다. 전쟁과 관련하여 일반적이고 환경에 치명적인 문제를 야기하는 것은 세계 곳곳의 분쟁지역에 뿌려진 지뢰이다. 베트남, 앙골라, 아프가니스탄, 모잠비크 등의 여러 개발도상국은 지뢰의 위험성 때문에 많은 숲과 농경지가 방치되고 있다. 이러한 문제를 심각하게 받아들인 환경론자들에 의해서 1999년 오타와 협약(Ottawa Treaty)이 체결되었다. 오타와 협약이란 대인지뢰 사용의 전면금지를 주내용으로 하여 97년 12월 캐나다 오타와에서 121개국의 서명으로 채택된 대인지뢰금지협약을 말한다. 오타와 협약은 1999년 3월 1일부로 발효되었으며, 2004년 2월 현재 150개국이 서명하였다. 그러나 미국과 한국을 비롯하여 러시아, 중국, 파키스탄, 북한은 서명을 하지 않았다. 또한, 대인지뢰에 대한 국제규제는 오타와 협약 이외에 '특정재래식무기 금지 및 제한조약(CCW)'의 '제2부속의정서'가 있다.

3 환경문제의 특성과 대처노력

환경문제를 해결하기 위한 노력은 여러 가지 수준에서 지속적으로 전개되어 왔는데 특히 1987년 노르웨이의 전 수상인 Gro Harlem Brundtland가 위원장으로 임명된 "환경과 개발에 관한 세계위원회(WCED)"는 3년 동안의 조사를 거쳐 〈우리의 공동미래(Our Common Future)〉라는 보고서를 발간했는데, 그 기본적인 주제는 바로 오늘날 국제환경질서의 기본 축을 이루고 있는 "지속가능한 개발(Sustainable Development)"이다. 이 개념은 미래세대에게 선택의 여지를 주는 현세대의 개발전략이다. 그리고 이는 환경이 지닌 개발수용능력이 유한하다는 전제하에 "미래세대가 그들 스스로의 욕구를 충족시킬 수 있는 능력과 여건을 저해하지 않으면서 현세대의 욕구를 충족시키는 개발"로 정의된다.

이러한 의미에서 "지속가능한 개발" 개념은 이후의 국제환경협력에서 이념적 가치로 계속 논의되어 왔는데, 1992년에 브라질의 리오 데 자네이로(Rio de Janeiro)에서 개최된 "유엔환경개발회의"는 지구환경보전을 경제개발과 조화시키면서 실현하기 위한 "리우선언(Rio Declaration)"과 이를 실행할 구체적인 행동강령이라 할 수 있는 "21세기 의제(Agenda 21)"를 채택했으며, 그러한 제반 조치를 지원할 일련의 제도적 재정적 조정안을 논의하였다는 점에서 지구환경문제에 대하여 가장 종합적인 조직화된 국제적 대응을 한 것으로 평가되고 있다. 지구환경문제에 대한 국제사회의 대처노력은 크게 국제환경협약, 국제환경기구, 국제환경단체 등을 통한 접근을 생각할 수 있다.

1) 국제환경협약과 레짐(regime)

지구환경문제가 국제사회의 새로운 쟁점으로 부각되면서 각국의 환경정책 및 경제활동 전반에 직접적으로 영향을 미치는 각종 환경협약이 증가하고 있다. 현재 체결된 국제환경협약은 대기, 수질, 폐기물 및 자연환경분야에서 220여 개에 달하고 있다. 2009년 2월 현재 우리나라는 '지구 온난화 방지를 위한 기후 변화 협약', '오존층 보호를 위한 비엔나 협약' 및 '몬트리올 의정서', '멸종위기에 처한 야생 동식물종의 국제거래에 관한 협약(CITES)', '생물다양성 협약', '유해폐기물의 국가 간 이동 및 그 처리 통제에 관한 바젤협약', '사막화 방지 협약' 등 56개의 환경협약에 가입하고 있다(조한승·고영일, 2013).

특히, 교토의정서(Kyoto Protocol)로 알려진 유엔기후변화협약(United Nations Framework Convention on Climate Change)은 분명히 가장 중요한 글로벌 환경협정이

며 환경의 글로벌화에 대한 점증하는 우려를 반영하고 있다. 하지만 경제적, 과학적, 이념적 의견 충돌이 교토 의정서의 효능을 약화시켰다. 온실가스를 줄이기 위한 다른 접근은 미국이 처음으로 실시한 배출권 거래제(emission trading)로 온실가스의 의무 감축량을 초과 달성한 나라가 그 초과분을 의무 감축량을 채우지 못한 나라에 팔 수 있도록 한 제도를 말하며, 시카고 기후거래소(Chicago Climate Exchange)는 시장접근을 통해 온실가스를 감소시키는 최초의 시도이다. 또한, 해양오염 감소를 목적으로 1954년에 국제해양오염방지협약(the International Convention for the Prevention of Pollution from Ships)과 1973년에 선박에 의한 해양오염방지국제협약은 특정 오염물질을 육지와 바다에서 배출하는 양을 규제하고 있다.

한편, 글로벌 수준에서 NGO는 레짐(regime)을 발전시키기 위해 많은 자원을 사용하고 있다. 레짐은 국가와 비국가 행위자의 행동을 관장하는데 필수적인 규칙, 행동수칙, 원칙, 규범을 의미한다(천정웅, 1995). 예를 들면, 생물의 다양성을 위해 선진국들은 국제 레짐의 수립을 주장함으로써 전세계 생물다양성 파괴를 감소시키려 노력하였다. 1991년부터 시작한 생물다양성 협약(Convention on Biological Diversity)이 대표적인 예이다.

전세계에 걸쳐 멸종위기종과 야생동식물을 위한 보호 노력이 많이 이루어지고 있는데, 고래의 경우 무분별한 남획으로 인한 개체 수 감소와 멸종을 막기 위해 국제포경위원회(International Whaling Commission) 설립하고 1975년 멸종위기 야생동식물군 국제거래협약(Circumvention on International Trade in Endangered Species) 등을 통해 고래의 보호를 위한 노력을 기울이고 있다. 1946년에 만들어진 국제포경위원회는 당초는 전면적인 포경 금지가 아니라 적절하게 고래 수를 관리하며 고래잡이를 하기 위한 목적이 더 강했으나 고래 수가 워낙 급격하게 줄어들자 1986년부터 전면적으로 고래잡이를 금지시켰다. 관리 대상은 전체 고래 80여 종 중 밍크고래, 흰수염고래, 향유고래 등 13종이다.

국제환경협력과 협약 문건에 의하면 1970년대부터 2000년대에 이르기까지 세계환경 및 기후와 관련하여 이루어진 국제사회의 대처노력들은 다음과 같다.

〈표 5-1〉 중요 환경 국제회의와 협약

년도	국제회의와 협약	내용
1972	스톡홀름 UN환경회의	• 세계적인 규모의 본격적인 환경회의로 113개국 참가 • '인간환경선언'과 '인간환경을 위한 행동계획' 채택 • 'UN환경계획(UNEP)' 창설 결의함으로써 미래의 환경협력을 위한 지구적, 지역적 네트워크 수립에 기여
1985	비엔나협약	• 인류 활동이 오존층에 미치는 영향과 오존층 파괴로 인한 인간의 건강과 환경의 부정적인 영향을 이해, 평가, 가입국 간에 감시 및 관련 정보 교환 촉진하기 위한 국제환경협약 • 최초의 국제환경협약으로 UNEP를 중심으로 122개국 가입 • 사전주의적 접근방식에 입각하여 오존층 파괴 방지조치의 실시, 오존층 보호를 위한 관측, 조사・연구 및 정보교환 등을 규정하고, 부속 의정서의 채택에 필요한 법적 근거 제공
1987	몬트리올 의정서	• 오존파괴물질 감축하고 대체물질 개발 추구한다는 점에서 비엔나협약보다 중요한 것으로 평가하며, 오존층 보호를 위한 구체적인 규제조치를 확립
1992	지구정상 회담	• 1992년 6월 브라질 리우데자네이루에서 열린 '지구정상회담'에서 '기후변화협약'이 채택되어 1994년 3월 발효 • 기본원칙은 지구온난화 방지를 위하여 모든 당사국이 참여하되, 단 온실가스 배출의 역사적 책임이 있는 선진국은 차별화된 책임을 진다는 것 • 가입 당사국들은 각각 자국의 실정에 알맞은 온실가스 배출량 감축을 위한 국가 정책을 수립・시행하고, 온실가스 배출량 및 흡수량에 대한 국가통계 외 정책이행에 관한 보고서를 제출
1997	교토의정서	• 지구온난화 규제 및 방지의 국제협약인 기후변화협약의 구체적 이행방안으로 과거 산업혁명을 통해 온실가스 배출의 역사적 책임이 있는 선진국의 온실가스 감축 목표치를 규정 • 1997년 12월 일본 교토에서 개최된 기후변화협약 제3차 당사국총회에서 채택되었으며 법적 구속력을 갖는 국제협약으로 2005년 2월 16일 공식 발효됨 • 의무이행 대상국은 오스트레일리아, 캐나다, 미국, 일본, 유럽연합(EU) 회원국 등 총 38개국이며, 각국은 2008~2012년 사이에 온실가스 총배출량을 1990년 수준보다 평균 5.2% 감축하여야 함 • "공동이행제도", "청정개발체제", "배출권거래제도" • 190개국이 비준하였는데 유독 미국은 서명하였으나 비준하지 않았고, 캐나다는 철회하였음
2002	지속가능한 발전을 위한 세계정상회의	• 리우회의 이후 10년간을 평가하고, 21세기의 새로운 목표와 전략을 모색하기 위한 세계정상회의가 남아프리카의 요하네스버그에서 개최 • 106개국의 정상급 대표단을 포함하여 6만 명이 참가

		• 정부개발원조(ODA)의 증액, 교토의정서의 비준, 화석연료의 사용 억제 등이 논의
2005	교토의정서 발효	• 2004년 11월 러시아 비준으로 발효요건이 충족되었음 • 미국과 오스트레일리아가 불참함
2007	발리 로드맵	• 교토의정서를 대체할 협약의 원칙과 일정을 합의 • 선진국이 온실가스 배출의 양을 상당량 감축하고, 개발국의 자발적인 감축 행동에 대한 합의가 이루어졌음
2009	코펜하겐 당사국 총회	• 정식명칭은 15차 UN기후변화협약 당사국 총회 • 목적은 교토의정서를 대체할 새로운 기후협약을 마련하는 것과 세계 각국이 온실가스 배출을 언제까지, 얼마나 줄일지를 결정하고 국가별 감축 목표치를 논의하는 것 • 기후변화 대책회의와 관련된 논란으로 탄소 배출, 1, 2위를 차지하는 중국과 미국의 치열한 신경전이 있었으며, 선진국들이 온난화를 야기했다는 책임론이 팽배함 • 국가별 감축 목표 설정과 저개발국을 지원하기 위한 재원 마련 방안에 대해 각국의 이견 대립이 있었음
2011	더반 당사국 총회	• 교토의정서 연장에 합의 • 2015년까지 개도국을 포함한 법적 강제성을 강화한 진일보한 새로운 협약을 마련해 2020년부터 발효키로 하고, 1,000억 달러의 '녹색기후기금'을 조성하기로 하였음 • 이 기금은 해수면 상승으로 국토가 가라앉을 우려가 있는 작은 섬나라 등, 기후변화로 직접적 타격을 입게 되는 국가들을 돕기 위한 것임 • 러시아, 일본, 캐나다가 2013년 이후 온실가스 감축 의무를 지지 않겠다고 선언 • 캐나다는 교토의정서를 탈퇴하기로 공식 선언 • 일본과 러시아도 2012년 이후 교토의정서체제 연장에 불참하겠다고 선언

2) 지구환경협력을 위한 주요 국제기구

(1) 경제협력개발기구(OECD)

경제협력개발기구(OECD)는 세계경제의 지속적인 성장과 복지증진을 목표로 1961년 9월에 설립된 국제기구이다. 우리나라는 1996년 12월 12일 제29번째 회원국으로 가입하였다. OECD 환경정책위원회는 OECD에서의 환경논의를 주도하는 회의체로 산하에 국가환경정책작업반, 지구구조정책작업반 및 환경성과평가작업반의 3개 작업반과 4개 작업그룹을 두고 있다. OECD는 환경분야와 관련하여 정책개발, 환경-경제 통합, 데이터-정보-경험 공유 및 비회원국과의 협력 등을 주 업무로 하고 있으며, 최근에는 기후변화의 경제학적 분석, 환경성과 평가, 정책 미 이행 비용 분석 등을 중점적으로 추진하고 있다. 회원국에 대한 환경성과 평가는 OECD 환경분야 중 매우 중요한 사업으로 매년 3~4개 회원국에 대한 중점 평가를 실시하며, 이는 OECD의 원칙과 권고사항 등이 각국의 환경정책에 구현되도록 하는 주요한 메카니즘이다.

(2) 유엔환경계획(UNEP)

UNEP는 UN차원의 환경관련 활동에 대한 방향설정과 조정 등을 통해 정책지침을 제공하고, 환경분야에서의 국제협력과 환경관련 정보의 수집-평가 및 교환을 촉진하고자 1972년 스톡홀름에서 개최된 유엔 인간환경회의 권고와 제27차 UN 총회의 결의에 의해 설립되었다.

(3) 아-태 경제사회이사회(ESCAP)

ESCAP은 아시아와 태평양지역의 경제재건 및 개발을 촉진하고, 정보공유 및 기술지원 등 지역 내 경제문제에 관하여 UN 경제사회이사회의 기능을 보좌하기 위해 1947년 UN총회의 결의로 태국 방콕에 본부를 두고 설립되었다. 환경분야에 있어서의 ESCAP의 역할은 범지구적 목표인 지속 가능 개발을 지역차원에서 성취할 수 있는 제반방안의 강구와 이행에 있다. 이를 실현하기 위하여 1985년부터 매 5년마다 환경과 개발 각료회의를 개최하여 왔다.

3) 주요 국제환경단체

(1) 국제자연보호연맹

자연과 천연자원을 보호하고자 설립된 국제기구이다. 1948년에 설립되었으며 본부는 스위스의 제네바 호 주변에 위치해 있다. IUCN은 83개국, 108개의 정부기관, 766개의 NGO, 81개의 국제단체, 그리고 전세계에서 온 10,000명의 전문가와 과학자들이 참여한다.

(2) 세계자연보호기금

1960년을 전후하여 아프리카에서 신생독립국들이 잇따라 탄생하면서 이 지역의 야생동물들이 대량으로 살상되자 아프리카의 야생동물보호를 추진해 온 Sir Julian Huxley, Max Nicholson 등이 중심되어 1961년 11월 세계야생생물기금을 설립하였다. 이후 1986년 현재의 명칭으로 변경하였으며, 2009년 현재 5대륙 90개 이상의 나라에서 900만 명 이상의 회원이 활동하고 있다. 1985년 이래 1만 2,000개 이상의 환경 프로젝트에 10억 달러 이상을 투자한 세계 최대의 환경단체이다. 본부는 스위스 글랑에 있다.

(3) 그린피스

1971년 설립된 국제 환경보호 단체로서 핵실험 반대와 자연보호 운동 등을 통하여 지구의 환경을 보존하고 평화를 증진시키기 위한 활동을 펼치고 있다. 40여 개국에 지부를 두고 있으며, 본부는 네덜란드 암스테르담에 있다. 그린피스라는 명칭은 1971년 미국 알래스카 주의 암치카 섬으로 핵실험 반대시위를 위한 항해를 준비하는 과정에서 지어진 것으로, '녹색의 지구'와 평화를 결합한 것이다. 본래 프랑스 핵실험을 반대하기 위하여 발족하였고, 고래 보호 단체로도 유명하다. 그후 원자력발전 반대, 방사성폐기물 해양투기 저지운동 등 폭넓은 활동을 통해 1979년 전세계 5개 국가에 있었던 지부가 1992년에는 24개국으로 늘어났으며 1992년 브라질 리우데자네이루에서 열린 유엔환경개발회의(UNCED)를 통해 이들의 활동이 널리 알려지며 지부가 전세계로 확산되었다.

(4) 시에라클럽

1892년 설립되어 본부를 샌프란시스코에 두고 있다. 회원은 65만 명이며, 미국 금광개발로 인한 산림지대 훼손이 설립원인이 되었다. 기능은 주로 환경보호입법 내지 삼림과 야생동물생태계를 보존하는 데 영향력을 행사하는 것이다.

4) 지구환경보호를 위한 그 밖의 국가·국제적 노력

지구환경을 보호하기 위하여 노력은 국가적 및 국가 간의 상호협력적인 차원에서도 여러 가지로 시도하고 있다. 예를 들면, 삼림파괴를 방지하기 위한 노력으로 브라질의 경우 1989년에 우리의 자연 프로그램(Nossa Natureza Program)을 발표하여 국립공원을 조성하고, 벌목수출의 제한 등 삼림파괴 방지를 위한 노력을 기울이고 있다. 몇몇 환경NGO들은 숲을 보호하기 위한 노력으로 가봉 로뻬 자연보호구역을 조성하여 국제삼림관리협의회(Forest Stewardship Council)로부터 삼림인증제(forest certification)를 통한 상을 받기도 하였다.

전미열대참치위원회(Inter-American Tropical Tuna Commission: IATTC)는 동부태평양 참치 자원의 생산량을 최대한 지속적으로 유지할 것을 목적으로 설립된 지역수산관리기구 중의 하나로 '전미열대참치위원회 설립에 관한 협약'에 따라 1950년 3월 3일 설립되었으며, 현재 회원국은 20개국이며 우리나라는 2005년 12월 13일 가입하였다.

또한, 남태평양비핵지대조약(South Pacific Nuclear Free Zone Treaty)은 남태평양 인근 지역의 '비핵화'를 목적으로 체결된 국제조약으로 1968년 4월 발효된 틀라텔롤코 조약에 이어 두 번째로 발효된 광역 비핵지대 조약이다. 이 조약은 전문, 16조의 본문, 4조의 부록, 역외 강대국들을 대상으로 한 의정서로 이루어져 있다. 남태평양 지역에 영토를 가지고 있는 프랑스·영국·미국의 지역 내 핵무기 제조·배치·실험 금지가 주된 내용으로, 미국·영국·프랑스·소련(현 러시아)·중국 등 5대 핵 보유국의 남태평양 지역에 대한 핵무기 사용 및 위협금지 조항도 포함하고 있다.

4 환경문제와 국제사회복지의 과제

환경문제는 세계 다른 지역에서의 개발이 얼마나 우리의 삶에 영향을 미칠 수 있는지를 잘 보여준다. 환경요인들은 역사적으로 거대문명의 흥망성쇠, 전염병, 전쟁, 경제적 번영, 기타 여러 국제적 이슈들에 영향을 미쳐 왔다. 환경문제는 정치, 경제, 문화 등과 서로 연관되어 있다. 하지만 환경을 보호하려는 운동은 서유럽, 미국, 캐나다 등을 중심으로 비교적 최근에 전개되었다.

생물다양성은 환경론자들과 NGO의 주요 관심사이다. 생물다양성은 삼림파괴, 농업, 바이오기술, 인류학, 제약회사, 지속가능한 개발, 글로벌 무역, 윤리 등에 관련된 수많은 단체와 개인에게 영향을 미친다. 또한 환경에 대한 우려로 물 부족과 지구온난화, 군사활동 등의 주요 문제들이 국제사회의 공동적인 대처노력을 요청하고 있다. 공기오염과 해양오염에는 더욱 더 국가 간의 경계가 없음을 확인할 수 있다. 한 국가에서 발생한 해양오염이 다른 국가의 해변으로 쓸려 내려오기도 하면서 해양오염으로 인한 오염된 생선을 전세계가 먹게 되기도 한다. 미국북부의 산업도시에서 발생한 오염은 캐나다의 대기 질에 영향을 주며, 한국은 봄철뿐만 아니라, 거의 일 년 내내 중국에서 발생한 황사로 심한 대기오염을 경험한다.

사회문제는 과거와는 달리 점점 한 국가의 틀 안에서만 발생하거나 해결되지 않는다. 그중에서도 환경문제는 지구라는 한 정적인 자원을 공동으로 이용하고 있는 다양한 국가들의 협조와 공동노력을 통해서만 풀 수 있는 매우 풀기 어려운 문제로 발전하고 있다.

이는 그간의 고도성장과 물질문명이 자연환경을 엄청나게 파괴했다는 반성에서 출발한다. 오늘날 세계 인구 증가와 소비패턴의 변화 역시 환경파괴에 하나의 원인으로 작용하고 있다. 도시화와 산업화가 진행되면서 발생되는 대기의 오염, 수질오염, 토양오염 등이 이와 관련된다고 본다. 이런 도시화와 산업화는 인간에게 쾌적한 삶의 환경을 제공하지만 반면에 우리의 생활조건을 더욱 악화시키는 원인이 되기도 한다. 우리가 사는 지구는 인간만이 아니라 다양한 생명체들과 서로 의존하고 유대관계를 맺고 사는 환경공동체이다. 생태환경은 한계가 있기 마련인데도 인간은 생태환경의 한계를 외면한 채 개발에만 관심을 쏟고 있으며 그 결과로 우리는 지구환경을 돌이킬 수 없는 상태로 몰고 있다.

오늘날 여러 가지 환경문제에 대처하여 국제적, 국가적 차원의 방지책이 계속 나오고 있다. 하지만 무엇보다도 중요한 것은 이 환경문제에 대해서 국가, 기업, 국민들 모두의 책임을 다시 인식하여 환경보존의 인식이 바뀌어야 한다. 강조컨대 국민들 또한 환경에 대한 인식을 재구성하여 이 땅, 이 자연을 진정 후손에게 값지게 남겨 주어야 한다는 사실을 잊지 말아야 할 것이다. 환경은 나라 안의 문제가 아니라 전세계적으로 모든 나라가 함께 관심을 갖고 보전해야 하는 것이며, 인류가 앞으로 살아가기 위해서는 환경은 우리와 동떨어진 것이 아니라 우리의 곁에 항상 있다는 것을 명심해야 한다.

6

CHAPTER 06

국제사회복지의 기구와 활동

06 국제사회복지의 기구와 활동

1 국제기구의 정의 및 유형

국제기구는 정부나 정부 대표들에 의해 설립된 조직체로서 정기적인 회합, 의사결정을 규율하는 규칙, 항구적인 스텝과 본부를 지니도록 제도화되어 있는 조직으로 정의되어진다(Jacobson, Reisinger, & Mathers, 1986). 또한, 국제기구는 구성원의 공동이익을 추구할 목적으로 둘 또는 그 이상의 주된 국가로부터 정부 또는 비정부회원들 간의 동의에 의해 설립된 공식적, 지속적 구조라고 할 수 있다(정경숙 외, 2005). 한편, 국제기구는 정부를 회원자격으로 하는 정부 간 기구만을 국제기구로 바라보는 시각과 비정부 회원들도 회원자격으로 포함하는 견해도 있지만, 기본적인 기능이나 역할 수행에 큰 차이가 없어 정부 간(Governments) 및 비정부 간(Non-governments) 모두를 포함하는 실정이다. 단지, 설립주체에 의해 정부 간 기구(Inter-Governmental Organization: IGO)와 비정부 간 기구(International Non-Governmental Organization: INGO)로 구분이 되며, 기능에 따라 범세계적 기구와 지역적 기구로 구분된다(서창록, 2004).

국제연합이나 국제연합 교육과학문화기구, 국제노동기구와 같은 전문기구는 전자의 예이고, 북대서양조약기구(NATO), 미주기구, 유럽연합, 아시아개발은행(ADB) 등은 후자의 예이다. 또한 국제기구는 그 목적과 임무 수행에 있어 평화유지나 경제사회협력을 포함한 종합적이냐, 전문적이냐, 개별적(특히 경제사회협력의 분야)이냐에 따라 종합적 국제기구와 전문적 국제기구로도 나누어진다(이태숙 외, 2013).

〈표 6-1〉 정부 간 기구의 유형

유형분류		사례
지리적 범위	글로벌	유엔(UN), 세계무역기구(WTO), 세계보건기구(WHO)
	지역	북미자유무역협정(NAFTA), 동남아시아국가연합(ASEAN), 유럽연합(EU), 아프리카연합(AU), 아시아 · 유럽 정상회의(ASEM)
	하부지역	메콩그룹(Mekon Group), 걸프협력회의(Gulf Cooperative Council)
설립 목적	일반	유엔(UN), 미주기구(OAS)
	특정	세계무역기구(WTO), 세계보건기구(WHO), 유엔아동기금(UNICEF), 국제노동기구(ILO), 석유수출국기구(OPEC)

출처: 이태숙 외(2013). p. 220.

한편, 설립 주체에 따라 구분되는 정부 간 기구(IGO)는 국가 간의 협력업무를 수행하는 기관으로 정부 간의 조약이나 합의를 거쳐 국제법에 의해 설립된 기구로서 적어도 3개국 이상의 국가들이 공식적으로 참여하여 여러 국가 내에서 활동하는 조직이라 할 수 있다(정정숙 외, 2005). 반면, 비정부 간 기구(INGO)는 공동목표를 달성하기 위한 개인이나 조직을 구성원으로 하는 사적이고 자발적인 기구로서, 지방 또는 공동체에서 국가 또는 국제정치 수준에까지 인간사회가 거버넌스의 모든 차원에서 활성화되고 있다(Karns & Mingst, 2004).

2 국제기구와 사회복지

사회복지에 직간접적으로 영향을 미치는 국제기구는 학자들에 따라 조금씩 다르게 분류되고 있다. 본 장에서는 대표적인 학자들이 정리해 놓은 분류를 토대로 사회복지활동에 참여하는 국제기구를 범주화해 보려고 한다.

〈표 6-2〉 사회복지활동에 참여하는 국제기구

학자	분류
Midgely(1997) & Healy(1995)	• UN 경제・사회기관과 같은 공식적인 국가 간 기구들과 국제자원부문 • 사회문제 해결을 위한 사회복지의 국제협력을 증진시키는 데 상당한 기여를 함 • 국제기구의 활동을 통하여 사회정책과 사회서비스 프로그램이 국제적으로 보급되었을 뿐 아니라 국제적 사회복지 이슈들이 쟁점화됨
Lyons (1999)	• IMF, World Bank와 같은 세계 경제기구 • 인도주의적 원조와 사회복지 공급의 주체가 되는 UN과 국제NGO • 사회복지 국제 전문직 협회를 사회복지의 국제적 현장을 대표하는 조직으로 나눔 • 이러한 기구들은 사회정책의 형성, 사회복지 서비스의 공급, 사회복지 전문직의 교환을 위한 환경과 토대를 제공함
Deacon(1997) & Mishra(2000)	• IMF, World Bank와 같은 신자유주의 경제세계화를 추진하는 공식적 세계경제기구 • 인도적이고 사회적 활동에 초점을 맞추고 있는 UN 경제・사회기관, ILO 같은 공식적 비경제기구 • EU, NAFTA와 같은 국제 지역기구

출처: 박상희(2002). pp. 7-8 재구성.

〈표 6-2〉와 같이 여러 학자들의 연구를 종합해서 살펴보면, 사회복지활동을 직접적으로 수행하거나 혹은 간접적으로 사회복지분야에 영향을 미치는 국제기구를 다음과 같이 4개의 범주로 분류할 수 있다(박성희, 2002).

첫째, UN 경제・사회기관이다. 여기에는 경제・사회복지 증진의 책임을 지고 있는 UN경제사회이사회(ECOSOC)를 비롯한 유엔아동기금(UNICEF), 유엔개발계획(UNDP), 유엔난민고등판무관사무소(UNHCR), 국제노동기구(ILO), 유네스코(UNESCO) 같은 UN

의 전문기구가 포함된다. 이 기구들은 사회복지의 주요한 활동가로서 역할을 한다.

둘째, NGO 또는 민간자원봉사조직으로 명명되는 단체들로, 인도주의적 원조와 사회복지서비스를 제공하는데 참여하는 NGO, 즉 개발 NGO로 분류할 수 있다. 개발 NGO는 구호나 복지사업으로부터 시작하여 개발프로그램이나 개발교육 등으로 그 활동을 넓혀가고 있는 조직들로서 제3세계 등지의 상대적 소외계층이나 사회적 문제지역의 개발을 도우며 사회복지적인 접근을 하는 민간단체들을 의미하는 것이다. 대표적인 단체로는 옥스팜(Oxfam), 국경 없는 의사회(Medecins Sans Frontiers), 월드비전(World Vision) 등이 있으며, 사회개발이나 지역사회의 복지를 향상시키기 위한 유사한 목적을 공유하고 있다.

셋째, IMF, Word Bank와 같은 세계 경제기구들로 국가의 경제・사회정책에 영향을 미친다. 특히, 이들은 경제적 감시와 개발도상국에 대한 재정적 원조로 개별 국가의 경제・사회 정책에 상당한 영향력을 행사한다.

넷째, 국제사회복지사협회(IFSW), 국제사회복지협회(ICSW)와 같은 국제적인 사회복지 전문가 협회들로, 사회복지에 종사하고 있는 전문직들의 이익을 대변하고 있다.

3 국제사회복지 관련 기구들

1) 경제사회이사회(ECOSOC)

먼저 UN 관련 기구들을 살펴보면, 경제・사회 복지 증진의 책임을 지고 있는 UN 경제사회이사회(ECOSOC)는 유엔총회에 보고를 하며 경제 및 사회 문제와 관련된 조정 기능의 역할을 수행한다. 경제사회이사회는 국제적 사회환경을 조사하고, 세계 많은 지역에서 시행 중인 사회프로그램을 문서화하며, 다양한 사회분야에 걸쳐 정책개발에 참여하고, 새로운 사회프로그램의 채택을 촉구하는 등 각국의 사회복지 발전을 위하여 중요한 역할을 한다. 이 이사회의 목적은 질 높은 생활수준과 완전고용을 도모하고, 경제적·사회적 발전을 향상시키며, 세계의 경제 · 사회 · 보건 및 관련 문제와 세계의 문화적·교육적 협력을 증대하고, 인종, 성, 언어 혹은 종교의 차별 없이 모든 인간의 인권 및 근본적 자유를 존중하고 준수하도록 하는 것이다.

경제사회이사회는 54개 회원국 출신의 대표자들로 구성되어 있으며 4개의 상임위원회, 즉 프로그램 및 조정 위원회, 난민정착위원회, 비정부기구위원회, 정부 간 기구조정위원회로 구성되어 있다. 또한 지역분과 위원회, 기능위원회와 다른 추가적인 전문가들을 활용한다(United Nations, 1998).

사회복지의 주요 보고서라 할 수 있는 〈세계의 사회현황보고서〉는 유엔의 경제 및 사회 개발 부서가 4년 주기로 발간하고 있으며, 경제사회이사회가 이를 승인하고 있다. '불평등의 곤경'에 대해 집중적으로 다루고 세계화로 인한 불균형, 빈곤감소, 근로조건향상, 사회통합과 응집력을 강조하고 있다.

2) 유엔아동기금(UNICEF)

유엔아동기금(UNICEF)은 UN의 중요한 기관으로서 제2차 세계대전 이후 유럽과 중국에서 구호활동을 하기 위해 1946년 설립되어 개발에 집중하는 영구기관이 되었다. 이 기관의 목표는 개발도상국의 지역사회에 기반한 일차 의료, 사회복지서비스, 식수, 공식적·비공식적 교육, 영양 및 긴급 지원활동 등을 제공하여 아동 및 청소년의 삶을 향상시키는 것이다(Hoy, 1998).

지난 약 70여 년 동안 UNICEF는 인종, 종교, 국적, 성별과 관계없이 전세계 개발도상국에서 거리의 아이들과 어린이 노동자, 난민 어린이 등 어려운 처지에 놓인 어린이를 위하여 영양, 보건, 식수공급 및 위생, 기초교육 분야에서 다양한 보호사업을 펼치고 있으며, 1989년 유엔아동권리협약의 채택으로 어린이 권리문제가 국제적인 의제로 떠오르면서 유엔아동기구의 활동은 어린이 생존과 보호, 발달, 참여 분야에 이르기까지 아동권리 전체로 확대되었다.

현재 UNICEF는 유엔이 채택한 지속 가능 개발목표(SDGs)를 달성하기 위해 보건, 에이즈, 식수와 위생, 영양, 교육, 어린이 보호, 사회통합 등 7가지 중점 사업 분야를 정하고 190개 이상의 국가 및 영토에서 활동하고 있으며, 155개 개발도상국에서 어린이들의 생명을 구하고, 어린이의 삶을 개선하기 위한 다양한 사업을 펼치고 있다(유니세프, 2016).

한국은 1950년 공식적으로 시작되었고, 당시 한국전쟁의 폐허 속에서 고통받던 우리 어린이들에게 UNICEF는 분유와 담요, 의약품 등 긴급 구호물자를 대량 지원해 주었으며, 그 이후 한국의 경제 발전 단계에 맞춰 농어촌 어린이 영양 개선, 저소득층을 위한 유아교육 등 다양한 사업을 개시했다. 43년 동안 UNICEF의 지원을 받던 한국은 1994년 1월 1일 UNICEF한국위원회가 설립됨으로써 세계 최초로 도움을 받는 나라에서 다른 개발도상국을 도와주는 나라로 발전했다.

2016년 현재 UNICEF한국위원회를 통해 전세계 어린이를 돕는 후원자는 37만 명에 이르렀으며, 개인후원자 외에도 후원기업과 재단, 항공기 내 모금활동 등을 통해 기금을 조성하여 유니세프본부를 통해 구호가 시급한 지역에 지원하거나 특정 지역과 사업을 지정해 직접 지원하고 있다. 한국위원회가 직접 돕는 나라는 북한, DR콩고, 중앙아프리카공화국, 베트남, 시리아, 캄보디아, 몽골 등 약 15여 개국에 이르며, 기금 모금 외에도 아동권리 홍보 및 옹호와 학생들을 대상으로 한 나눔 교육, 모유수유권장 등의 사업을 펼치고 있다.

3) 유엔난민고등판무관사무소(UNHCR)

1949년 12월 3일 유엔총회에서 창설된 유엔난민고등판무관사무소(UNHCR)는 임시기관으로 설립되었지만, 난민을 보호하고 이들에게 서비스를 제공하는 업무를 계속해서 이어가게 된 기관으로, 난민보호, 임시거처에 있는 난민에 대한 원조 및 구호, 가능한 경우 자발적인 강제송환, 정착 및 첫 번째 일시 피난국가에의 통합지원 등의 기능을 수행한다. 유엔난민고등판무관사무소는 특정 난민들의 구호 및 이주 문제를 해결하기 위해 직접적으로 일하는 것 이외에도 전세계 난민들에 대한 처우기준을 설정하는 업무를 수행한다(노충래, 2010).

UNHCR의 임무는 비정치적, 인도적인 차원에서 난민들에게 국제적 보호를 제공하고, 이들을 위한 영구적인 해결책을 모색하는 것이다. UNHCR의 핵심 임무는 1950년 UN총회 결의로 만들어진 UNHCR 사무소 규정에 처음 규정되었고, 그후 UN 총회 및 경제사회이사회(ECOSOC)의 결의문에 의해 확대되었다. 이 규정에 의해 다른 유엔기구로부터 도움을 받고 있는 보호대상자들은 UNHCR의 임무 밖에 있다. UNHCR의 임무는 유엔총회에서 3년마다 연장되어 오다가, 2003년에 난민문제가 완전히 해결될 때까지 계속 업무를 수행하도록 승인을 받았다(유엔난민기구, 2016). 또한 UNHCR은 각국 정부나 기타 기관이 기부한 기금을 토대로 각국의 정부기관이나 민간단체를 재정적으로 지원하여 그들로 하여금 구호사업을 담당하게 하고 있다(김세니, 2004).

4) 국제노동기구(ILO)

국제노동기구(International Labour Organization: ILO)는 현재 유네스코(UNESCO)나 세계보건기구(WHO)와 같이 전문기구인데, UN보다 빠른 1919년에 설립되었다. 노동자의 지위향상이 세계의 항구적 평화에 불가결하다는 생각에 제1차 세계대전 직후 베르사유 조약에 의해 설립된 것이다(정진성, 2001). ILO는 최초의 국제연합 전문기구로서 가장 오랜 역사를 지니고 있는 국제기구 중 하나이다. ILO가 이처럼 이른 시기에 설립됐던 것은 19세기 후반 산업화가 진행된 유럽 각국에서는 노동입법 문제가 중요한 사회적 문제로 떠올랐기 때문이다. 17세기 산업혁명 이래 노동자의 인권과 권리에 대한 침해가 극심했고 그로 인한 사회갈등이 깊어졌다. 특히 사회주의 국가의 탄생은 자본주의 국가들로 하여금 노동조건의 일정한 개선을 통해 노동자들의 반발을 완화시킬 필요를 갖게 했다. 또한 나라 간의 무역이 늘어나면서 한 국가에서만의 노동조건의 개선이 아닌 각국에 공통적으로 적용될 수 있는 국제노동기준을 설정하는 것이 필요하다는 데 공감대가 형성됐다. 1944년 필라델피아 선언에 의해 규약이 수정되어 1946년 국제연합의 전문기관으로 편입되었다. 현재 아메리카, 아프리카, 유럽-중앙아시아, 아시아-태평양 등 4개의 지역 본부가 있다.

ILO의 주요활동은 각국의 노동입법 수준을 발전시켜 노동조건을 개선하고 사회정책과 행정·인력 자원을 훈련시키며 기술을 지원한다. 그리고 협동조합과 농촌에 공장을 세우는 것도 지원한다. 이러한 활동을 하기 위하여 국제노동통계를 수집하고 불완전고용, 노사관계, 경제발전 등에 관해 연구한다(국제노동기구, 2016).

노·사·정이 대등한 입장에서 참가하는 ILO는 세계에서 유일하게 비정부기구(NGO)가 단위구성원인 국제기구이다. 국제기구에서 정부 대표 이외의 대표에게 결의권을 포함한 참가권을 인정하는 곳은 ILO외에는 어디서도 볼 수 없다. 다른 국제기구와 유사하게 총회, 이사회, 사무국으로 구성되고 산하의 각종 위원회가 있지만, 3자의 대표가 동등한 자격으로 참여하는 독특한 성격으로 인해 민주적 조직이라는 평가를 받는다(정효민, 2010). 2011년 3월 기준 183개국이 회원국으로 가입해 있다. 국제노동기구는 1969년 노벨 평화상을 받았고 자유롭고 평등하고 안전하게 인간의 존엄성을 유지할 수 있는 노동을 보장하는 것을 목표로 한다. 국제노동기구는 이러한 당면 과제를 수행하기 위해 노동기본권, 고용, 사회보장, 사회협력과 같은 분과를 운영하고 있다.

5) 유네스코(UNESCO, 유엔교육과학문화기구)

유네스코(UNESCO)는 유엔체제 중 경제사회이사회(ECOSOC) 산하 16개 유엔 전문기구의 하나로 국제기구라는 조직의 점진적인 발달과 학술과 문화 분야에서의 국제적 협력에 대한 필요성이 제기됨에 따라 창설되었다(이서현, 2015). 유네스코는 두 차례의 세계대전을 통해 인류의 평화가 인류의 지적, 도덕적 협력에 기초해야 한다는 인식이 반영된 것임과 동시에 국제협력의 장치를 확고히 해야 할 필요성에 대한 결과물인 셈이다. 이러한 국제적인 움직임으로 1945년 11월 16일, 영국 런던에서 유네스코 창립회의가 개최되었고, 37개국 대표들이 '유네스코 헌장'을 채택하면서 유네스코가 창설되었다(UNESCO, 2007). 유네스코의 주요 목적은 국가 간 교육, 과학, 문화 분야의 협력을 통해 세계 평화와 안보를 도모하는 데에 있으며, 정의, 법, 질서 및 인권과 기본적 자유의 신장에 중점을 둔다(박흥순, 2011).

유네스코의 역할에 대해 박흥순(2011)은 첫째, 국가의 지위(강대국, 중진국, 약소국)에 따라 국제사회에서 영향력이 달라지며, 국제기구를 외교정책의 수단으로 사용하기도 한다는 것이다. 둘째, 유네스코는 교육, 문화, 과학 분야의 국제적 관심사에 대해 다자 포럼을 상시 개최하여 국가 간 상호이해와 협력을 촉진하고 갈등을 해소하는 역할을 수행한다. 셋째, 유엔 산하 기구면서 동시에 독립기구의 성격을 갖는다. 유네스코의 기능으로는 규범설정, 투명성 확보, 전문지식 혹은 자원 제공, 정당성 확보 등을 들 수 있다.

유네스코는 모든 이를 위한 평생교육, 인류에 기여하는 과학, 세계유산보호와 창의성을 바탕으로 하는 문화발전, 정보와 정보학의 기반 구축에 활동목표를 두고 있으며, 각 분야별 주요 활동은 다음과 같다. ① 교육 분야: 문맹퇴치, 초등의무교육의 보급, 난민교육 등, ② 과학 분야: 생물학 · 해양학 · 환경문제에 대한 국제적인 연구, 정보교환 등이며 사회과학 분야에서는 인권문제에 관한 연구 · 분석, 개발도상국의 통신설비 · 정보시설 지원, 언론인 육성 지원 등, ③ 문화 분야: 세계문화유산 지정, 가치 있는 문화유적의 보존 및 보수 지원, 세계 각국의 독자성 있는 전통문화 보존지원, 세계 각국의 문학 및 사상에 관한 문헌의 번역소개 등이다(윤지예, 2014).

2015년 기준 회원국은 195개국이며, 9개의 준회원국이 있다. 준회원국은 총회의 투표권이 없고 이사회의 직책을 맡을 수 없는 점 외에 회원국과 같은 권한을 갖는다. 한국은 1950년에 가입했고, 1987년 제24회 총회에서 집행위원국에 선출된 바 있다.

6) NGO

NGO(Non-Governmental Organization: 비정부기구)는 지역·국가·국제적으로 조직된 자발적인 비영리 시민단체로, '비정부성'이 강조된 정부기구 이외의 기구를 말한다. 'NGO'란 국제연합(UN)에 의해 공식적으로 사용된 개념으로, 국가주권의 범위를 벗어나 사회적 연대와 공공목적을 실현하기 위해 1946년에 설립된 각국의 비정부단체에서부터 출발한다. 국제기구와 관계를 맺고 협의하는 자발적인 비공식조직으로서, 공동의 이해를 가진 사람들이 특정한 목적을 위해 조직하여 다양한 서비스와 인도주의적 기능을 수행한다. 이에 따라 정부의 정책을 감시하고, 정보 제공을 통해 시민의 정치참여를 장려하며, 인권·환경·보건·성차별 등의 특정 부문을 중점적으로 추구하기도 한다. 1863년 스위스에서 시작된 국제적십자사 운동을 효시로, 1970년대 초부터 UN이 주관하는 국제회의에 민간단체들이 참가, NGO포럼을 열면서 'NGO'라는 용어가 널리 사용되었다(방은진, 2015).

NGO는 자율·참여·연대 등을 주요이념으로 하며, 활동영역에 따라 인권·사회·정치·환경·경제 등의 분야로 나눌 수 있다. 대표적인 NGO로 '세계자연보호기금(WWF)', '그린피스(Greenpeace)', '국제사면위원회(Amnesty International: AI)' 등이 있다. 한국의 경우 1903년 설립된 YMCA와 1913년 안창호가 설립한 흥사단이 국내 최초의 NGO이며, 1987년 6월 10일 민주항쟁과 6월 29일 민주화선언을 거쳐 민주화 세대를 비롯한 비판적 지식인들이 시민운동에 참여하며 다양한 NGO가 결성되기 시작했다.

인도주의적 원조와 사회복지서비스를 제공하는데 참여하는 NGO, 즉 개발NGO는 구호나 복지사업으로부터 시작하여 개발프로그램이나 개발교육 등으로 그 활동을 넓혀가고 있는 조직들로서 제3세계 등지의 상대적 소외계층이나 사회적 문제지역의 개발을 도우며 사회복지적인 접근을 하는 민간단체들을 의미한다. 대표적인 단체로 옥스팜(Oxfam), 국경 없는 의사회(Medecins Sans Frontiers), 월드비전(World Vision) 등이 있으며 사회개발이나 지역사회의 복지를 향상시키기 위한 유사한 목적을 공유하고 있다(양동휘, 2015).

(1) 옥스팜(Oxfam)

1941년 제2차 세계대전 당시 그리스는 인근해역의 봉쇄로 인해 심각한 기아상태에 직면하였고, 이 같은 상황을 돕기 위해 영국에서 전국기아구호위원회가 1942년에 발족되었다. 이후 음식물 반입, 모금활동을 벌이게 되는데, 옥스팜은 옥스퍼드 지역의 전국기아구호위원회의 지부로 1942년 10월 처음으로 활동을 시작하였고, 이 조직이 현재의 옥스팜으로 이어지고 있다. 활동초기 제2차 세계대전으로 인한 피해 복구를 목적으로 하였으나, 점차 활동 폭을 넓혀 "전세계 전쟁과 재난으로 발생한 고통의 경감"을 목표로 활동하였다. 1960년 이후 전세계적으로 급증한 기아문제, 특히 제3세계 빈곤국들이 지닌 문제에 대한 서방의 선진국이 갖는 책임을 강조하였다. 이후 70~80년대에 걸쳐 아프리카 지역의 긴급구호활동과 사회복지활동을 중심으로 발전해 왔으며, 1995년에 국가 단위의 회원조직을 갖춘 국제단체로 변모하였고 100여개 국가에 3000개 이상의 협력단체와 연계하여 활동을 벌이고 있다(이종무 외, 2008).

(2) 국경 없는 의사회(Medecins Sans Frontieres)

1968년 나이지리아에서 활동하던 프랑스 의사들과 1970년대 방글라데시 홍수 현장에서 활동하던 SMF라는 두 단체가 통합되어 1971년에 탄생한 것이 국경 없는 의사회(Medecins Sans Frontieres: 메드신 상 프롱티에르, 영어로는 Doctors Without Border)이다. 70년대 초반은 필요한 지역에 의료진 파견에 집중하였고, 이후 70년대 후반부터는 독자적인 난민구호 프로그램을 기획하기 시작하였는데, 이로써 의료진의 단독적 활동을 위한 조직에서 종합적 형태의 국제개발NGO로 변모하였다. 현재 벨기에 브뤼셀에 본부를 두고 프랑스, 네덜란드, 스페인 등 총 19개 국가에 지부를 둔 대형 단체로 성장하였다. 이 단체는 1996년 서울평화살을 수상하였으며, 1999년 노벨평화상을 수상하기도 하였다.

7) 국제통화기금(IMF)

국제통화기금은 유엔 산하 국제금융기관이다. 흔히 IMF(International Monetary Fund)라는 약칭으로 불린다. 1944년에 설립이 결정됐고, 실제 조직이 구성돼 출범한 것은 1946년이었다(김성국, 2015). 2016년 3월 현재 가맹국은 188개이다. 1944년 브레턴우즈협정에 의거해 발족된 이 기구는 국제적인 통화협력을 보장하고 환율을 안정시키며 국제 유동성을 확대시키기 위해 세워졌다. 브레턴우즈협정에 따라 설립된 또 다른 기구인 세계은행(International Bank for Reconstruction and Development: IBRD)과 함께 흔히 브레턴우즈기구라고 불린다. 두 기구는 제2차 세계대전 이후 수십 년간 국제 경제체제의 양 축이 되어 왔다. 한국은 특히 1997년 외환위기로 이른바 IMF 국제금융을 받으면서 이 기구와 깊은 인연을 맺은 바 있다. 한국 외에도 멕시코, 영국, 아르헨티나, 태국, 인도네시아 등이 IMF로부터 국제금융을 받은 바 있다. 국제통화기금은 세계무역의 안정된 확대를 통하여 가맹국들의 고용증대, 소득증가, 생산자원개발에 기여하는 것을 궁극적인 목적으로 한다(양진용, 2009).

국제통화기금(IMF), 세계은행(World Bank)과 같은 세계 경제기구들은 국가의 경제·사회정책에 영향을 미친다. 국제통화기금은 각국에 금융, 상환금 잔액, 세금, 기타 관련사항 등에 대한 기술을 지원한다. 세계은행의 주요 목표는 경제개발을 장려하기 위한 대출금을 제공하는 것인 반면, 국제통화기금은 통화 및 환율정책을 감독하는 일을 한다. 따라서 세계은행은 개발기구로 간주되는 것에 비해, 국제통화기금은 질서정연한 세계 경제체계를 보장하는 것이 목표다. 두 기구 모두 대출에 관여하지만 대출금에 대한 정책은 다른데, 어떤 회원국이든 국제통화기금으로부터 자금을 대출받을 수 있지만, 세계은행은 개발도상국에게 자금을 대출하고 있다(노충래, 2010).

8) 국제사회복지사협회(ICFW)

국제사회복지사협회(ICFW)는 미국사회복지사협회를 포함하여 전문 회원 자격을 갖춘 50여 개 협회로 구성되었다. 국제사회복지사협회의 목적은 전문적 기준과 훈련과 윤리를 갖춘 전문직으로서 사회사업을 장려하고, 국가수준의 사회복지사협회들이 정책개발에 관여하도록 지원하며, 여러 나라의 사회복지사 간의 교류를 독려하고, 사회사업 전문직의 관점들을 정부 간 조직체에 국제적으로 알리는 데 있다(백종만・최옥채 외, 2013).

CHAPTER 07

국제개발협력과 공적개발원조(ODA)

07 국제개발협력과 공적개발원조(ODA)

1 국제개발협력에 대한 이해

1) 개념

세계화된 국제사회에서 빈곤 문제의 해결과 개발도상국의 지속적 경제 성장을 위해서는 국제사회의 협력이 필요 불가결하다. 일반적으로 국제협력이란 국가 간 및 국가와 국제기관 간의 모든 유·무상 자본협력, 교역협력, 기술·인력협력, 사회문화협력 등 국제사회에서 발생하는 다양한 형태의 교류를 총체적으로 지칭하는 개념이며 유사용어로 '경제협력', '개발협력'이 있다(김윤화, 2010).

국제개발협력은 원조나 경제협력에 비해 더욱 상호주의적이며 평등한 관계를 강조하고 아울러 협력분야를 경제영역으로 한정하지 않고 사회, 문화 분야로까지 확대하고자 한다. 국제개발협력기본법 제2조에 따르면 국제개발협력(International Development Cooperation)이란 국가·지방자치단체 또는 공공기관이 개발도상국의 발전과 복지증진을 위하여 협력대상국에 직접 또는 간접적으로 제공하는 무상 또는 유상의 개발협력과 국제기구를 통하여 제공하는 다자간 개발협력을 말한다.

개발협력은 개발도상국의 경제성장이나 복지에 기여할 수 있는 '개발재원의 이전(transfer of resources for development)'을 말하며 주로 선진국이나 국제기구로부터 개도국에게 일방적으로 이전되는 재원을 의미한다. 따라서 군수물자구매에 필요한 재정지원, 종교적 목적이나 예술 및 문화활동에 필요한 원조, 다른 수출국에 비해 유리한 가격으로 개발도상국에 물품을 판매하는 데 따른 비용은 개발협력에 포함되지 않는다. 또한 개발도상국으로부터의 자금 흐름은 당연히 개발협력에서 제외된다.

2) 국제개발협력의 원칙

국제개발협력의 원칙으로 첫째, 개발협력으로 가기 위한 적극적인 파트너십의 확장이 요구된다. 전통적으로 선진국과 개발도상국의 국제 관계에서 또는 비영리기구들은 구호 혹은 개발 한쪽에 치중하였다. 이를 위해서는 수혜국이 원조규모를 감당할 수 있는 능력, 즉 원조의 흡수역량(absorptive capacity)을 갖추고 있어야 하며, 공여국이 공여역량(provision capacity)을 갖추어야 할 필요성이 제기된다. 이러한 흡수역량과 공여역량은 단지 물질 혹은 재정 역량을 넘어 인프라 역량, 즉 인력 및 전달체계, 사후평가 등과 같은 다방면의 역량요인에서 적절한 능력을 갖추고 있어야 함을 의미한다.

둘째, 국제 원조 및 개발에서 주요한 원칙 가운데 하나는 지속가능한 해결책을 모색하는 것이다. 특히 경제와 무역, 자원원조를 넘어선 인권과 성평등, 환경과 천연자원 보존, 지속가능한 발전을 존중하고 극빈층 혹은 취약계층의 삶을 개선하는 효과적인 개발협력을 실천하는 것이다. 아동, 여성, 이주민과 난민, 이주노동자, 재난의 피해자, 빈민층 등은 국제사회복지와 인권의 관심초점이 된다. 그동안 이들을 보호하기 위해 다양한 국제법과 국제사법들이 제정되어 왔다.

셋째, 사회복지의 특정 프로그램모델을 한 국가에서 다른 국가로 전수하는 일은 상당히 어려운 일이다. 이는 두 국가 간의 욕구나 자원과 같은 특정 상황이 현격하게 차이가 나기 때문이다. 즉 사회복지업무의 현지화를 위해서는 현지 문화를 비롯하여 양국의 경제와 정치 특성 등 다양한 요인들을 동시에 고려해야 한다. 공여국과 수혜국이 원조와 개발 사업에 협력할 때는 양국의 공통점과 차이점을 비교하고 적용가능성을 꼼꼼히 살펴본 후 이에 따른 차별적인 접근법을 개발할 필요가 있다. 특히 서구사회와 선진국가에서 적용되었던 효과적인 사업과 정책을 어떤 방식으로 적용할지에 대해 많은 고민이 있어야 하고 현지화 과정에서 수혜국과의 긴밀한 논의 속에 철저한 준비가 필요하다.

이상의 원칙을 가지고 국제개발협력 분야에서 수혜국에서의 정치, 사회, 문화에 변화를 꾀하기 위해 공여국의 구호를 위해 개발업무의 실무자들이 일하고 있다. 어떤 기구들은 보다 직접적인 지역사회 업무에 관여하고 있는 반면, 일부기구들은 보다 정책적인 차원의 업무에 관여하기도 한다. 그러나 대부분의 기구들은 다양한 차원에서 동시에 업무를 수행하고 있으며, 사회복지사들은 대부분 모든 차원에서 일할 것으로 기대하고 있다.

3) 국제개발협력의 이론적 관점

국제개발협력의 이론적 관점에는 크게 개발학적 접근과 국제정치학적 접근이 있다. 개발학적 접근은 제2차 세계대전 후 제3세계 국가들이 경제와 사회 발전의 격차를 겪으며 두드러지게 분화되는 과정에서 상이한 발전 단계에 놓이게 됨으로써 개발학(Developmental Studies) 분야가 학문적으로 정착하게 된 것에서 기인한다. 연구주제면에서도 관심 영역이 개발도상국의 문제에서 전 지구적인 문제로, 경제발전 문제에서 빈곤, 실업, 여성, 노동, 환경, 국제분쟁 등 경제, 사회, 정치적 이슈들을 포괄하는 복합적인 영역으로 확대된 것이다. 현재 개발학은 개발도상국 그리고 선진국의 소외 계층, 저개발 지역 문제도 포함하여 전 지구적인 인간 삶의 문제를 다루는 가장 보편적인 학문의 하나로 자리잡아가고 있다(김은혜, 2013). 개발학적 접근에는 근대화 이론, 기본적 욕구 접근, 신 멜더스주의 이론, 젠더와 개발, 지속가능한 개발, 탈 발전

(Post-Development)의 다양한 입장들이 있다.

한편 국제정치학적 접근에는 현실주의 접근, 자유주의 접근, 구조주의 접근, 구성주의 접근 등이 있다. 현실주의 접근의 경우 국제관계를 국가들 간의 힘의 정치로 파악하지만, 이와 대조적으로 자유주의 접근은 합리적인 인간관을 전제로 민족국가들이 협력적이고, 평화적이며, 조화로운 경쟁을 통해 상호혜택을 줄 수 있다는 믿음을 가지고 있다. 또한 구조주의 접근의 경우 역사를 생산과 계급문제로 파악하거나 중심부-주변부라는 세계자본주의의 양극화에 초점을 맞춘다. 이상과 같이 분석의 초점을 국가에 맞추고 국가를 합리적 행위자로 파악하는 현실주의, 자유주의, 구조주의적 접근과는 달리 구성주의는 국가이익이라는 개념이 고정된 것이 아니고 변화하고 재구성될 수 있으며, 공여국과 수여국간의 관계의 정체성도 수정되어 왔음을 강조한다.

2 국제개발협력과 ODA

1) 공적개발원조의 개념

공적개발원조(Official Development Assistance: ODA)는 중앙과 지방정부를 포함한 공공기관이 개발도상국 또는 개발도상국에 대한 원조에 관여하는 국제기구에 제공한 자금의 흐름을 의미한다. 군사적인 목적과 관련하여 지원되는 자금은 공적개발원조에서 제외되나, 인도적 원조나 개발활동을 지원하기 위해 공여국의 군사력을 사용함에 따라 추가적으로 발생하는 비용은 공적개발원조로 간주한다. 또한 개인적 이익을 목적으로 지원되는 것은 포함되지 않으나 개발NGO 단체에 교부하는 자금은 ODA로 간주한다(김솔나, 2009).

한편, OECD의 개발원조위원회(Development Assistance Committee: DAC)의 정의에

의하면, 공적개발원조는 첫째, 원조 제공주체가 공적기관이어야 한다. 둘째, 개발도상국의 경제발전과 복지향상에 기여함을 주된 목적으로 해야 한다. 셋째, 공여조건이 완화된 원조, 즉 공여지원의 무상 정도를 나타내는 지표인 증여율(Grant Element: G.E.)이 25% 이상인 양허성 조건의 자금이어야 한다. 이때 양허성이란 인도주의적인 성격을 띠면서도 자금을 무상으로 제공하는 것이 아니라 장기저리의 좋은 조건으로 유상 제공하는 것을 의미한다. 넷째, 개발원조위원회가 정한 수원국 리스트에 속해 있는 국가 및 동 국가를 주요 수혜대상으로 하는 국제기구를 대상으로 한 것이어야 한다(김수진, 2008; 김지유, 2010).

2) 공적개발원조의 이론적 관점

공적개발원조의 목적에 따른 다양한 이론적 논의들이 있다. 국가의 공적개발원조는 개별 국가의 정치, 경제, 문화적 이익을 중심으로 경쟁하는 기존의 국제정치·경제적 여건을 고려하지 않을 수 없다고 본다(정미경 · 김동열, 2010). ODA의 이론적 관점으로 논의되고 있는 현실주의, 이상주의, 구조주의에 대해 〈표 7-1〉과 같이 정리할 수 있다.

〈표 7-1〉 ODA의 특징에 관한 이론적 관점

구분	현실주의	이상주의	구조주의
원조목적	국가안보	상호호혜	선진국과 개도국의 격차해소
추구방법	공여국의 독자적 결정강조	공동의 원조 노력	후진국 수요에 따른 방식
공여방식	양자 원조방식	국제기구	국제기구
지리적 배분	공여국의 국가정책상의 필요에 따라 결정	공평분배	최빈국에 중점

출처: 김홍주(2013).

현실주의적 관점에서는 공여국 정책상 필요에 따라 경제적 동기에서 공적개발원조의 목적을 논한다. 예를 들어 미국은 이데올로기와 동맹관계 등 정치적 동기에서, 즉 국제정치체제하에서의 역할 때문에 국제질서, 자본주의 체제, 자국안보 등의 유지를 원조정책의 핵심적인 목표로 삼는 반면, 일본은 안보적 측면보다는 아시아에서 지경학적 이익을 추구하는 신중상주의적 원조전략의 입장에 있다(Schraeder et al., 1998).

이와는 달리 이상주의적 관점에서는 원조의 동기를 국익을 최소화하고 개발도상국의 빈곤과 질병으로부터의 탈출을 위한 인도적 차원의 동기를 강조하였다(Lumsdane, 1993). 이상주의에서는 국제사회가 무정부상태가 아니며, 국내와 같이 도덕, 여론, 국제법, 제도들이 존재하기 때문에 국가 간 협상에 의해 영원한 평화가 가능하다고 본다. 대외원조의 동기는 정치적, 경제적 이익만을 전제로 할 수 없고 원조에서 목적과 평등주의 원칙에 입각한다는 입장이 이상주의적 관점이다.

구조주의적 관점은 개발도상국의 빈곤문제가 각 국가들의 경제정책, 정치적 특성보다는 세계자본주의 경제체제의 모순구조로부터 발생한다는 입장이다. 공여국의 대외원조가 수원국의 경제를 발전시키기보다는 오히려 공여국에 대한 의존도를 높이게 만들고 결과적으로는 경제발전을 저해하는 요인이 된다고 주장한다(주해연, 2012).

3) 공적개발원조의 유형

공적개발원조는 원조에 참여하는 협력주체, 수원국의 원조에 대한 상환여부, 원조내용에 따른 협력형태에 따라 구분할 수 있다. 협력주체에 따라 양자 간 원조와 다자간 원조로 나눌 수 있다. 양자 간 원조는 공여국과 수원국이 당사자가 되어 원조교섭을 하는 경우로 직접적인 원조자금의 흐름이 이루어진다. 반면 다자간 원조는 공여국과 수원국 사이의 원조자금의 흐름이 3개국 이상의 국가들이 관여하는 국제기구를 통하여 간접적으로 이루어지는 것으로, 예를 들면 세계은행(World Bank), 아시아개발은행(Asia Development Bank), 국제연합개발계획(United Nations Devel-opment Programme: UNDP) 등과 같은 국제기구에 자금을 제공하는 것을 의미한다(김수진, 2008).

다음으로 공적개발원조는 상환의 유무에 따라 증여(grant)와 차관(loan)으로 구분되며, 각각 무상원조와 유상원조로 불리기도 한다. 증여는 공여국의 원조에 대하여 수원국이 상환을 요구하지 않는 협력으로 개도국에게 필요한 무상자금협력, 기술협력, 국제기관 출자 등이 포함되며 차관은 일정기간 경과 후 상환을 전제로 한 협력을 의미한다(김솔나, 2009).

또한 공적개발원조는 그 협력형태에 따라 자금협력과 기술협력으로 나눌 수 있다. 자금협력은 다시 무상자금협력과 유상자금협력 또는 물품공여와 현금공여로 구분되며 자연재해나 테러, 전쟁과 같은 위급한 상황에의 식량원조와 긴급구호를 포함한다. 기술협력은 개도국에 전문가를 파견하거나 개도국의 인재들을 공여국에 초청하여 관련 교육과 훈련을 제공하고, 프로그램의 실시, 행정인력·기술자 등의 급여 등에 소요되는 비용을 지원하는 방식이다. 식량원조와 긴급구호 그리고 기술협력은 거의 무상으로 이루어지며 양자 간 원조에서 차지하는 비중도 꽤 높은 편이다(김수진, 2008). 이외 공적개발원조는 지원범위에 따라 프로젝트 원조와 프로그램 원조로 나누어 볼 수 있다.

〈표 7-2〉 공적개발원조의 유형

분류		내용
협력주체	다자간 원조	원조 교섭국이 공여국과 수원국 간에 직접 이루어지는 형태
	양자 간 원조	3국 이상의 국가들이 관여하는 국제기구를 통한 형태
상환여부	무상원조(grant)	상환을 요구하지 않는 원조형태
	유상원조(loan)	일정 기간 경과 이후 상환을 전제로 하는 원조형태
협력형태	자금원조	자본의 공여 형태에 의한 원조
	기술원조	기술의 공여 형태에 의한 원조
지원범위	프로젝트 원조	구체적인 사업과 자금과 기술을 제공하는 원조형태
	프로그램 원조	경제 전반의 안정 개발을 위한 재정지원, 안정화 계획 추진

출처: 김판석 외(2010).

4) 한국의 ODA

한국 ODA의 가장 중요한 특성은 ODA 수원자 입장에서 공여자의 입장으로 그 지위의 전환이 이루어졌다는 점이다. 한국은 1945년 해방 이후 오랫동안 미국을 비롯한 여러 우방국으로부터 유상 및 무상원조를 받아왔다. 한국에 가장 큰 규모의 ODA를 제공한 국가는 미국으로 약 60억 달러의 ODA를 제공했으며, 두 번째로 많은 ODA를 제공한 국가는 일본으로서 그 규모는 50억 달러에 해당한다. 다만 ODA의 성격에 있어서 미국은 약 70%이상의 ODA가 무상으로 제공된 반면, 일본의 경우 30%가 무상으로 공여되었다는 차이가 있다.

1987년 한국수출입은행 산하 대외경제협력기금(Economic Development Cooperation Fund: EDCF)을 설립하여 유상원조를 시작하였으며, 1991년 외교부 산하 한국국제협력단(Korea International Cooperation Agency: KOICA)을 설립함으로써 본격적인 공여국으로의 전환을 시작하였다(김은미, 2016). 2000년부터 한국은 OECD/DAC가 분류하고 있는 국가 분류에서 ODA 수원국인 Part I 그룹의 국가군으로부터 'Countries and Territories in Transition'으로 지칭되는 Part II 국가군의 그룹으로 지위를 옮겨가게 되었으며(최정호, 2006), 2006년 국제개발협력기본법을 제정하였다. 나아가 원조 공여국으로서 2010년부터 OECD/DAC 회원국으로 가입하게 된 것이다.

한국은 개발도상국에 대한 ODA를 시행하기 위해 ODA 영역별로 나누어 경제 71개 분야, 사회 52개 분야, 행정제도 거버넌스 10개 분야, 미래·범이슈 26개 분야 등 총 159개 프로그램을 진행하고 있다. 이 중 과학기술, 보건복지, 교육 분야 등은 사회인프라 및 서비스 분야에 속하고, 운송, 금융, 에너지 등 경제 관련 프로그램은 경제 부문에, ICT 분야는 녹색·환경, 여성과 함께 미래·범이슈 분야로 분류된다.

[그림 7-1] 한국형 ODA 영역별 프로그램(159개)

출처: 국제개발협력 위원회(2014).

한국은 개발도상국에 대한 ODA 규모를 지속적으로 늘려 1995년 1억 1천만 달러에 불과했던 원조 규모가 2014년에는 18억 5천만 달러를 기록하며 규모 면에서 큰 증가세를 보였다. 1990년대 외환위기로 주춤했던 무상원조의 경우에도 2000년도부터 다시 활성화되어 2002년도 아프가니스탄 및 이라크 전쟁 피해 후 사회 기반 시설 등의 재건 사업을 하면서 지원 규모가 확대되었다. 이러한 증가 추세에도 불구하고 DAC 회원국들의 평균이나 권고치에 크게 미치지 못하는 상황으로 인해 한국은 국제사회로부터 비판 또한 받고 있다(박수영, 2014).

국제사회는 DAC 회원국들의 ODA규모를 개별국가의 GNI 대비 0.7%로 권고하고 있으며 이에 대해 회원국들은 평균 0.31% 수준을 유지하고 있지만 한국의 경우 GNI 대비 0.13% 정도에 머무르고 있어 경제규모에 비해 낮은 수준이라는 평가를 받으며 ODA규모의 확대를 요구받고 있다.

〈표 7-3〉 한국의 ODA 실적

구분	2008	2009	2010	2011	2012	2013	2014
ODA총계	802.34	816.04	1,173.78	1,324.59	1,578.95	1,755.38	1,850.67
KOICA 지원율(%)	34.19	33.81	38.69	30.8	28.19	27.2	29.78
양자 간 원조	539.22	581.1	900.63	989.57	1,169.41	1,309.58	1,391.43
무상원조	368.67	366.97	573.89	575.02	701.12	809	879.44
유상원조	170.56	214.13	326.74	414.55	468.29	500.58	512
다자간 원조	263.12	234.94	273.15	335.02	409.54	445.8	459.24
ODA/GNI비율(%)	0.09	0.1	0.12	0.12	0.14	0.13	0.13

출처: 이연주(2015). 재구성.

또한 〈표 7-4〉에서 보는 바와 같이 한국은 26개 중점협력국을 선정하여 지원하고 있는데 그중 11개 국가가 아시아에 위치한 수원국이라는 점에서 특히 아시아 지역에 원조를 집중하고 있음을 알 수 있다. 이와 같이 중점협력국을 포함한 약 130여 개의 국가에 한정된 자원을 분산 배분하고 있어 파편화된 원조로 효과성을 저해한다는 지적이 있다(이계우 · 박지훈, 2007).

〈표 7-4〉 한국 ODA 중점협력국(2010~2015)

지역	국가명
아시아(11개국)	베트남, 인도네시아, 캄보디아, 필리핀, 방글라데시, 몽골, 라오스, 스리랑카, 네팔, 파키스탄, 동티모르
아프리카(8개국)	가나, 콩고민주공화국, 나이지리아, 에티오피아, 모잠비크, 카메룬, 르완다, 우간다
중동·CIS(2개국)	우즈베키스탄, 아제르바이잔
중남미(4개국)	콜롬비아, 페루, 볼리비아, 파라과이
오세아니아(1개국)	솔로몬군도

출처: ODA Korea.

3 국제개발협력과 사회적 기업

1) 사회적 기업의 개념

사회적 기업은 1970년대부터 기존에 있던 사회적 경제(social economy)에 대한 인식이 확산되면서 새로운 기업형태로 등장한 개념이다. 사회적 기업의 핵심은 이윤창출만을 추구하는 것보다는 사회·경제적 목적을 동시에 추구하는 것이다. 지역사회에 공헌하는 사회적 목적과 기업 활동에서 발생한 이익을 기업과 구성원에게 재투자하는 경제적 목적을 함께 수행한다. 국제개발협력에서도 개발 주체의 다양화가 논의되는 가운데 사회적 기업이 개발협력의 주체로서 자리를 잡아가고 있다. 시민사회가 2008년 아크라 행동선언을 통하여 독립적인 개발주체로 인정되었으며 2011년 부산에서 열린 세계개발원조총회에서는 민간부문의 개발협력 참여가 강조된 바 있다. 또한 2002년 UN개발재원국제회의에서 개발 재원의 확보 차원에서도 민간 참여가 본격적으로 요청되기 시작하면서 선진공여국 정부는 사회적 기업에 대한 지원정책을 실시하고 있다(손혁상·김남경, 2013).

사회적 기업은 사회적 영향을 우선적으로 추구하고 재정적으로도 생존 가능한 단체로서 이때 사회적 영향이란 국제 개발과 빈곤 완화의 측면에서 특정 문제의 해결에 기여하는 것을 의미한다(Rogerson et al, 2013). 구체적인 활동의 범주로 ① 하루 2달러 미만으로 생활하고 있는 천 명 이상의 인구를 수혜대상으로 설정하고 이들의 욕구를 충족시키는 활동을 하는 등 특정 범주의 가장 배제된 사람들에게 혜택을 제공하는 것이다. ② 빈곤층이 필요한 재화와 서비스에 대한 접근성과 적절성을 향상시키거나 이러한 공급사슬에 빈곤층을 고용하여 소득을 발생시키는 등 특정한 소외계층뿐만 아니라 모두를 위해 사회적, 환경적으로 중요한 가치를 창출하는 것이다. 재정적 생존가능성이란 사회적 기업이 최소 5년에서 10년까지의 기간 동안 손익분기점 달성, 채무 상환, 외부적 충격 완화와 사업 확장을 위한 재원 확보 그리고 투자자들에게 이윤을 돌려주는 것을 의미한다(허그림, 2015).

유엔개발계획(UNDP)은 사회적 기업을 지역사회에 혜택을 주기 위한 명백한 목표를 갖고 시민 집단에 의해 소유되거나 운영되는 것으로 투자자들의 물질적 이해가 제약을 받으며 재화와 서비스를 제공하는 자율적인 조직 또는 비정부, 비영리 특성을 가진 제3섹터에서 사회적, 경제적 목표를 충족시키는 조직이라고 정의하였다. 이에 따르면 사회적 기업들은 ① 지불 능력이 없는 빈곤층을 포함한 지역사회에 기본적인(사회적, 교육, 보건) 서비스에 대한 접근과 이용 기회를 제공하며, ② 지역 사회 이해관계자들의 광범한 참여로 조장되는 지역자원의 균형화된 이용에 기여하고, ③ 지역 공동체의 전략적 의사결정 자치역량을 강화시키는 포용적 거버넌스 모델의 발전에 기여한다. ④ 새로운 서비스의 제공으로 소득창출 기회에서 배제될 만한 불이익계층(소수집단, 독신여성, 장애인 등)의 노동시장 통합을 지원해 새로운 고용을 창출하며, ⑤ 지역사회의 광범위한 소유와 참여에 기초하는 사회자본 생산에 기여한다. 또한 ⑥ 지하시장 등의 비공식 경제활동을 공식시장으로 포용하고자 하며, 경제활동을 통한 명백한 사회적 목표를 추구함으로써 사회적, 경제적 개발에 기여한다(UNDP, 2008).

2) 사회적 기업의 유형

사회적 기업의 유형에는 협동조합형 사회적 기업과 시장기반형 사회적 기업이 있다. 협동조합형 사회적 기업은 비영리조직의 경제적 가치 창출과 조직의 재정안정화에 대한 요구로 인해 보다 효율적이고 경제적인 조직 운영 속에서 경제적 이익을 추구한다. 동시에 비영리조직으로서의 정체성을 상실하지 않도록 하는 자기 규제와 규율 속에서 사회적 기업의 모델을 발전시켜 나가는 형태로 사회적 지속가능성 유지에 중점을 둔다. 반면, 시장기반형 사회적 기업은 혁신적이고 창의적인 접근 능력을 가진 사회적 기업가가 비영리조직에도 필요하다는 관점으로 일반 기업의 기업가가 사회적 목적을 추구하면서 경제적 가치를 창출하는 유형이다(양세진, 2011).

협동조합형 사회적 기업은 가입과 탈퇴가 자유로우며 최소한의 가입비와 출자금을 의무로 한다. 조합원의 출자한도가 제한되며 투표권은 공정하게 조합의 구성원 당 1인 1표를 행사하는 것으로 되어 있다. 시장기반형 사회적 기업은 가입과 탈퇴가 자유롭지 않으며 폐쇄적이다. 개인 출자는 제한이 없으나 조합이용과 출자는 연계된다. 투표권은 주식수에 비례하여 1주 1표를 행사할 수 있다(양세진 · 이명석, 2007).

3) 한국 사회적 기업의 국제개발협력

민간에서는 2000년대 초부터 공정무역을 시작으로 다양한 형태의 국제개발협력을 수행하기 시작하였고 이는 이후 KOICA를 중심으로 사회적 기업을 활용한 국제개발협력 사업으로 발전하였다. 국내에서 시행하고 있는 사회적 기업을 활용한 국제개발협력 사업은 사업주체와 사업지역에 따라 국제개발형 사회적 기업 지원 및 발굴 사업, 해외 사회적 기업 창업 및 지원 사업, 대학의 국제개발협력 참여 사업 등으로 분류할 수 있다(김동욱, 2016). 첫째, 국제개발형 사회적 기업 지원 및 발굴 사업이란 국내에서 사업을 시작하였지만 사업 범위를 국내에 한정 짓지 않고 국제개발협력 관련 사업을 시행하고 있는 사회적 기업을 지원하고 발굴하는 사업이다. KOICA 개발도상국의 사회문제 해결에 기여할 수 있는 아이디어 발굴, 시제품 제작, 실용화와 사업화를 지원하는 혁신 유도형 프로그램인 '혁신기술 기반의 창의적 가치 창출 프로그램' 등으로 시행되고 있다.

둘째, 해외 사회적 기업 창업 및 지원 사업은 개발도상국에서 직접 문제를 발견하고 이를 비즈니스적 관점으로 해결하기 위해 현지에서 사회적 기업을 창업하거나 사업을 하고 있는 사회적 기업을 지원하는 사업을 말한다. 2015년 '함께 일하는 재단'과 함께 개발도상국의 빈곤친화적 민간부문 활성화를 위한 포용적 비즈니스 모델 구축 차원에서, 현재 개발도상국에서 활동 중인 사회적 기업을 대상으로 현지에 안정적으로 정착

할 수 있도록 관리・운영・평가하는 '지구촌 사회적 기업 육성 사업'을 시행하고 있다.

셋째, 대학의 사회적 책임(University Social Responsibility: USR)을 실행할 하나의 방법론으로 국제개발협력 차원에서 사회적 기업을 활용하는 경우이다. 국내대학의 국제개발협력의 참여는 KOICA, 대외경제협력기금, 교육부 등의 지원 하에 프로젝트, 개발 컨설팅, 초청연수, 장학지원, 봉사단 파견 등으로 구성되어 있으며 2014년까지 총 593건의 사업이 진행되었다.

〈표 7-5〉 협동조합과 사회적 기업 관련 사업(KOICA)

YMCA, 경희대학교	동티모르 커피공정무역 자립화를 통한 빈곤 퇴치 모델구축, 생산자협동조합, 사회적 기업, 청년참여 통합적 방식
Fair Trade, 성공회대학교	네팔 카트만두 사회적 기업 활성화지원 사업, 공정무역/공정 관광역량 증진을 위한 사회적 기업지원센터 설립
성공회대학교	인도네시아 족자 지역 대안적 개발협력 지속가능공동체 지도자 교육훈련 사업
부경대학교	라오스 루앙프라방주 꼭응이우 마을의 커뮤니티 비즈니스 토대구축 지원사업
한신대학교	필리핀 불라칸주 타워빌 이주민 지역 사회적 기업 설립을 통한 빈곤퇴치 및 지속가능한 지역공동체 만들기 사업

출처: 손혁상 외(2013). p. 103.

8

CHAPTER 08

NGO와 국제사회복지

08 NGO와 국제사회복지

1 NGO에 대한 이해

1) NGO의 개념

NGO(Non-Governmental Organization)는 어떤 특정한 목적이나 임무를 수행하는데 뜻을 같이하는 사람들이 자발성을 바탕으로 만든 비영리·비정부 민간단체를 의미한다. NGO라는 명칭은 1949년 UN에서 사용하기 시작한 것으로 국제사회에서 '비정부 민간단체'를 칭하는 보편적인 용어로 통용된다.

OECD에서는 영리추구기관, 재단, 교육기관, 종교단체, 의료기관, 조합, 전문직기관 등을 포함하여 광의적으로 정의하고 있으며, 세계은행에서는 NGO를 사람들의 고통 경감, 빈민들의 권익증진, 환경보호, 기초적인 사회 서비스의 제공과 지역사회의 발전 등의 활동을 추구하는 민간단체로 정의하였다. NGO는 공익의 증진과 보호를 목적으로 회원의 자격이 누구에게나 개방되어 있으며, 지속적으로 존속하는 단체로 정의할 수 있다.

Kendall과 Knapp(1995)은 NGO로서의 성격을 규정하기 위해 ① 일회성 캠페인에 그치지 않고 지속적인 활동을 해야 하며, ② 의사결정의 자율성을 가져야 하며 ③정부 내지 정치적 영향으로부터 독립되어 왔으며, ④ 이윤을 추구하지 않아야 한다고 했다. Salamon(2000)은 NGO를 비영리조직으로서 ① 비정부조직일 것, ② 공식적인 조직일 것, ③ 이익분배를 하지 않는 조직일 것, ④ 자치적인 조직일 것, ⑤ 공공의 이익을 추구하는 조직일 것, ⑥ 자발적인 참가·자발적 기부를 포함하는 활동일 것 등으로 제시하였다.

한편, NGO 목록이 작성되는 국제적 관행의 기준으로 첫째, 비영리적 특성을 들 수 있다. 즉 영리활동을 하는 기업과 산업체는 NGO에 해당되지 않지만 기업과 산업의 집합적 이해증진을 위해 로비 활동을 하는 기업연합, 산업 연맹 등에 대해 UN 기구들과 유럽평의회(Council of Europe)는 '정당한 NGO'로 인정한다. 둘째, 폭력에 가담하거나 정치적 전술로 폭력을 조장하는 활동을 하는 조직들은 NGO로 인정받지 못한다. 셋째, 기존의 정부를 대체하고 정권을 쟁취하는 목적을 가진 정당이나 다른 정치단체들이 제외되며, 넷째, 국제기관들은 자신들의 이해를 충족시켜 주거나 활동에 도움을 주는 조직들을 NGO로 인정하는 경향이 있다(최승진, 2013 재인용).

NGO 이외에 시민사회에서 활동하는 단체를 가리키는 용어로 NPO(nonprofit organization), 제3섹터, CSO(civil society organization), VO(voluntary organization), 민간단체, 사회단체, 시민단체, 민중단체, 관변단체, 이익집단 등이 있다. 이는 단체의 목적과 활동 영역 등에 따라 분류되었을 뿐, 서로 교환 가능한 용어이며 서로를 배제하지 않는 개념이기도 하다(김미경, 2008).

2) NGO의 유형

Borden(1990)은 NGO를 활동성격에 따라 ① 개발이 경제와 사회에 미치는 영향에 대해 정부 및 다른 NGO에게 상담 기능을 하는 '자문NGO', ② 구호사업을 전개하는 '복지NGO', ③ 인권, 환경, 주민권, 세입권 등의 보호활동을 전개하는 '옹호NGO', ④

제3세계 국가들에게 교육을 비롯한 여러 활동을 전개하는 '개발NGO'로 분류한다. 이 경우 '개발NGO'의 역할은 우선 식수의 안정적인 공급과 산아제한 및 문맹의 퇴치 그리고 소득증대사업지도 등을 지원하는 개발협력 사업을 수행하고, 두 번째로 개발협력 사업을 통해 빈곤층을 조직하여 스스로 개발의 우선순위를 결정할 수 있는 자조능력을 배양시키고, 끝으로 빈곤층의 권익옹호와 지도력·관리력 제고를 위해 그들을 교육하는 것이다(조효제, 2000).

Gidron, Kramer와 Salamon(1992)은 재정부담, 공공서비스 공급 주체를 기준으로 정부와 NGO의 관계를 4가지 유형으로 구분한 바 있다(김수진, 2008 재인용). 정부와 NGO의 관계는 서비스에 필요한 재정과 서비스공급 모두를 정부가 담당하는 정부주도형과 NGO가 담당하는 NGO주도형의 양 극단 사이에 이원형과 협동형이 존재한다. 이원형은 재정과 서비스를 각각의 주체가 별개로 독립하여 공급하는 것으로, 정부가 제공하는 것과 동일한 서비스를 NGO가 정부의 손이 미치지 않는 대상에게 제공하는 보충적(supplement) 관계와 같은 대상에게 정부가 제공하지 못하거나 충족시키지 못한 서비스를 NGO가 대신 제공하는 보완적(complement) 관계로 나눌 수 있다. 협동형은 서비스공급에 필요한 재정을 정부가 부담하고, NGO는 이러한 재정지원을 바탕으로 직접 서비스를 공급하는 형태이다. 협동형 역시 두 가지 모형으로 세분할 수 있는데 NGO들이 재량권이나 협상능력을 갖지 못한 채 정부의 재원을 통해 서비스 공급을 대행하는데 그치는 '협조적 대행자' 모형과 프로그램 관리나 개발에 있어 NGO가 상당한 정도의 재량권을 갖는 '협조적 동반자' 모형이다.

〈표 8-1〉 Gidron 외(1992)의 정부-NGO유형

구분	유형					
모형	정부주도형	이원형		협동형		NGO주도형
		보충형	보완형	대행형	동반형	
재정	정부	정부 / NGO		정부		NGO
서비스공급	정부	정부 / NGO		NGO		NGO

출처: 김수진(2008). 재인용.

다음으로 Coston(1998)은 제도적 다원주의(Institutional Pluralism)의 입장에서 정부와 NGO와의 관계를 다양한 유형으로 설명하고 있다. 즉 제도적 다원주의에 대한 정부의 수용이냐 아니면 거부냐, 정부-NGO 관계가 공식화되어 있느냐 아니면 비공식화되어 있느냐, 정부-NGO 관계가 대칭적이냐 아니면 비대칭적이냐에 따라 아래와 같이 억압, 적대, 경쟁, 계약, 제3자정부, 협력, 보완, 공조의 8가지 유형으로 제시한다(강동훈, 2004 재인용).

〈표 8-2〉 Coston(1998)의 정부-NGO유형

제도적 다원주의의 거부			제도적 다원주의의 수용				
←		→	←				→
억압	적대	경쟁	계약	제3자 정부	협력	보완	공조
	←			→	←		→
공식 및 비공식		비공식		공식	비공식		공식
비대칭적 권력관계							대칭적 권력관계

출처: 강동훈(2004). 재인용.

제도적 다원주의에 대한 정부의 정책이 거부인 경우, 세 가지 유형인 억압, 적대, 경쟁으로 나타나고 제도적 다원주의에 대한 정부의 정책이 수용인 경우 다섯 가지 유형인 계약, 제3자 정부, 협력, 보완, 공조로 나뉜다. 가장 적극적인 거부가 '억압', 가장 적극적인 수용이 '공조'로 볼 수 있다. 권력관계에서 왼편으로 이동할수록 정부주도

의 일방적인 비대칭적인 권력행사가 커지며, 오른편으로 이동할수록 NGO와 비교우위의 수준에 따라 대칭적인 권력관계를 보여 준다. '공식' 혹은 '비공식' 측면에서는 가장 뚜렷한 '공식'은 '공조'이며 나머지는 '비공식'이거나 '공식 및 비공식'으로 구분할 수 있다. 뚜렷한 '비공식' 모델로는 경쟁형과 협력형으로 정부가 법률, 제도 등으로 공식화된 관계를 갖기보다는 관행 또는 일시적 필요에 따라 수시로 경쟁하거나 협력하는 형태라고 볼 수 있다.

3) NGO의 특성

일반적으로 국·내외 NGO 단체들이 가져야 하는 특성들은 다음과 같다(방은진, 2015). 첫째, 자율성으로, NGO는 정부, 후원기업, 기부기관들로부터 독립적이어야 한다. 전문화된 기술과 지식으로 자율성과 정치적 영향력을 넓혀야 특성화된 정책을 만드는데 뒷받침할 수 있다. 따라서 자율성에 대한 조직의 분명한 자각과 정체성, 재정지원의 다각화가 요구된다. 둘째, 신뢰성으로, NGO는 1990년대 이후 비약적인 발전으로 시민사회에서의 신뢰성을 구축함으로써 인권, 환경, 세계은행, 기업의 잘못, 정부의 각종 정책 등에 대한 감시기구의 역할을 담당해 왔다. 셋째, 비정부성으로, 정부중심이 아닌 시민들의 자발적인 노력에 의해 순수한 민간단체로 발전해 왔다는 점에서 NGO는 공공기관에 의해 통제받지 않는다. 넷째, 공공성으로, NGO는 공익을 실현하기 위해 형성된 단체로서 공익에 기여하는 것을 주목적으로 하는 활동을 한다. 이러한 점에서는 공공조직과 같은 성격을 갖고 있다고 할 수 있다. 다섯째, 자발성으로, NGO는 시민의 자발성을 활동의 원동력으로 하여 독립적이고 자주적으로 활동한다. 여섯째, 비영리성으로서, NGO는 단체의 자체적인 영리를 추구해서는 안 되며 NGO들이 자체 수익사업을 하는 경우에도 영리를 주목적으로 해서는 안 된다. NGO가 재정수입을 지나치게 수익사업에 의존하는 것은 자기정체성을 약화시킬 수 있는 위험이 따른다. 일곱째, 비당파성으로서, NGO는 특정 정치인이나 정당 혹은 정치집단을 위해 활동하는 것이 아닌 시민사회를 위해 활동하는 것이어야 한다. NGO가 편향적인 정치성향을 가질 경우 그 정체성을 잃게 될 것이므로 중립적인 위치를 지키려는 노력이 필요하다.

2 개발NGO

1) 개발NGO의 개념

개발NGO(Development NGO)는 다양한 NGO의 분야 중에서 인간의 기본적인 삶에 대한 요구에 관심을 가지고 문제해결 또는 개선을 위하여 활동하는 NGO로 국가에 의해 이행되는 공적개발원조에 대응되는, 정부나 정부 간 협정으로 설립된 것이 아닌 민간기구에 의해 이루어지는 사적 원조기관이라고 할 수 있다(방은진, 2015). 이러한 개발원조를 민간개발원조라 하고 담당 사업을 수행하는 민간기구를 일반적으로 개발NGO라 칭한다(강동훈, 2004). 특히 제3세계 등 빈곤국가 또는 저개발국가에 대하여 긴급구호 및 생활환경개선, 지역사회를 위한 개발협력 사업에 참여하는 민간단체이다(김수진, 2008).

개발NGO는 나라마다 다른 이름으로 통용되지만 민간 또는 민간단체에 의한 수원국 시민을 직접 대상으로 한 개발원조라는 점에서 그 기능들이 같다. 한편으로 개발NGO는 인도주의적 차원의 비영리사업(원조)을 수행한다는 측면에서 민간기업에 의한 경제실리위주의 경제협력(투자)과 구별된다.

Condamines(1988)는 개발NGO를 다음과 같이 정의하고 있다(강동훈, 2004 재인용). 첫째, 비영리 목적을 가지고, 둘째, 국제적 활동을 하며 특히 남북문제, 즉 북반구에 위치한 선진국과 적도 및 남반구에 위치한 저개발국가 사이의 발전과 소득격차에서 생기는 국제정치・경제의 구조적 문제에 관련된 활동을 하여야 한다. 셋째, 사적 조직이고, 비정부적 조직이다. 따라서 비정치성을 띠어야 한다. 개발NGO는 비영리적 목적에서 설립되기 때문에 개발도상국에서 활동하고 있는 기업과는 구별되며, 상설적 조직을 가지고 있기 때문에 일시적으로 조직이 결성되는 비공식적 그룹과는 다르다. 또한 사적주도로 설립되므로 비정부적 성격을 가진다. 개발NGO는 세계경제가 상호의존하고 있다는 상호의존론에 근거하여 사회적 연대성을 실현할 목적을 가지며 개발문제 해결에 선진국과 개발도상국의 상호노력을 이끌어 내기 위해 노력한다.

2) 개발NGO의 유형

개발NGO의 형태는 활동영역, 활동성격, 세대에 따라 분류될 수 있다. Clark(1991)는 개발NGO를 그 활동영역에 따라 ① 재난발생과 같은 긴급상황시 필요한 서비스를 제공하는 구호복지단체, ② 개발문제에 대해 새로운 접근방식을 모색하는 기술혁신단체, ③ 정부의 공적원조를 집행하는 사업집행단체, ④ 제3세계의 개발을 돕는 선진국의 공공개발단체, ⑤ 자국의 개발을 위해 활동하는 개도국의 풀뿌리개발단체, ⑥ 개발에 대한 교육과 로비활동을 하는 옹호단체 등 6개의 범주로 나누고 있다(김수진, 2008 재인용).

Korten(1987)은 개발NGO를 세대적으로 분류하였는데, 먼저 제1세대는 자연재난, 전쟁, 긴급사태 등에 대한 '구호 및 복지활동'을 하는 단계이며, 인도적 차원에서 제3세계 국가들에서 부족한 재화와 서비스를 제공하는 형태로 나타난다. 제2세대의 경우 지역공동체의 개발을 꾀하고 자조능력을 확대하는 활동을 하는 단계로 '지역공동체의 자립적 개발도모'로 정의할 수 있다. 미개발된 지역을 대상으로 개발활동을 하며, 이를 위해 지역공동체를 동원하여 함께 활동한다. 제3세대는 '지속가능한 시스템 개발'을 목표로 삼고 활동하는 단계로, 제2세대의 활동을 지역을 넘어 국가차원으로 발전시키려고 노력한다. 마지막으로 제4세대는 대안적 개발로 국가를 넘어 전 지구적 차원의 노력을 지향한다. 제4세대 NGO는 풀뿌리 시민지원의 지향을 주요 전략으로 삼고 있다. 개발NGO가 역사적으로 제1세대에서부터 제4세대에 이르기까지 발전하는 양상을 보이기는 하지만 여러 세대의 특징들이 동시에 나타나는 등 세대를 걸쳐서 활동하는 경우가 많다(김솔나, 2009 재인용).

김혁래(1997)는 개발NGO의 성격을 활동기능, 활동형태 등에 따라 다음과 같이 분류하였다. 첫째, 혜택받지 못한 사람들에 대한 상담·복지 기능, 특정 사업목적이나 프로젝트를 수행하거나 자발적 사회봉사를 수행하는 개발기능, 개별 시민들의 자유신장과 권한부여 및 기술적·재정적 보조를 통한 자족능력 배양기능, 사회변화를 위한 교육을 담당하거나 이를 향한 대변자적 역할을 수행하는 교육기능 등 활동기능에 따라 분류할 수 있다. 둘째, 활동형태에 따라 개도국에서 직접 활동하는 단체와 이들을 도와주는 간접지원단체로도 나눌 수 있다. 간접지원단체로 전문적인 자원봉사자를 파견하는 활동을 하는 NGO 또는 자금만 지원하는 NGO 등이 있다.

3) 개발NGO 조직

1950년 한국전쟁으로 유니세프, 적십자사 같은 국제기구들을 비롯하여 수많은 외국원조단체, 즉 국제개발 NGO로 불릴 수 있는 민간단체들이 들어왔다. 이들 대부분은 한국경제가 자립기에 접어드는 70년대 말에서 80년대 초에 한국에서 철수하였지만 남아있던 국제개발 NGO들도 있는데 월드비전, Save the children, 기독교아동복리회(CCF), 국제기아대책기구, 유니세프 등이 대표적인 기구들이다. 순수한 한국적 개발NGO로 시작한 것은 굿네이버스, 세계선린회 등이며 이후 1991년에 이르러 창립된 한국이웃사랑회와 Joint Together Society, Global Care 등이 있다. 한국의 국제개발NGO들이 국내 구호사업에서 해외원조사업으로 전환한 큰 계기가 되는 사건은 1994년 르완다 민족 분규로 발생한 르완다 난민 사태로서 이때 한국이웃사랑회와 국제 기아대책기구, 월드비전이 현지 UN난민고등판무관사무소와 함께 협력하였다. 한편, 1991년

KOICA가 설립되어 1995년부터 NGO의 국제사업을 지원하기 시작하면서 본격적으로 국제사업에 뛰어들었다고 볼 수 있다. 다음의 국·내외 개발NGO들은 각 단체의 특성에 따라 다양한 활동들을 펼치고 있다(김준식, 2010; 노장우, 2008; 최승진, 2013; 한나, 2010).

(1) CARE

CARE(Cooperative for Assistance and Relief Everywhere)는 세계에서 가장 큰 개발NGO 중 하나로 1945년 22개의 미국 단체들이 제2차 세계대전 후 유럽의 친지에게 소포를 보내는 운동으로부터 시작된 단체이다. 처음에는 유럽을 중심으로 시작했지만, 차차 아시아와 다른 개발도상국으로 옮겨 갔다. CARE의 국제적 임무는 전세계의 현장에서 경험했던 집행활동을 바탕으로 혁신적인 해결방안을 모색하고, 자신들의 후원자와 정책 결정자들을 대상으로 개발과 구호에 대한 교육과 로비활동을 벌인다. CARE는 자조 능력의 강화, 경제기회의 제공, 긴급사태의 구조, 정책결정과정에서 영향력 행사, 제 분야의 차별적인 문제의 해결이라는 목표를 지속적으로 추구한다.

CARE가 추진하고 있는 개발원조 프로그램은 첫째, 교육프로그램으로 문맹퇴치, 수리적 지식, 소녀의 학교 출석률 제고, 학교 수업료를 위한 장려금 제공이 있다. 둘째, 긴급구호와 복구를 위한 프로그램을 통해 식량, 식수, 대피소, 보건 등을 자연재해나 군사적 분쟁지역에 제공하고 긴급사태에 대비할 수 있도록 돕는다. 셋째, 안전한 식량확보(Food Security) 프로그램을 추진하고 있다. 넷째, 건강과 인구에 관한 프로그램을 통해 가족계획 서비스를 제공하고 AIDS에 대한 인식과 예방을 촉구하고 아이들의 질병을 예방하며 영양상태를 개선한다. 다섯째, 경제개발 프로그램을 통해 사람들의 창업을 돕고 농가의 소득을 증대하며 환경보호를 장려하고 있다.

(2) 월드비전

월드비전은 한국의 고아와 미망인을 돕기 위해 1950년 한국에서 처음 설립된 단체로 현재 전세계 100여 개국에서 1억 명의 수혜자들을 대상으로 긴급구호, 지역개발 사업을 펼치는 국제적 개발NGO이다. 1980년대부터 점차 아동을 위한 사업에 관심을 기울이기 시작하여 세계기아문제, 아동노동력 착취문제, 지역갈등 문제들의 해결을 위해 기존의 국제기구들과 연계하여 활약하였다(이종무 외, 2008). 국제조직이니 만큼 긴급구호 현장에서는 본부의 계획과 지시에 따라 각국 지부가 체계적이고 조직적으로 움직여 효과적인 활동을 하고 있으며 높은 수준의 활동지침과 행동강령 등이 잘 갖추어져 있어 다른 단체의 역량 강화에도 도움을 주고 있다. 비디오나 책 발간을 통해 우리나라 기부문화를 한층 끌어올리는 역할을 하였으며, 학생, 시민 등을 대상으로 세계시민교육과 개발협력에 대한 인지 교육 프로그램을 실시하고 있다. 2010년 전세계 100여 개 국에서 4만여 명의 직원들이 활동하고 있으며 월드비전 인터내셔널의 회원국으로서 'UN경제사회이사회'로부터 NGO 최상위 지위인 포괄적 협의지위(General Consultative Status)를 부여받기도 하였다. 국내복지사업, 해외사업, 북한 돕기 사업을 수행하고 있으며 해외사업은 지역개발사업, 에이즈예방사업, 아동보호사업, 교육환경개선사업, 소득증대사업 등을 하고 있다.

(3) 굿네이버스

기독교정신에 입각하여 국내외 빈곤문제를 조사, 연구하고 복지증진을 목적으로 설립된 굿네이버스는 무엇보다 한국인에 의해 설립된 첫 개발NGO로서 사업을 실시했다는 점에서 의의를 찾을 수 있다. 1991년 3월 방글라데시 구호, 개발사업 지원을 시작으로 가난하고 소외된 지구촌 이웃들의 문제에 관심을 가지며 이를 전문적으로 해결해야 한다는 사회적 요청에 부응하기 위해 활동을 개시하였다. 1993년 소말리아 난민구호, 1994년 르완다 난민구호 시에는 현지에서 UN난민고등판무관사무소에 NGO로서 등록하고 긴급의료봉사와 2년에 걸친 상설사무소를 운영하여 난민 자립 활동을 지원하였다. 이것이 계기가 되어 1996년에는 국내 최초로 UN경제사회이사회로부터 NGO 최상위 지위인 포괄적 협의 지위를 부여받았다.

1995년 미국에 현지법인 등록을 하고 북한 신의주에서 급식사업을 시작함으로써 북한 돕기 사업에도 진출하였고 젖소보내기, 양계장사업 등을 하였으며, 1997년 에티오피아, 1998년 타지키스탄 등에 현지법인 등록을 하여 사업을 시행하였다. 1999년 코소보 난민, 터키 지진 참사에 긴급의료봉사단 파견, 2000년 르완다 현지 법인등록 등 한국 자생단체로서 획기적인 활동을 하였다. 굿네이버스는 국내전문복지사업을 수행하는 '사회복지법인 굿네이버스'와 해외구호개발사업과 대북지원사업을 수행하는 '사단법인 굿네이버스 인터내셔날'로 운영되고 있다. 해외구호개발사업으로 아동개발사업, 보건의료사업, 지역개발사업, 사회교육사업의 네 가지 분야에서 총 23개국, 132개 사업장을 운영하고 있으며 해외 펀딩을 위해 미국과 일본에 법인을 운영하고 있다.

(4) 지구촌 나눔운동

지구촌 나눔운동은 지구촌의 가난한 이웃을 돕고 시민사회의 발전을 도모함으로써 지속가능한 개발을 실현하여 인간과 자연이 공존하는 지구촌 건설에 기여하고자 하는 목표로 출발하였다. 기독교를 배경으로 하고 있으나 단체의 성격을 기독교 활동에 국한하지 않는다는 점에서 순수한 의미의 자생 개발NGO라고 할 수 있다. 저개발국가와의 개발협력사업, 시민사회의 발전지원, 자활사업, 지구공동체 의식의 확산, 연구와 정책 캠페인 활동 등을 위한 조직화 사업을 전개하고 있다. 해외지부로 베트남지부, 몽골지부, 중국지부, 이라크지부 등을 두고 있으며 활동기구로 지구촌 시민학교와 지구촌대학생 연합회, 사업본부단위로 외지지원보조사업부, 몽골사업부 등을 두고 있다. 해외지부의 경우 우리나라에서 파견된 담당인력들이 있고, 현지인도 채용하고 있다. 지구촌 나눔운동의 수입은 보조금이 30%, 단체후원금 29%, 기업후원금 19%로 그 외에 회비 및 후원금과 사업수입, 기타수입 등이 있다. 이러한 수입의 84%가 사업비로 지출되며 나머지 16%는 관리비와 인건비로 지출되고 있다.

(5) KOICA

한국국제협력단(Korea International Cooperation Agency: KOICA)은 1991년 4월 정부출연기관으로 설립되어 정부차원의 대외사무협력사업을 전담 실시해온 기관이다. 단순한 경제협력사업뿐만 아니라 개발도상국과의 문화, 사회적 상호교류를 통한 경제발전을 지원하는데 주요 목적을 두고 활동한다. 개발NGO에 대한 정부의 재정지원은 KOICA의 예산과 일치한다. KOICA의 NGO 심사위원회는 제한된 예산을 개발NGO에 공평하게 지원하기 위해 개발원조사업 경험과 체제를 갖춘 KOICA에 등록된 개발NGO의 3년 이상의 개발원조사업 실적과 연간 1억 원 이상의 사업비 규모 등 사업계획서를 접수하여, 사업지역, 이전 사업의 성과, NGO의 역량 등의 사항을 고려하여 지원대상사업을 선정한다.

1995년의 623,533달러를 시작으로 1997년까지는 비교적 꾸준하게 여러 국제개발NGO들에 사업비가 지원되었다. 1998년부터 2000년까지 지원금이 감소했는데 이는 1997년 IMF구제금융 사태로 인한 정부의 긴축재정의 일환에 기인한 것으로 보고 있다. 2003년 650만 달러 이상이 지원금에 투입되어 깜짝 증가세를 보였고 이후 사업비 지원금이 꾸준히 증가하여 2011년부터 1200만 달러, 2012년 2300만 달러, 2013년 2700만 달러의 사업비가 지원되었다(양동휘, 2013).

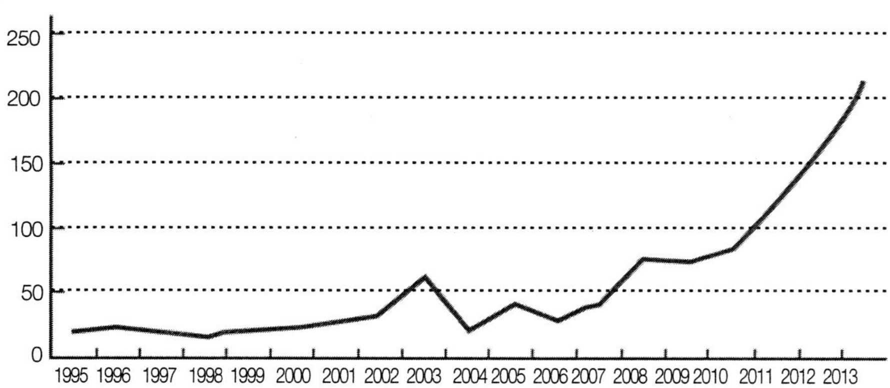

[그림 8-1] KOICA 지원 신규 사업의 수

출처: KOICA 통계.

CHAPTER 09

난민과 국제사회복지

09 난민과 국제사회복지

최근 시리아 내전으로 발생한 난민의 주변국 유입에 따라 난민문제가 주변 국가인 유럽뿐만 아니라 국제사회의 커다란 이슈로 대두되고 있다. 국제사회의 난민문제는 어제 오늘의 문제가 아니다. 21세기에 진입하여 국제사회의 예상과는 달리 오늘날 난민의 숫자는 급격한 증가세를 보이고 있다. 2015년 시리아 사태와 지중해의 보트피플 등 난민들의 참상이 나날이 각종 영상매체를 통해 전달되고 있다. 실제로 유럽 각국의 국경으로 몰려드는 난민들은 저마다의 고통스러운 여정을 뒤로한 채 마지막 희망의 불씨를 살리고자 문을 두드리고 있다. 이와 같은 난민의 수는 기하급수적이라고 볼 수 있을 정도로 가파르게 증가하고 있으며 유럽 연합(EU)은 대책마련에 부심하고 있다. 이와 같이 난민의 문제는 더 이상 '먼 나라 이야기'가 아닌 인류 모두의 시급한 과제로 급부상하고 있다(박순용, 2015).

유엔난민기구(UNHCR)에 따르면 2015년 6월 현재 세계 난민 수는 6000만 명으로 이들 모두 전쟁과 테러 그리고 정치적 박해를 피해 살던 곳을 떠난 사람들이다. 2015년 시리아와 북아프리카로부터 유럽으로 건너온 난민의 수만도 100만 명이 넘는다. 그리고 이들 중 절반은 18세 미만 아동들이다. 오늘날 지구촌을 떠도는 난민문제는 인권, 복지, 환경 등과 더불어 국제정치의 주요 관심사가 되고 있다. 해가 거듭될수록 세계 곳곳이 매년 늘어나는 난민문제로 골치를 앓고 있다. 특히 최근 중동 시리아에서 전쟁을 피해 탈출하는 난민의 행렬이 이를 잘 말해 주고 있다(이만종, 2016).

이러한 세계적인 난민 증가 추세와 함께 우리나라에서도 최근에 국내 체류 난민 및 난민신청자가 많아지고 있어, 인도적 차원에서 이들에 대한 우리나라의 적극적인 포용 정책, 특히 난민인정 비율을 제고해야 한다는 주장과 최근 유럽에서 발생한 난민으로 인한 안보문제나 경제문제 등에 대한 논란이 부각되고 있는 점 등을 고려하여 난민인정 비율 제고에 신중해야 한다는 주장 등이 팽팽하게 대립하고 있다(오태곤, 2016). 이러한 문제 인식하에 본 장에서는 난민의 일반적 이해를 중심으로 난민의 보호와 새로운 유형의 난민, 난민문제 해결을 위한 국제기구의 현황과 역할, 향후 국제사회와 한국의 과제에 대해 살펴보고, 한국의 난민지원 문제점을 살펴보고자 한다.

1 난민의 일반적 이해

난민의 개념적 정의는 역사적 상황을 반영하고, 그 실질적 내용도 그에 맞게 변화해 왔다. 난민의 현대적 개념이 존재하기 이전에도 전쟁과 폭력, 기근과 자연재해 등의 이유로 고향을 떠나 새로운 곳에서 피난처를 구해야 했던 사례는 인류의 역사와 함께 계속 반복되었다. 특히 냉전시기에 난민들은 '걸어 다니는 투표자'로 인식되기도 하였으며, 체제경쟁에서 '승리의 상징'으로 여겨지기도 하였다.

난민의 개념은 1951년 난민지위에 관한 협약(Convention relating to the Status of Refugee, 이하 난민협약) 제1조 A(2)에 정의하고 있다. 다만 한국 난민법상의 정의와 관련하여 원문을 해석하는 과정에서 약간의 차이가 있으므로 이를 명확히 할 필요가 있다. 이러한 관점에서 국제난민협약상의 개념과 한국난민법상의 개념을 간략하게 살펴보기로 한다.

1) 난민협약상의 정의

난민(refugee, 難民)의 정의에 관해서는 각기 상이한 해석이 가해지고 있고 난민의 지위를 결정하는 문제는 매우 어려운 문제로서 난민의 지위에 정치적·법적·사회적 정의 간에는 의견의 합치가 이루어지고 있지 않다. 이렇듯 난민이라는 용어는 일반적으로 통용될 수 있는 개념으로 구성하기가 쉽지 않지만(고문현, 2011), 일반적 정의에서 난민은 생활이 곤궁한 궁민(窮民), 전쟁이나 천재지변으로 곤궁에 빠진 이재민(罹災民)을 말한다. 그러나 최근에는 주로 인종적, 사상적 원인과 관련된 정치적 이유에 의한 집단적 망명자를 난민이라 일컫고 있다(장훈태, 2016). 이호택과 조명숙(2010)은 난민을 "자신의 의지와 상관없이 박해를 받아 고국을 떠난 사람들과 강제적 이주자들을 의미한다"고 말한다. 그러므로 난민은 정치적, 육체적인 삶의 터전을 고향에서 잃어버리고 다시 고향으로 돌아갈 수 없는 자들이라 할 수 있다.

제2차 세계대전 이후 난민에 대한 법적인 정의는 1951년「난민의 지위에 관한 협약」과 1967년「난민의 지위에 관한 의정서」의 규정이 현재까지 적용되고 있는데, 비록 제반 상황들이 변함에 따라 개념정의도 변했지만, 1951년「난민의 지위에 관한 협약」상의 정의가 오늘날 난민의 지위를 결정하는데 있어서 가장 일반적으로 사용되고 있다. 즉, 1951년「난민의 지위에 관한 협약」제1조 A(2)에 의하면 난민이라 함은 "1951년 1월 1일 이전에 발생한 사건의 결과로서, 또한 인종, 종교, 국적, 특정의 사회적 그룹에 속했다는 것 혹은 정치적 의견 때문에 박해를 받거나 그러할 우려가 있다는 충분한 근거가 있는 공포(well-founded fear of being persecuted)가 있기 때문에 국적국의 보호 밖에 있으며 국적국의 보호를 받을 수 없는, 혹은 위와 같은 이유로 인해 국적을 상실하여 국적국이나 과거 거주국으로 돌아가는 것이 불가능하거나 돌아가기를 원치 않는 사람"으로 정의하고 있다(고문헌, 2011). 이상과 같은 난민의 정의에서 다음과 같은 난민 인정 요건을 확인할 수 있다.

첫째, 박해(Persecution)를 받을 우려가 있다는 충분한 이유가 있는 공포가 있어야 한다. 이는 난민의 성격을 결정짓는 핵심적 요소로 이때의 '공포'란 주관적 개념으로 난민 신청인의 진술에 대한 평가를 의미하며, '충분한 이유가 있는 공포'란 당해인의 마음의 격정적 상태뿐 아니라 그러한 심리상태가 객관적 상황에 의하여 뒷받침되어야 함을 의미한다(이용호, 2007).

둘째, 박해의 원인으로 인정되는 사유에 해당해야 한다. 이는 "인종, 종교, 국적, 특정사회단체의 구성원, 그리고 정치적 견해" 등 5가지로, 여기서 주로 해석상 문제가 되는 것은 '특정사회단체의 구성원'이다. 이는 특정단체 자체와 그 개별 구성원들의 '특성(Characteristics)'이 중요하게 고려되는데(Guy S, Goodwin-Gill & Jane McAdam), 이에 대하여 UN난민고등판무관실(UNHCR)은 특정사회단체의 구성원 신분이 박해의 원인이 되는 사유는 특정 단체의 정부에 대한 충성도가 없다는 확신이 있거나, 혹은 그 구성원들의 정치적 외견(Outlook), 선행사건이나 경제적 행동, 혹은 그 특정단체의 존재 자체가 정부 정책에 대한 방해로 보이는 경우로 설명한다.

셋째, 국적국 또는 상주국 밖에 있는 자로 한다. 이 요건으로 인해 이에 포섭되는 난민은 그 폭이 매우 좁을 수밖에 없는데, 난민협약이 1940년대의 유럽사회를 배경으로 형성되었기에 1950년대 이후에 발생하고 있는 각종 재난에 대처할 수 없는 한계를 가지고 있다. 따라서 실제로 빈번히 발생하고 있는 가뭄, 폭우, 지진 등의 천재지변과 빈곤, 그리고 각종 전쟁(내전과 국제전)과 극심한 환경파괴 등을 이유로 피난처를 구하는 새로운 유형의 난민을 효율적으로 보호하는데 한계를 드러내고 있다.

2) 한국 난민법상의 정의

한국 난민법은 2009년 '난민 등의 지위와 처우에 관한 법률안(이하 난민법)'이 제출된 이래 2011년 12월 29일 이 법안이 국회 본회의를 통과하여 2012년 2월 10일 법률로 제정되었고, 2013년 7월 1일부터 시행되었다. 한국난민법의 시행으로 인하여 한국에서의 난민보호 문제는 진일보된 모습을 보이고 있으나 난민지위 인정의 가장 기본적 요건인 난민의 정의와 관련해서는 아직도 해석상의 쟁점요소를 가지고 있다. 그동안 한국은 1994년과 2008년에 개정된 출입국관리법을 통하여 실질적인 국내법상의 난민 수용제도를 운용하여 왔으나 매우 제한적이고 소극적인 태도를 보여 왔다. 즉, 출입국관리법에 의한 난민의 인정여부는 법무부장관의 재량으로 규정되어 있었고, 실질적으로 난민지위 신청과 난민의 권리보호 문제가 매우 복잡하고 미약한 것이었다(권한용, 2016).

새롭게 시행되는 난민법의 경우 출입국 통제 시 난민의 인권보호라는 관점에서 시작된 것이었으나 난민제도의 남용을 우려하는 법무부의 반대로 대폭 수정된 형태로 채택되었다. 그럼에도 불구하고 난민법은 그동안의 문제점을 개선하려는 노력과 함께 특히 난민법 제1조에 목적조항을 넣어 난민의 지위를 중시하는 국가안보 중심 운영에서 인간안보 중심 운영으로의 전환이라는 평가를 받고 있다. 또한 난민법 제2조 3호에서 난민의 정의와 관련해서 "인도적 체류허가를 받은 자"라는 개념을 추가함으로써 난민 인정범위를 확대하였다.

난민법은 난민의 지위인정문제가 가장 쟁점사항으로서 난민의 정의가 그 핵심이라 볼 때 그동안 난민협약 상의 정의에 의존하던 태도에서 벗어나 난민협약 상의 정의규정을 그대로 옮겨옴으로써 개념상의 명확성과 예측가능성을 가능하게 하였다. 즉 출입국관리법에 의한 난민협약상의 취지로 볼 때 난민은 난민인정 선언으로 난민이 되는 것이 아니라 체약국은 난민을 난민으로서 반드시 인정해야 한다는 것이므로 그동안의 난민인정 태도는 문제가 있었던 것이다. 한국난민법은 그동안의 이러한 비판을 수용한 것으로 보인다(오승진, 2012).

3) 난민의 유형

난민은 그 유형에 따라 난민, 국내유민, 망명신청자 등으로 분류하거나 협약상 난민, 위임 난민, 사실상의 난민, 실향민, 기타 난민, 그리고 탈출동기에 따른 난민으로 분류하기도 한다. 난민은 탈출동기에 따라 정치적 난민, 전쟁 난민, 경제적 난민, 인도적 난민 등으로 구분하는 것이 일반적이다(고기복, 2007).

첫째, 정치적 난민이란 인종, 종교, 국적, 특정사회 집단에서 소속 또는 정치적 의견을 이유로 본국에서 박해받을 우려가 있는 경우 타국으로 탈출하여 타국의 보호를 요청하는 난민을 말한다. 가장 역사적이고 원칙적인 난민의 형태라 할 수 있다. 난민의 흐름을 역사적으로 살펴보면 1960년대와 1970년대는 대체로 정치적인 이유에서 난민이 발생하였다고 볼 수 있다. 즉 냉전체제하의 이데올로기 대립으로 인한 난민 탈출이 많았으며, 사회주의 체제를 피한 난민을 위해 서방국가들은 전략적인 측면에서 원조를 하였다.

둘째, 전쟁 난민은 전쟁, 내란 또는 정치폭동이 발생한 경우 이를 피하여 타국 또는 타 지역으로 피난한 자를 말하며, 이라크의 쿠웨이트 침공 후 발생한 쿠웨이트 난민, 베트남 전쟁 당시의 난민 등이 여기에 해당한다. 이들의 대부분은 난민자격을 인정하는 데 어려움이 없다.

셋째, 경제적 난민은 경제적 궁핍 또는 곤경을 피하기 위해 생존권 확보 차원에서 타국으로 탈출한 난민을 말한다. 경제적인 절박함이 난민을 발생하게 하는 근원적인 요인 중의 하나이지만, 그 관계는 직접적이지 못하다. 보다 직접적인 원인은 경제적으로 자립할 수 없는 여건의 악화에 있다. 1950년 UNHCR 사무소규정은 "순수한 경제적 성격의 이유"는 난민의 자격요건에서 제외된다는 명시적 규정을 두고 있어, 경제적 난민을 난민으로 간주할 것인가에 대하여는 견해가 나뉜다. 즉, 전적으로 경제적 요인으로 이주한다면 그는 경제적 이주(economic immigrant)이지 난민이 아니라는 견해와 경제적 난민도 난민으로 보려는 견해로 나뉘는 것이다.

넷째, 인도적 난민은 자연재해 또는 대규모 인권 침해사태가 발생할 경우 이를 피하기 위해 타국으로 도피 또는 탈출한 난민을 말한다. 이중 대량학살 등 인권침해에 따른 난민 지위의 인정에는 어려움이 없으나, 일시적 천재지변으로 인한 인도적 난민은 1951년 난민협약 및 1967년 난민의정서상으로는 난민으로 볼 수 없다는 것이 일반적인 견해이다.

마지막으로, 비교적 최근에 제시된 환경 난민이 있다. 이는 1985년에 El-Hinnawi가 작성하여 UNEP(United Nations Environment Program)에서 발표한 보고서에서 처음 사용되었는데, 그는 환경 난민에 대해 '그들의 생존을 위태롭게 하거나 삶의 질에 심각한 영향을 미치는 현저한 환경 파괴(자연 혹은 인간에 의해 초래된)로 인해 일시적 혹은 영구적으로 전통적인 주거지에서 떠나야 하는 사람들을 말하고 이때의 환경 파괴는 일시적 혹은 영구적으로 인간의 삶에 적합하지 않도록 하는 생물학적 변화의 가능성을 수반하는 생태계의 물리적, 화학적 변화를 말한다'고 하였다.

난민의 보호에 있어 가장 중요한 권리는 '강제송환금지의 원칙(principle of non-refoulement)'이다. 강제송환이란 한 사람을 당사자의 의지와 상관없이 여러 가지 이유로 본국 또는 이전 체류지로 돌려보내는 것을 말한다. 이러한 강제송환을 금지하는 것은 난민에 대한 국제적 보호에 있어서 가장 기초적인 것이다. 「난민협약」 제33조는 "체약국은 난민을 어떠한 방법으로도 인종, 종교, 국적, 특정사회집단의 구성원 신분 또는 정치적 의견을 이유로 그 생명 또는 자유가 위협받을 우려가 있는 영역의 국경으로 추방하거나 송환하여서는 아니 된다."라고 규정하고 있다(이만종, 2016).

그러나 난민은 언제, 어디서나 또한 누구나 이러한 권리를 누릴 수 있는 것은 아니다. 예를 들어 대량의 난민이 발생하는 경우나 해당 국가의 공공질서에 심각한 위협이 초래되는 등의 특수한 경우에 이러한 권리의 일부가 제한될 수도 있다. 대규모의 난민이 발생하여 일시에 특정 국가로 유입된다면, 이들에게 수용 국가의 국민과 동일한 수준의 보호와 지원을 제공하는 것은 수용국의 경제와 사회에 대한 심각한 위협이 될 수 있다. 따라서 이러한 경우에는 난민의 이동과 일부의 권리를 제한하게 되는 것이다. 그러나 그러한 제한으로 인한 문제를 최소화하는 것이 UNHCR을 비롯한 국제기구와 각종 구호기구, 그리고 비정부기구(NGO)의 역할이라 할 수 있다.

2 난민의 발생현황

제2차 세계대전 이후 동서 냉전의 시기에 난민은 체제경쟁의 우월성을 상징하는 '걸어 다니는 투표자'였다. 탈냉전기 난민의 정치적 가치가 감소하면서 난민의 이동은 여러 이유로 주변국의 안보 불안을 확산시키는 주요요인으로 인식되고 있다. 유엔난민기구(UNHCR)보고서에 따르면 국제사회의 난민규모는 1970년대 중반 이후 상승하기 시작하여 1990년대 초반에 약 1700만 명에 도달하기도 하였는데 이후 2006년까지 하락세를 보이다가 2007년 이후 다시 상승하였다. 특히 2014년과 2015년도에 급증하여 2015년 6월 현재 약 1510만 명에 달한다. 1990년대 초반에는 아프리카 지역의 정치·군사적 혼란과 2000년대 초반에는 아프가니스탄 전쟁, 그리고 최근에는 시리아 내전 악화로 인해 대규모 난민이 발생하였으며, 2015년 6월 기준 아프리카(약 500만 명), 중동(약 477만 명), 아시아 지역(약 414만 명) 출신의 난민이 많은 비중을 차지하고 있다(이만종, 2016).

이외에도 OECD 회원국의 체류 난민 규모도 서서히 상승하다가 최근에 급증하여 2015년 6월 기준 약 357만 명에 달하고 있으나 난민발생의 근본원인인 전쟁과 분쟁이 끝나지 않는 이상 난민문제는 해결되기 어려울 전망이다. 또한 난민이 발생하지 않는 안전한 세상이 오지 않는 한, 인류의 평화와 안정은 이루어질 수 없을 것이다. 인류의 구성원 모두는 모든 인간이 인간다운 삶을 영위하려고 하기 때문에 누구나 당연히 갖는 것으로 주장되는 인권의 주체인 바, 우리는 국제적 추세에 맞춰 인권문제에 적극적으로 대처해 나가야 할 것이다.

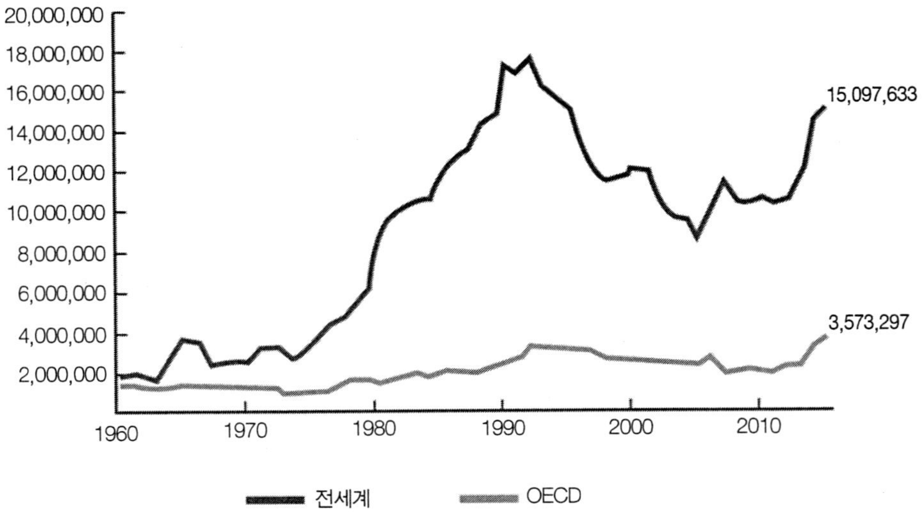

[그림 9-1] 전세계 및 OECD 체류 난민규모 추이(1960~2015. 6)(단위: 명)

출처: 이만종(2016). p. 66.

국제사회의 난민문제 해결을 위해서는 자조적이면서 포괄적이고 통합적인 접근방안이 요구된다. 유엔(UN), 각국 정부 및 국제기관은 인권을 보호하고 증진하는 방법을 검토해야 한다. 난민들은 분쟁과 갈등 지역에서 발생하고, 탈출의 직접적인 원인은 예외 없이 인권침해나 탄압에서 비롯된다. 따라서 국제적 차원에서는, 빈곤제거, 평화구축에 대한 투자, 무기감축노력, 분쟁방지, 민주주의와 인권증진, 국가책임 강조, 국제적 지원과 원조제공이 요구된다. 국내적 차원에서는, 분쟁방지, 민주주의 원칙확립, 공정한 사법 및 재판제도의 수립, 보다 높은 윤리기준의 도모 등 광범위한 활동의 수반이 요구된다.

오늘날 난민문제는 초국가적 문제로서 국가 간의 연계되지 않는 활동으로 해결될 수 없는 문제이기 때문에, 모든 국가와 지역기구에 의한 지속적인 연계가 필요하다. 난민문제의 원인과 결과를 놓고 통합적 방식으로 난민문제와 여타 과도기적 성격을 띤 문제들을 해결할 필요가 있다. 난민발생국을 포함하여 난민문제에 영향을 받는 모든 국가, 지역연합체, 유엔(UN), 개발기구, 비정부기구(NGO) 등과 다른 구호기구들이 행위자가 되어 인권침해, 탄압, 갈등, 분쟁 등과 같은 난민문제를 야기하는 모든 가능한 근본원인을 분석함으로써 해결과 예방의 포괄적인 접근이 필요하다.

〈표 9-1〉 OECD 회원국 체류 난민과 난민업무 처리 현황(2015. 6)

(단위: 명, %)

구분	체류난민	난민 신청	난민인정 비율	구분	체류난민	난민 신청	난민인정 비율
터키	1,838,848	43,646	93.4	핀란드	11,798	2,258	31.3
미국	267,222	40,963	79.3	그리스	8,231	5,470	15.8
프랑스	264,972	29,832	21.8	아일랜드	5,853	1,481	16.1
독일	250,299	159,927	45.6	스페인	5,798	6,593	13.9
캐나다	149,207	7,419	61.8	헝가리	4,192	65,413	3.5
스웨덴	142,207	25,740	30.8	체코	3,137	644	6.7
영국	117,234	15,020	31.6	일본	2,419	3,015	0
이탈리아	93,715	30,142	6.1	멕시코	2,158	1,383	30.4
네덜란드	82,494	8,695	36.1	칠레	1,798	207	41.0
스위스	69,390	11,162	28.1	뉴질랜드	1,349	180	43.4
오스트리아	60,747	27,221	0	대한민국	1,313	2,108	22.8
노르웨이	47,043	4,299	63.7	룩셈부르크	1,192	479	20.0
이스라엘	38,500	1,199	0	슬로바키아	799	72	7.1
호주	35,582	4,419	33.8	포르투칼	699	473	37.1
벨기에	31,115	8,325	53.4	슬로베니아	283	93	19.1
덴마크	17,785	4,060	69.2	에스토니아	117	96	16.9
폴란드	15,741	3,203	5.7	아이슬란드	104	83	33.3

출처: 이만종(2016). p. 67.

3 난민문제 해결을 위한 국제기구의 현황과 역할

1) 유엔난민기구(UNHCR)

유엔난민기구는 제2차 세계대전 이후 발생한 120만 명의 유럽 난민 혹은 유랑민들을 어떻게 보호하고 정착시킬 것인가를 위해 노력하였고, 1950년 설립된 유엔난민기구의 임무ㅈ와 1951년 난민협약도 이들에 대한 구호와 법적 보호에 초점을 맞추고 있다. 유엔난민기구의 역할은 다음과 같다(이신화 외, 2015).

첫째, 난민보호법을 통한 실제적 보호나 인도적 지원을 아우르는 능동적 역할을 수행하고 있다. 둘째, 전통적 의미의 협약난민뿐만 아니라 난민과 유사한 처지에 있는 다양한 유형의 난민이나 유민에 관한 보호임무와 난민해결방안을 모색하고 있다. 셋째, 난민들로 하여금 재정착 대신 본국귀환을 가장 바람직한 것으로 여기면서 새로운 대안으로 강조하기 시작하였다. 넷째, 유엔난민기구가 창설된 이후 현재까지 수천만 명의 난민들과 난민과 유사한 처지에 있는 사람들에 대한 구호활동을 하고 있다. 하지만 난민구호활동은 국제법적인 제약과 재정적 문제, 정치적 복잡성으로 활동하기가 어려운 형편이다.

2) 국제평화유지군(UNOPKO)

국제평화유지군은 난민보호의 군사적 측면에서 발칸반도, 유럽지역의 난민문제 해결을 위한 조직 중 하나로 중요한 활동을 해왔다. 국제평화유지군은 보스니아에서 그 역할이 다소 감소되긴 했지만 여전히 무기회수 및 치안 안정, 난민문제 해결과 평화구축에 기여하고 있다. 역사적으로 국제평화유지군은 코소보를 지점으로 하여 다양한 국가에서 활동하고 있다(김철민, 2012).

첫째, 1999년 6월 UN안보리에서 코소보 평화안이 통과된 이후 코소보 평화유지군으로 활동하고 있다. 이들은 코소보의 안전과 정치세력의 보호, 모든 시민들의 이동자유 그리고 민족 갈등해소라는 임무를 충실히 수행하고 있다. 둘째, 마케도니아의 UN평화 유지군, 즉 MFOR(Macedonia Force)의 활동은 마케도니아 정부 지원과 알바니아 반군의 무기 회수와 서부 마케도니아의 치안 유지에 한시적 임무를 띠고 활동하고 있다. 셋째, 국제기구(WEP)가 요르단 등 인접국에서 활동하고 있지만 재정지원이 줄어들어 고충을 겪고 있다. 터키와 요르단 정부의 도움이 절실히 필요한 상황이다. 러시아 공습으로 시리아 내의 난민 수만 해도 30만 명 이상이 되는데 이들을 돌보거나 교육을 하지 않는다면 IS로 흘러들어 갈 가능성도 있다. 시리아 난민문제는 1951년 난민 협약에 의거해 난민 지위가 인정되어야 한다. 이상에서 본 바와 같이 국제평화유지군이 코소보, 알바니아 등지의 난민보호 역할을 하면서 동시에 민족적 갈등해소를 위한 임무를 수행하고 있다.

3) 난민인권센터

난민인권센터는 국제기구는 아니지만 인권, 한국난민 실태 등 정보 및 보도자료 수록을 하면서 난민문제를 지원하는 단체로 활발하게 움직이고 있다. 비록 온라인을 통한 난민문제를 지원하는 곳이지만, 난민과 관련된 신문뉴스, 재정착을 위한 지원방안, 억압과 박해의 벽을 넘어 한국으로 찾아온 난민들이 한국에서 다시 차별과 배제의 벽 앞에 절망하지 않고 꿈과 희망을 향해 용기 있게 나갈 수 있도록 돕고 있다. 난민에 대한 사회적 인식과 함께 법과 제도의 개선을 추진하고 난민들이 한국 사회에서 인간다운 기본적 생활을 영위할 수 있도록 돕는 것을 목표로 하고 있다. 난민인권센터는 NGO 단체로서 1951년 "UN난민협약"에 의거한 사업을 진행하고 있다. 난민인권센터의 활동은 주로 난민정책의 방향성과 정책의제 연구를 통한 난민인권, 난민의 정신건강과 상담, 난민의 사회적 처우와 인권실태, 난민의 재정착, 한국을 찾은 난민의 인도적 체류허가 등 다양한 사업을 펼치고 있다.

4) 국제이주기구(IOM)

국제이주기구는 인도적이고 질서 있는 이주를 위해 국제사회의 여러 단체와 함께 이주관리 영역에서 일하는 단체이다. 이 기구는 난민을 비롯한 이주노동자, 이재민, 트래피킹(trafficking) 피해자 등 조금 더 넓은 범위의 이주자들을 돕는 곳이다. 또한 유엔난민기구와 협업을 통해 난민을 지원하기도 한다. 특히 국제이주기구에서는 난민들의 재정착을 돕는 일, 난민이 다시 본국으로 돌아갈 수 없는 사례를 위탁받아 재정착하는 국가에 제출하는 일들을 통해 난민의 새로운 삶을 돕고 있는 곳이다.

국제이주기구의 재정착 프로그램은 건강검진과 치료, 성공적 통합을 위한 교육을 포함하고 있으며 이동 및 출국까지 지원하고 있다. 이러한 프로그램의 진행 또한 유엔난민기구와 협업을 통해서 가능하다. 국제이주기구의 사업은 국제적으로 크고 작은 단체와 협력을 통하여 난민보호를 위한 일들을 하고 있다. 현재 공익법센터, 공익인권법재단 공감, 난민인권센터, 세이브더칠드런, 에코팜므 등이 네트워크에 참여하고 있다.

4 국제사회와 한국의 향후 과제

1) 난민문제에 대한 국제사회의 대응과제

국제사회의 난민보호활동은 제2차 세계대전 이후 유럽에서 발생한 난민문제를 해결하기 위한 노력에서 시작되었다. 세계 각지에서 인종, 종교 등에 기인한 크고 작은 분쟁과 이에 따른 난민이 계속 발생함에 따라, 난민문제해결을 위한 국제사회의 노력의 강화가 요구되고 있다(이만종, 2016).

(1) 난민보호를 위한 난민협약 이행과 국제공조의 강화

국가는 자국민의 권리를 보장할 책임이 있다. 국가로부터 보호를 거부당하거나 여러 이유로 제공받을 수 없는 경우 국제적 보호의 필요성이 제기된다. 국제적 보호를 제공하는 주된 책임은 개인이 비호를 요청하는 국가에 있다. 모든 국가는 국제인권법 및 국제관습법을 포함한 국제법에 따른 의무의 결과로 국제적 보호를 제공해야 할 의무가 있으며 1951년 난민의 지위에 관한 협약(난민협약), 1967년 난민의정서의 체약국은 해당 협약의 조항에 따른 의무를 지니고 있다.

유엔난민기구, 유엔고등판무관실(UNHCR)은 제2차 세계대전으로 터전을 잃은 유럽인들을 돕는 목적으로 출발했다. 유엔난민기구는 1950년 12월 14일 유엔총회에 의해 창설되어 3년간 임무를 수행하고 해산하도록 임무를 부여받았다. 이듬해 7월 28일, 난민지원에 대한 법적 근거이자 유엔고등판무관실의 활동에 지침이 되는 부속서인 1951년 난민지위에 관한 협약이 채택되었다. 유엔난민기구, 유엔고등판무관실은 난민에게 국제적 보호를 제공할 책임을 지니고 있으며 전세계적으로 난민을 보호할 구체적 임무를 부여받은 유일한 국제기구이다.

유엔난민기구(UNCHR)의 주된 목적이 난민의 권리와 복지를 보호하는 것이지만, 궁극적인 목표는 난민들이 존엄성을 기니고 평화롭게 삶을 재건할 수 있도록 영구적인 해결책을 찾도록 돕는 것이다. 난민들에게 UNCHR이 도움을 제공할 수 있는 세 가지 해결책이 있다. 첫째는 자발적 본국귀환이며, 둘째는 현지동화, 셋째는 본국귀환이나 비호국에서의 거주가 어려운 경우 제3국에서의 재정착 등이다. UNHCR은 매년 전세계의 난민들이 하나 이상의 영구적인 해결책을 누릴 수 있도록 지원을 제공하려고 노력하고 있다. 그러나 많은 난민과 국내실향민들에게 이러한 해결책은 요원(遼遠)하다. 앞으로 증가하는 난민문제에 대처하기 위해서는 UNHCR의 특수한 보호 및 지원임무가 필연적이라 할 수 있다. UNHCR이 이러한 오래된 상황에 대해 집중 조명해서 해결책을 찾을 수 있도록 하기 위한 국제사회의 지원이 요구된다. 여러 경우에 있어 장기적 해결책이 없는 경우 보호문제가 어려워지기 때문이다.

(2) 난민보호를 위한 지속가능한 해결책의 모색

난민보호에 있어서 가장 중요한 원칙으로 강조되고 있는 것이 난민협약 제33조에 규정되어 있는 '강제송환금지의 원칙(principle of nonrefoulement)'이다. 동원칙은 난민신청자를 박해의 우려가 있는 국가로 되돌려 보내서는 안 된다는 원칙으로서 출입국문제가 각 개별국가의 주권에 해당한다는 일반원칙에 대한 예외를 구성하며, 국제관습법으로 확립된 것으로 받아들여지고 있다(외교통상부, 2015).

난민문제의 지속가능한 해결책으로 강조되고 있는 3가지 방안은, 앞에서도 언급한 바와 같이, 첫째, 자발적 귀환, 둘째, 현지정착 또는 현지통합, 셋째, 재정착이다.

가장 근본적인 해결책은 난민을 만들어 낸 상황(정치적 박해 등)이 종결되어 출신국가로 돌아가는 자발적 귀환이나, 많은 경우 자발적 귀환이 어려워 제1비호국에 영구정착하거나, 제2비호국에 재정착하는 사례가 늘고 있다. 특히 장기화된 난민상황에 대한 국제사회의 관심이 높아지면서, 재정착 확대를 통한 국제사회의 책임분담 요구가 높아지는 상황인바 이에 대한 국제사회의 공조방안의 모색 추진이 요구된다.

2) 난민문제에 대한 한국의 대응과제

한국은 1992년 난민보호에 관한 핵심문서라고 할 수 있는 '난민의 지위에 관한 협약(1951)' 및 '난민의 지위에 관한 의정서(1967)'에 가입했다. 우리 정부는 1992년 난민지위 협약에 가입한 이래 '(난민)협약상 난민'의 정의에 속하지는 않으나 인도적 차원에서 보호가 필요한 이주자에 대해서도 '인도적 지위(humanitarian status)'를 부여함으로써 보호를 제공하는 등 난민보호강화를 위해 노력하고 있다. 2000년부터는 유엔 내 난민구호 총괄기구인 UNHCR의 집행이사국으로 국제 난민보호활동에도 기여해온 바 있으며, 2001년에는 UNHCR 주한대표부가 서울에 설치되어 국내외 난민보호를 위한 한국과 UNHCR 간의 협력이 더욱 확대되어 가고 있다. 우리나라의 UNHCR 기여금은 2009년 이래 매년 250만 불을 납부하고 있으며 2010년 기준 우리정부의 기여금 규모는 국가들 중 25번째이다.

우리나라는 2011년 12월 29일 유엔 난민협약에 가입한 아시아 국가 중 최초로 「난민 등의 지위와 처우에 관한 법률」을 별도로 제정했다. 법안은 2013년 7월 1일부터 시행되었다. 국가인권위원회에 따르면 2016년 9월 말까지 총 20,680명이 난민인정을 신청했는데 이중 601명에게 난민지위를 부여했고, 981명에게는 인도적 체류를 허가했다.

우리나의 난민인정비율은 5% 수준으로 전세계 난민협약국 평균치인 38%에 훨씬 못 미치는 최저수준이다. 특히 한국의 난민정책은 외국인의 불·탈법적인 출입을 예방하는 법무부 산하 출입국 관리소에서 전담하고 있어, 인도주의적 접근이 어렵다는 지적도 제기되어 왔으나 우리의 안보현실을 고려한 것으로 판단된다. 이러한 지적 이외에도 난민인정절차가 까다롭고 제도상 허점이 많다는 지적도 있어 제도적 보완이 필요하다(김경환, 2014).

한국은 1992년 제네바난민협약과 난민의정서에 가입하고 2001년에 처음으로 난민을 수용하고, 2011년 12월에 독자적인 난민법을 통과시켰다. 이 난민법은 2013년 7월 1일에 전면적으로 시행되기에 이르렀다. 한국의 난민법은 동아시아 다른 나라에는 없는 법이며, 개선되어야 할 사항이 아직 많지만 국제난민레짐의 규범을 국내법으로 제도화했다는 측면에서 큰 의의가 있다. 중국의 탈북자 강제송환에 대한 국민적 관심과 우려가 국제난민레짐에 대한 관심의 확산으로 이어지고, 독자적인 난민지원을 위한 네트워크가 시민단체들을 중심으로 활성화되면서 나타난 결과라고 할 수 있다(이민정책연구원, 2013).

5 한국의 난민지원 현황 및 문제점

1) 난민인정자의 경우

(1) 기초생활보장

난민인정자의 경우 기초생활보장법에 따른 기초생활수급 신청이 가능하지만 홍보 및 부족한 정보제공, 언어의 장벽으로 인하여 기초생활수급 신청 시 어려움을 겪는다. 또한 난민인정자 대부분이 한국에서 구직활동이 매우 어렵고 생계를 이어가기 어려운 형편이지만 기초생활수급자로 인정받기도 쉽지 않다(김세진, 2015).

(2) 직업훈련 및 취업알선

자유로운 취업활동이 허가되어 있다고 하더라도 난민에 대한 취업알선 및 취업교육 지원은 사실상 전무하여 대부분의 난민들이 단순노무 및 일용직 직종에 종사하고 있다. 난민법에 따르면 직업훈련 및 취업알선을 받을 권리가 있지만, 난민지원 민간단체인 피난처가 고용지원센터에 문의한 결과 내국인 및 외국인에게 서비스하고 있는 취업정보 제공, 알선 서비스가 난민에게는 제공되지 않고 있다.

(3) 주거지원

난민 대부분 주거 형태는 '월세 등 임대주택'이다. 월세 및 임대차 보증금은 대개 친지나 종교단체를 통해서 지원받는다. 이러한 도움을 받지 못하는 경우 공장기숙사, 음식점 또는 가게 내의 임시숙소, 친구 집에 거주하기도 하며, 주거지가 일정하지 않은 사람도 상당하다. 민간단체가 운영하는 쉼터가 있지만 그 수가 적어 이에 거주하는 사람은 소수에 불과하다. 난민인정자의 경우에는 보금자리주택 분양자가 되거나 기초생활보장법상 주거지원수급권자가 될 수 있을 뿐, 정부가 난민인정자를 위해 운영하는 주거시설 및 주거비 지원은 전무하다.

(4) 의료지원

난민인정자는 국민건강보험법상 지역가입 및 직장가입이 가능하다. 그러나 보험료 지불을 못해서 가입을 하지 못하는 난민인정자도 상당하다. 난민인권센터에 따르면 의료보험 가입을 위해 국민건강보험공단에 방문하면 난민인정자의 경우에도 일반 외국인들처럼 입국날짜를 기준으로 보험료를 산정해서 난민신청 후 난민인정을 받기까지 오랜 기간이 걸린 난민인정자의 경우 상당한 목돈의 보험료가 책정되어 국민건강보험 가입을 포기하는 경우가 많다.

(5) 교육지원

난민인정자의 유아 중 만 3세에서 5세까지는 소득수준에 관계없이 정부로부터 유아학비를 지원받을 수 있다. 초등학교와 중학교는 의무교육이기 때문에 난민인정 아동도 학교에 다닐 수 있다. 그러나 난민 아동의 경우 취학통지서가 발송되는 방식이 아니라 초등학교 및 중학교에 입학을 신청해 학교장의 재량에 따라 입학을 허가하도록 되어 있어 학교장이 입학을 거부하면 먼 거리를 통학해야 하는 경우가 생긴다(초·중등교육법 시행령 제19조, 제 66조, 제75조). 또한 난민가정의 아동들은 경제적 어려움 및 난민에 대한 잘못된 인식으로 인한 인종차별 등을 겪으면서, 학교 교육을 포기하고 가정에서 직접 교육을 하는 경우가 있다. 한편 난민인정자들은 취업 등을 위하여 대학진학을 원하지만 학력 증명의 어려움 및 대학 입시전형 통과, 재정적 어려움으로 인하여 포기를 하는 경우가 있다.

2) 난민신청자의 경우

(1) 생계비 지원

법무부는 생계비 지원대상자를 기초생계가 곤란한 초기 난민신청자로 한정하고, 지급기간은 난민법 시행령에 따라 난민신청일로부터 6개월 범위 내로 한정한다(난민지원센터, 2016). 생계비 신청 시에는 신분을 증명할 수 있는 문서 및 본인 명의 통장을 출입국관리사무소 및 출장소에 제출해야 한다. 생계비 지원은 난민신청자에게 무상으로 제공되는 것인데도 2015년 1월~5월 신규 신청자의 85%인 1,386명은 생계비를 신청조차 하지 않고 있는 사실에 비추어볼 때 생계비 지원 신청에 장벽이 존재함을 추론할 수 있다. 생계비를 지원받을 수 있다는 사실을 모르는 신청자들이 많고 은행계좌를 만들기가 쉽지 않아 신청하지 못하는 경우도 있다. 그리고 난민신청 후 6개월이 지나면 생계비 지원을 하지 못하도록 하고 있는데 생계비 지원은 경제적 궁핍을 기준으로 해야 하는바 기간의 연장이 필요하다.

(2) 취업활동 지원

난민신청자는 난민신청일부터 6개월이 지나면 체류자격 외 취업활동허가를 얻어 취업활동을 할 수 있다. 그런데 체류자격 외 취업활동허가를 위한 제출서류로 고용계약서와 사업자등록을 요구한다(법무부, 2016). 취업활동허가는 취업활동의 전제조건인데, 고용계약서와 사업자등록증을 먼저 요구하는 것은 제도 자체가 모순이고, 체류자격 외 활동허가 없는 난민신청자의 체류자격 외 활동허가 협조를 위해 미리 고용계약서를 작성해 줄 사업주를 난민신청자가 물색하기는 어렵다. 그리고 난민인정자와 동일하게 난민신청자도 취업알선 및 취업 교육서비스 미비로 취업에 실질적 장벽이 존재하며, 출입국관리법 체류자격별 안내 매뉴얼에 따르면 난민신청자는 전문분야의 경우 해당 법령에서 정하는 자격을 갖추어야 하므로 단순노무만 가능하다.

한편 난민신청자의 취업활동 허가와 생계비 지원 둘 다 의무가 아닌 재량사항으로 규정되어 있어 생계비를 지원받지 못하고 취업도 할 수 없게 되는 난민신청자는 최소한의 인간다운 생활을 할 수 없게 되는 문제가 생긴다.

(3) 의료지원

난민신청자들은 본국에서 박해 경험으로 외상 후 스트레스 증후군을 앓고 있는 경우가 많다. 따라서 의료혜택이 절실하다. 출입국관리사무소 난민실에서 1년에 최대 100만원까지 심사를 통해 의료비 환급지원을 하는 제도와 보건복지부의 소외계층무료진료사업에 의하여 입원과 수술의 경우 최대 500만 원까지 의료비를 지원받을 수 있는 제도가 있다. 의료공제회 가입이 가능하지만 홍보가 부족하고, 난민신청자 거주 지역에 해당 병원이 없어 활동이 많지는 않다(세이브더칠드런, 2013).

난민신청자는 난민인정자와 달리 국민건강보험법상 지역가입자가 될 수 없다. 국민건강보험법 시행규칙 별표 9에 포함되어 있지 않기 때문이다. 따라서 취업활동이 불가능한 난민신청 후 6개월 동안은 직장가입도 지역가입도 불가하여 난민신청자의 건강권이 매우 취약하다.

(4) 주거지원

법무부는 인천 영종도에 출입국 외국인지원센터를 건립하였으며 2015년 5월 말 기준 난민신청자 51명이 국내 연고 및 주거 부재 등을 이유로 난민지원센터에 입주하여 생활하고 있다(법무부, 2015). 출입국 외국인지원센터 영종도 건설에 대해서는 주민들의 반대도 컸지만 난민지원 민간단체들도 난색을 표하였다. 도시와 떨어져 대규모 시설은 난민의 사회통합을 저해하며, 이동의 자유를 제한하는 방향으로 운영되어 난민신청자의 권리를 제한하거나 침해할 여지가 크기 때문이다. 영국의 경우 난민지원시설을 전국의 행정구역에 고루 배치하고 있고, 프랑스의 경우 지방정부하에 각각 다른 단체가 운영하고 있으며, 독일의 경우 16주에서 분산하여 운영하고 있다(법무부, 2009).

3) 인도적 체류지위자의 경우

인도적 체류자에게 인정되는 권리는 취업활동허가에 불과하다. 2013년 국가인권위원회는 건강보험제도는 공적부조의 성격과 다르게 보험원리에 의거한 것으로 장기간 거주하는 인도적 체류자에 대한 적정 건강관리 차원에서 지역건강보험 가입자격 부여 권고를 한 적이 있다. 그러나 보건복지부는 인도적 체류자는 경제활동 목적이 아닌 생명과 신체의 자유만을 특별히 보호하기 위한 취지이므로 위 권고를 불수용하기도 하였다. 사실 보충적 보호 지위는 국제법상 제네바 협약 제33조, 고문방지협약, 유럽인권협약 등에 의해서 각국에서 난민에 준한 보호를 부여하는 지위이다. 그러나 한국 정부가 부여하는 인도적 체류지위는 난민에 준하는 보호를 하지 않고 있으므로 국제법상 보충적 보호 지위라고 볼 수 없다(김세진, 2015).

CHAPTER 10

새천년개발목표 15년 : 달성수준과 한국의 과제

10 새천년개발목표 15년 : 달성수준과 한국의 과제

1 서론

2015년 9월 25일 뉴욕, 반기문 유엔 사무총장이 주재하고 전세계 지도자들이 모인 가운데 유엔개발정상회의가 열렸다. 새천년개발목표(Millennium Development Goals: MDGs)의 달성시한을 몇 달 남겨둔 지금, 국제사회는 그동안의 성과를 점검하고 2015년 이후부터 지향해야 할 Post-2015 프레임워크 논의를 국내외에서 활발하게 진행하고 있다.

2000년 9월에 유엔의 189개 회원국은 '새천년선언(Millennium Declaration)'을 발표, 더 나은 세계를 건설하기 위한 비전을 제시하였고, 이 비전을 실현하기 위한 8개의 목표와 이를 실천하기 위한 18개 지표인 '새천년개발목표(MDGs)'를 제시했다. 2015년까지 전세계의 빈곤인구를 절반으로 줄이는 것을 핵심 목표로 하는 새천년개발목표는 개발도상국의 빈곤문제를 더 이상 개발도상국 내부의 문제만이 아니라 지구촌 전체의 문제로 파악하고 있다는 점에서 국제개발협력의 역사에 있어 획기적인 발상의 전환을 의미하는 것이었다(안숙영, 2010). 경제적, 사회적 및 생태적 차원을 포함하는 새천년개발목표는 이후 국제적으로 커다란 반향을 불러일으키며, 인간중심적 개발, 인간적 세계화 및 범지구적 차원의 개발정책으로 나아가기 위한 틀로서의 역할을 하기 시작했다(Holz, 2010).

지난 15년간 국제사회는 지구촌의 빈곤퇴치와 삶의 질 향상을 위해 수립된 새천년개발목표(MDGs) 달성을 위해 모든 노력을 경주해 왔다. MDGs는 이전까지 경제성장을 위한 원조 중심의 국제개발 패러다임을 인간 중심의 사회발전을 위한 국제협력 체제로 이행하는 전환점이 되었다. 개발협력 분야의 국제규범으로서 MDGs는 빈곤의 문제를 개별 국가의 문제가 아닌 지구촌 모두의 숙제로 관심을 환기함과 동시에 감소세에 있던 공적개발원조(Official Development Assistance: ODA)의 중요성을 다시금 강조하는 역할을 수행하였다(김인 외, 2015).

그 결과 MDGs는 21세기 국제사회에서 가장 영향력 있는 국제개발규범으로 간주되고 있지만, 그 성과에 관한 평가는 긍정적인 시각과 부정적인 시각이 혼재되어 있다(손혁상 외, 2014). MDGs는 빈곤문제와 저개발국의 교육 및 보건 이슈를 국제적인 의제로 제기하는 데 성공하였으나, 분쟁이나 재난을 겪는 취약국에 대한 고려가 미흡했다는 평가가 지배적이다. 특히 빈곤 문제가 협소하게 다루어져 인권, 민주적 거버넌스, 환경 및 평화 등 범분야 이슈와 정책적 일관성을 높이는데도 일정 정도 한계를 나타냈다고 할 수 있다. 또한 새로운 도전과제인 기후변화 대응을 글로벌 목표에 반영하기 위한 노력이 절실한 상황이다(정지원 외, 2014).

이러한 MDGs의 성과와 한계를 바탕으로 국제사회는 2012년 Rio+20을 계기로 지속가능발전목표(Sustainable Development Goals: SDGs)의 수립을 논의하기 시작했다. 지속가능한 발전은 현재의 모든 발전을 위한 활동이 제도개선, 기술, 자원, 환경보호 등을 통해 미래의 필요를 고려할 수 있도록 하는 변화와 과정으로 간주하였다. 이때 미래의 필요를 고려한 발전은 '사회발전-경제성장-환경보존'의 3대 축이 균형적으로 조화를 이룰 때 가능하며, 국제사회는 개발도상국의 개발을 주요 목표로 했던 단순한 MDGs를 넘어, 전세계가 지속가능성의 3대 축이 균형을 이루는 발전을 함께 이루어야 한다는 목표로 SDGs를 제시하게 되었다(김인 외, 2015). 지속가능한 발전목표(SDGs)는 기존의 개발목표와 달리 선진국을 포함한 모든 국가에 해당하는 보편적인 목표를 설정하고 있다.

MDGs의 설정 목표를 마무리하는 시점에서, 과연 MDGs는 어느 정도 목표한 바대로 성과를 거두었고, 국제사회에서 MDGs는 어떤 의미와 역할을 갖고 있으며, 한계점이 무엇인지, 그리고 MDGs의 결과와 관계없이 향후 2015년 이후에 국제사회가 개발문제를 다루어 나가기 위한 계획으로 'Post-2015 체제' 구축을 위해 어떻게 변화해야 하는지의 논의를 제기한 바 있다(박흥순, 2014).

이에 본장에서는 지난 14년간 진행되어온 MDGs의 성과를 개괄적으로 살펴보고, 이를 평가한 후 그 미래를 전망하는데 중점을 둔다. 이를 위하여, 우선 MDGs의 등장배경과 의의를 살펴보고, MDGs의 내용과 세부목표를 파악한 다음, 지금까지의 달성현황과 한계점을 확인하고 끝으로 한국의 과제를 고찰해 보기로 한다.

2 새천년개발목표(MDGs)의 특징과 세부목표

국제개발협력에 대한 패러다임은 시대에 따라 달라져왔다. 1990년대부터 공업화를 통한 경제성장이야말로 국가발전의 핵심이라고 생각했던 원조의 여러 부작용들이 나타나면서 '인간개발(Human Development)', '인권기반접근(Rights Based Approach: RBA)' 개념이 중시되었다. 즉, 원조로 인해 인권이 침해되고 저해되는 상황이 발생하면서 개발이 인권을 중심으로 계획되고 실행되어야 한다는 구체적인 논의가 시작된 것이다. 2000년대부터 국제사회는 단일한 개발의제를 가지게 되는데 그것이 바로 새천년개발목표(MDGs)이다(이경희, 2014).

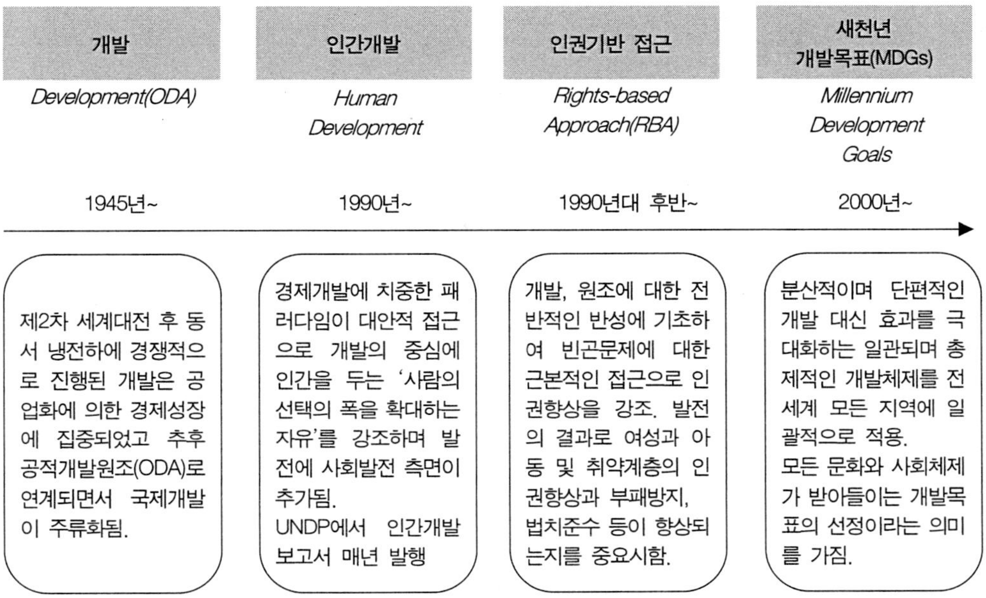

[그림 10-1] 새천년개발목표(MDGs)

출처: 이경희(2014). p. 6.

MDG가 추구하는 방향은 크게 개발도상국의 '주인의식(ownership)'과 선진국과 개도국 간 '파트너십(partnership)'이라고 할 수 있다. 동 선언은 지금까지 빈곤완화, 환경, 교육, 여성개발 등의 범세계적인 이슈의 해결을 위해 각국의 의지가 강하게 표명되었다는 점에서 큰 의의를 가지고 있다.

1) MDGs 등장의 배경과 특징

국가의 개발은 기본적으로 각국의 자체적인 계획과 전략에 의해 추진되는 국가정책의 한 부문으로 간주된다. 각국은 세금 수입 등 자체의 재정자금과 더불어, 외부의 투자, 무역통상, 국제금융, 외부원조 등을 활용하여 경제사회적 발전을 겨루는 것이 보통이다. 그러나 제2차 세계대전 직후 세계경제 및 국제질서의 재편과정에서 선진국은 개도국의 개발을 지원하는데 관심을 갖고, 양자 혹은 다자적인 ODA(공적개발원조)를 제공하기 시작하였다. 미국 · 서유럽의 재건을 위한 '마셜플랜(Marshall Plan)'이 실행되었고, 세계은행(IBRS) 및 국제통화기금(IMF) 등 국제경제기구와 유엔의 유네스코(UNESCO), 세계보건기구(WHO) 등 전문기구 및 유엔개발계획(UNDP) 등의 창설, 활동 등 개발지원을 위한 국제적 노력이 이루어졌다(박홍순, 2014).

1960년과 1970년대를 거치는 기간 동안, 탈식민화로 많은 신생국가들이 탄생하고 그 결과 후발국가들의 개발(저개발) 문제가 대두되었다. 또한 이 시기 동 · 서 냉전의 갈등 속에서 서방권과 동구권의 종주국인 미국과 소련은 각각 그들 진영의 국가들을 중점적으로 지원하기 시작하였다. 특히 세계패권국가로서 등장한 미국은 공산주의의 팽창을 저지하고 자유시장경제 및 민주주의의 확산을 위해 개도국들에 대한 지원을 통하여 개발을 도모하였다.

1990년대에 이르러, 탈냉전의 새로운 여건에서 나타난 사회, 경제적, 인종 혹은 민족적 갈등은 세계 도처에서 내전 및 국가 간 분쟁 등 지역분쟁의 증가로 분출되었다. 이른바 평화배당금(peace dividend)의 기대는 사라지면서, 특히 아프리카 등 개도국의 각종 분쟁의 근저에는 빈곤과 저개발의 문제가 산재해 있음이 지적되었다. 그리하여 유엔을 비롯한 국제사회의 관심사는 분쟁의 평화적 해결을 위한 직접적 기여로서 '평화유지활동(PKO)'이 대폭 확대된 것과 더불어, 특히 '분쟁 후 평화구축'에 대한 관심을 제고시켰다. 이는 분쟁 후 국가재건뿐만 아니라 더 나아가서 보다 중 · 장기적으로 개발을 통하여 국가의 경제적, 사회적 기반을 강화하는 것이 분쟁의 근본적 해소에 필요하다는 점을 반영한 것이다.

국제사회는 점차 개발문제를 개별국가의 문제가 아닌 국제적 의제로 간주하고, 세계화와 상호의존의 심화 가운데서, 국가 간 그리고 국내에서의 빈부의 격차 등의 문제해결을 시급한 과제로서 인식하였다. 특히 최빈국(LDCs)을 비롯한 개도국의 개발을 위한 보다 대폭적이고 체계적인 지원과 협력의 문제를 다루기 시작하였다. 그리하여 특히 유엔을 중심으로 개발의제를 핵심과제로 삼고, 전 지구적인 협력과 기반을 통해서

이 문제를 본격적으로 그리고 대폭적으로 해결해야 한다는 공감대가 형성되었다.

이러한 배경에서, 새천년개발목표(MDGs)는 2009년 9월 유엔본부에서 열린 유엔의 새천년 정상회의(Millenium Summit)에서 채택되었으며, 지구상의 빈곤과 불평등을 줄이고 사람들의 실제적인 삶을 개선하고자 하는 구상으로, 2015년까지 달성하려는 8개 목표와 이를 실천하기 위한 18개 지표로 구성된 야심찬 발전 계획으로 마련되었다. 이 회의에서는 21세기에 있어서의 평화, 인권 및 민주주의에 대한 국제사회의 목표를 확인하고, 특히 빈곤타파를 골자로 하는 개발의 프로그램을 추진하기로 하였다(박성현, 2014).

새천년선언이나 MDGs는 주로 가장 취약한 국가들을 도와주는 데 중점이 있다. 따라서 MDGs는 그동안 국제사회에서 논의해온 개발의 의제에 관하여 구체적이고 종합적인 목표를 설정하고 그 이행을 위한 체계적인 추진전략을 갖추었다는 점에서 다른 프로그램과 구별되는 특징과 의미를 가지고 있다. 이를 간략하게 설명하면 다음과 같다(김인, 2010; 박흥순, 2014).

첫째, 유엔을 중심으로 회원국가, OECD 등 주요 공여국가, 유엔주요기관 및 전문기구, 시민사회, 기업 등을 망라하여 다양한 국제사회의 구성주체(이행자들)들의 역할과 조정을 종합하였다. 따라서 그에 상응하는 각 주체의 역할과 책임을 명확히 하여 전반적으로 책임성을 강화하였다.

둘째, 유엔은 전 지구적인 참여와 지원을 이끌어 내기 위한 간결하고 명료한 '패키지' 프로그램을 제시하였다. MDGs라는 개발문제를 시행하기 위한 단순화하고 계량화된 구체적 목표와 시간계획, 그리고 계량적 수치를 사용하였다. 이는 개발에 관한 인지도 제고와 관심을 끌게 하는 '마케팅' 전략이라고 할 수 있다.

셋째, 전 지구적 차원의 정치적 의지를 반영하였다. 특히 유엔총회 및 세계정상회의는 전 지구촌의 의회로서 모든 유엔회원국의 참여는 물론 각국 정상들의 지지와 합의를 통하여 포괄적인 국제적 과제로 승인된다는 점에서 보다 폭넓은 명분과 정당성을 가지고 있다. 그 결과 MDGs는 전 지구적인 차원의 정치적 비전 및 정책적 목표가 되었다.

넷째, MDGs는 유엔의 의제 중 특히 개발이 평화안보, 환경, 인권과 더불어 국제사회의 중요한 가치와 규범으로서 본격적으로 등장, 공론화된 것을 의미한다. 유엔 및 관련 활동은 유엔 창설 시부터 헌장에 명시된 바, 경제사회적 발전을 중요한 목적과 임무로 삼아 활동해온 것이 사실이다. 그러나 특히 탈냉전과 세계화의 새로운 국제환경에서 개발의제를 유엔활동의 기본 축(pillar)의 하나로서 구체적이고 포괄적으로 구현하려는 노력을 반영하였다.

UN 밀레니엄 프로젝트팀은 MDGs가 중요한 이유로 국제개발 정책의 핵심이 되며, 생산적인 삶을 완성시키고, 국제안보에 중요한 역할을 할 수 있음을 들고 있다(강성호, 2006; 배진수 외, 2006).

〈표 10-1〉 MDGs가 중요한 이유

구분	내용
국제개발정책의 핵심적 기초 제공	· 새천년선언과 몬테레이의 국제개발재원회의를 계기로 전세계가 빈곤퇴치를 위한 빈곤인구 감소, 건강한 삶, 평화, 인권, 양성평등의 확산 그리고 환경 보호 등에 대하여 파트너십을 구축할 것에 합의하고 협력체계의 기초를 확립 · MDGs가 이전의 국제개발 목표처럼 평상적인 국제적 사건으로 다루어지지 않도록 전세계가 상호책임성을 확보할 것과 선진국과 개도국 모두가 시민사회의 성숙을 위해 노력할 것에 합의
생산적 삶의 수단 확보	· MDGs는 인간의 생사 문제를 다루고 있으며 생산적 삶의 지속을 목표로 하고 있다. 수억 명의 인류가 기아, 질병, 환경적 위험요소에 직면하여 개인의 사망으로 연결될 수 있는 절대빈곤 상태에 있다. 빈민층이 아니라면 건강하게 보다 많은 교육을 받고 더 나은 자연과 사회 환경에서 생산적인 삶을 사는 것이 가능하다. 그러므로 MDGs는 생산적인 삶을 위하여 영양, 보건, 교육 등의 지원을 통한 인적 자본을 축적하고 식수, 위생, 자연환경, 에너지, 운송 및 통신 기술 등이 갖추어진 필수적인 기반서비스를 제공하며 그리고 평등권과 기본권이 보장되는 정치·사회·경제적 권리를 보장하도록 권고함
국제안보의 안전핀	· MDGs는 국내외 안보와 안정을 위해서도 중요하다. 가난과 기아로 고통 받는 사회는 자원의 부족으로 혼란에 빠질 가능성이 높다. 빈곤은 다양한 방식으로 갈등을 증가시킨다. 평균적으로 5%의 경제여건 악화는 내전 위험성을 50% 증가시킴

MDGs에서 제시하고 있는 경제적 목표, 정의 및 인권신장 등은 국제안보와 안정유지에 필수적인 역할을 수행할 수 있다. 특히 개도국의 빈곤문제와 불평등 대우는 국제테러나 폭력 및 갈등과 연결될 수 있다. 그러므로 MDGs의 이행을 통해 빈곤을 퇴치하면 향후 잠재적인 불안요소를 제거하게 되어 국제적인 안보나 질서유지에 기여할 수 있다는 측면에서 큰 의미를 지니고 있다(정현식, 2005).

2) 새천년개발목표(MDGs)의 세부목표

유엔은 MDGs의 구체적인 실행과 실현을 위해 1990년 기준, 2015년까지 달성하여야 할 성과지향적인 세부목표(targets)와 지표(indicators)를 선정하였다. MDGs의 8개 목표에 대한 세부목표는 총 18개이며, 이들 목표의 개발성과를 측정할 수 있는 구체적이고 현실적인 평가지표는 48개로 구성되어 있다(〈표 10-2〉). 8개의 주요목표는 (1) 절대빈곤 및 기아퇴치, (2) 보편적 초등교육의 달성, (3) 양성평등 및 여성 능력의 고양, (4) 유아 사망률 감소, (5) 산모건강 증진, (6) HIV/AIDS, 말라리아 및 기타 각종 질병퇴치, (7) 지속가능한 환경 확보, (8) 개발을 위한 국제파트너십 구축 등이다.

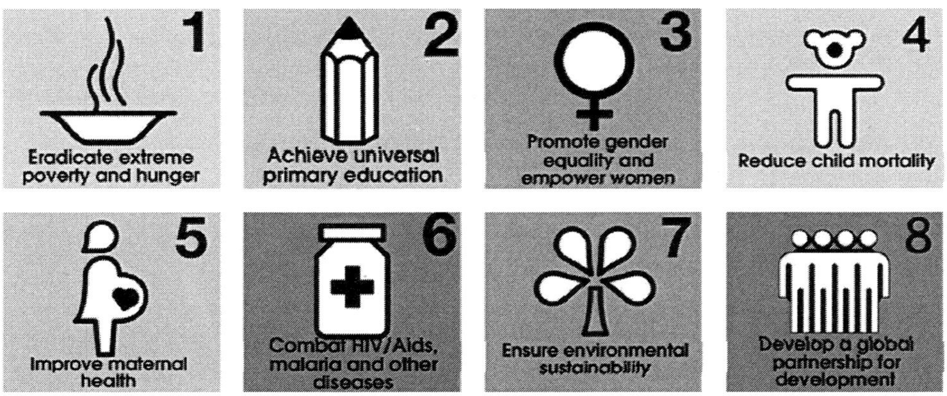

[그림 10-2] 유엔의 새천년개발목표(MDGs)

〈표 10-2〉 새천년개발목표(MDGs)의 세부목표

8대 목표	세부목표
목표 1. 절대빈곤과 기아퇴치	· 1990년~2015년간 전세계 하루 1달러 이하의 소득생활자 비율을 절반으로 감축 · 완전하고 생산적인 고용 및 여성과 청년층을 포함한 모두에게 '일다운 일자리'를 제공 · 1990년~2015년까지 기아로 고통 받는 사람들의 비율을 절반 수준으로 감소
목표 2. 보편적 초등교육의 달성	· 2015년까지 전세계 모든 아동의 초등교육 전 과정을 이수하도록 함
목표 3. 양성평등과 여성능력의 고양	· 2005년까지 초등 및 중등교육에서 성에 따른 불균형을 없애고, 2015년까지 모든 수준의 교육에서 평등을 이룸
목표 4. 유아 사망률 감소	· 1990년~2015년간 5세 미만 유아(영아) 사망률의 2/3 감소
목표 5. 산모건강 증진	· 1990년~2015년 간 산모 사망률을 3/4 감소 · 2015년까지 산모들이 보편적인 의료혜택을 받게 함
목표 6. HIV/AIDS, 말라리아 및 기타 각종 질병 퇴치	· 2015년까지 HIV/AIDS의 확산을 저지 및 감소 · 2010년까지 HIV/AIDS 치료가 필요한 모든 사람들에게 보편적 보급 · 2015년까지 말라리아 및 다른 주요 기타질병 발생저지 및 감소
목표 7. 지속가능한 환경 보장	· 지속가능한 개발 원칙의 국가정책에의 통합 및 환경자원의 손실 보전 · 2010년까지 생물다양성 손실을 줄이고, 감소율을 현저하게 감소 · 2015년까지 안전한 식수 및 기초적인 위생 환경에 대한 지속적인 접근성이 부족한 인구의 비율을 반으로 줄임 · 2020년까지 최소 1억 명의 빈민가 거주민의 삶의 질을 현저히 향상시킴
목표 8. 개발을 위한 국제파트너십 구축	· 개방적이고 공정하며 예측 가능하고 차별 없는 무역 및 금융체계를 더욱 발전시킴 · 개발도상국의 부채 문제를 포괄적으로 처리함 · 최빈국, 내륙국 소규모 도서 지역, 개발도상국들이 처해 있는 특수한 문제를 해결함 · 민간부분과 협력하여 신기술, 특히 정보통신의 혜택을 누리도록 함

출처: 한국국제협력단(http://www.koica.go.kr); 유엔새천년개발목표 보고서(2014).

3 새천년개발목표(MDGs)의 달성현황과 한계점

1) 최근 MDGs 달성현황: 2014년 UN MDGs 리포트를 중심으로

MDGs의 성과와 현황에 대한 평가는 목표연도가 불과 2달 남지 않은 상태에서, 그 성과를 살펴보고 문제점과 교훈을 바탕으로 새로운 방향을 설정하는 데 매우 중요한 일이 될 것이다. 우선 MDGs의 목표 달성 성과에 대한 평가로서, 2014년 반기문 유엔 사무총장이 제시한바, 유엔새천년개발목표 보고서(The Millennium Development Goals Report)에서 나타난 현황을 살펴보는 것이 필요하다. 이 보고서는 현재까지 가장 포괄적이고 체계적인 분석을 하고 있는 자료이기 때문이다. 그 내용을 살펴보면 다음과 같다(유엔새천년개발목표 보고서, 2014).

목표 1: 절대빈곤 및 기아퇴치

빈곤과 기아가 전세계에 걸쳐 전반적으로 상당히 감소하고 있다. 1990년, 개발 도상지역에 거주하고 있는 거의 절반의 사람들이 하루 1.25달러 이하의 소득으로 생활하고 있었다. 이 비율은 2010년까지 거의 22%로 감소되었다. 이는 2015년까지 절대빈곤율을 절반으로 줄이겠다는 MDGs의 목표를 5년 앞당겨 달성했다는 의미이다. 같은 기간, 절대빈곤층의 규모는 1990년 기준 19억 명에서 2010년 12억 명으로 급격히 감소하였다.

이처럼 전세계적으로 놀라운 성과를 달성했음에도 불구하고, 빈곤의 감소는 여전히 불규칙하게 진행 중이다. 동아시아 지역의 빈곤인구는 대폭 감소하여 이미 2015년 목표를 달성하였지만, 하루에 1.25달러 이하로 생활하는 사람의 대부분은 사하라 이남 아프리카와 남아시아 두 지역에 거주하고 있는 것으로 나타났다.

전세계 영양결핍인구는 1990년~1992년 기간 23.6%에서 2011년~2013년 기간 14.3%로 줄어들었다. 그러나 전세계적으로 8명 중 1명은 만성적 영양결핍에 시달리고 있고, 5세 미만 아동들 중 1/7이 여전히 저체중 상태로 집계되었으며, 전세계 아동 중 1/4은 발육부진 상태에 놓여있다.

목표 2: 보편적 초등교육의 달성

개발도상국에서 초등교육 학령기 아동의 취학률이 2000년 83%에서 2012년 90%로 증가하는 등 거의 7퍼센트 포인트 증가에 이르는 상당한 진전이 이루어졌다. 2012년까지 초등교육 학령기 아동 10명 중 1명은 미취학 상태였다. 2000년대 초반에 전세계적으로 1억 명에 달하던 미취학 아동의 수가 2012년은 5800만 명으로 감소하였다. 그러나 분쟁지역에 살고 있는 아동은 전세계 초등학령기 아동의 22%에 지나지 않지만 전세계 미취학아동의 50%를 차지하고 있다. 사하라 이남 아프리카 분쟁지역이 미취학 아동의 44%를 차지하고 있으며 남아시아는 약 19%를 그리고 서아시아와 북아프리카 지역이 14%를 차지하고 있다. 따라서 분쟁지역에서 사는 아동, 가난한 농촌 거주의 여아 그리고 장애아동들은 미취학 상태일 가능성이 매우 높다.

목표 3: 양성평등과 여성능력 고양

남학생 대비 여학생 등록률을 나타내는 성 평등지수(GPI)가 0.97과 1.03 사이를 기록함으로써 성평등이 이루어졌다고 평가할 수 있다. 아울러 성평등지수의 흐름을 통해 모든 개발도상국 지역의 초등, 중등 및 고등교육에서의 중요한 성과를 발견할 수 있다. 하지만 고등수준의 교육으로 갈수록 성차별 정도가 커지고 있으며 개발도상지역에서 그 차이가 더욱 크다. 특히 사하라 이남 아프리카, 오세아니아, 서아시아 및 북아프리카에서는 지난 20년간 상당한 진전을 이뤘음에도 오늘날까지도 여전히 많은 소녀와 여성들이 차별을 받고 있다.

노동시장에서 여성의 지위는 향상되었지만 성 차별은 여전히 존재한다. 남아시아, 북아프리카 및 서아시아 지역에서의 여성 취업가능성은 심각하게 낮은 수준이며, 여성 노동자의 2/3정도가 근무환경이 열악한 직업 종사자나 자영업자, 혹은 무급가족노동자로 일하고 있는 상황이다. 현재 전세계 46개국의 의회(상원 및 하원)에서 여성이 차지하는 비율이 30% 이상으로 정치 참여는 꾸준히 증가하고 있지만(2013년 20.3% → 2014년 21.8%), 승진을 막는 진입장벽은 여전히 존재한다.

목표 4: 유아 사망률 감소

5세 미만 아동 사망률은 1990년에는 전세계적으로 1,000명당 90명에서 2012년에는 48명으로 거의 절반으로 감소했다. 1990년~1995년 사이의 전세계 아동 사망률 감소폭이 1.2%인 것에 비해 2005년~2012년 사이 감소폭은 3.9%로 크게 증가하였다. 하지만 전세계 아동 사망 건수의 5명 중 4명은 사하라 이남 아프리카 지역과 남아시아 지역들로 아직까지도 2015년의 세부목표를 달성하기에는 부족한 상황이다. 현재 속도로 계속된다면 2028년이 되어야 유엔새천년개발목표를 전세계적으로 달성할 수 있을 것이다.

목표 5: 산모건강 증진

전세계적으로 산모 사망률은 1990년 출산 10만 건 당 380명에서 2013년 210명까지 45%가 감소하였다. 그러나 이것은 2015년까지 산모사망률을 4분의 3으로 줄이겠다는 유엔새천년개발목표에 여전히 크게 못 미친다. 세계 모든 지역에서의 진전에도 불구하고, 2013년 한해 출산 10만 건당 16명의 산모가 사망한 선진국에 비해 개발도상국은 230명에 달해 무려 14배가 높은 산모 사망률을 기록했다. 특히 사하라 이남 아프리카

지역은 출산 10만 건당 510명의 사망으로 개발도상국 중 가장 높은 산모사망률을 보였으며, 남아시아, 오세아니아와 카리브 제도가 각각 출산 10만 건당 190명을, 동남아시아가 그 뒤를 따르고 있다. 최근 다른 개발도상국에서의 산모사망은 출산 10만 건당 100명 이하로 매우 드문 현상이 되고 있다. 2013년 산모 사망의 대부분은 사하라 이남 아프리카 지역(62%)과 서아시아 지역(24%)에서 일어났다.

목표 6: HIV/AIDS, 말라리아 및 기타 질병 퇴치

전세계적으로 성인 100명당(15~49세) HIV(인체 면역 결핍증 바이러스) 신규 감염자수는 2001~2012년 사이 44%까지 감소했다. 가장 발생률이 높았던 2개 지역인 남아프리카와 중앙아프리카에서는 각각 48%와 54%로 발생률이 급격히 하락했다. 그러나 모든 연령대에서 약 230만 명이 에이즈 관련 질병에 새롭게 감염되었고, 160만 명이 이로 인해 사망했다. 사하라 이남 아프리카지역은 2012년에 발생한 신규 감염 추정치의 70%, 즉 160만 명이 발병한 지역이다. 또한 2012년에 거의 600명에 달하는 아동들이 AIDS 관련 질병으로 매일 사망하였다.

2000년~2012년 사이 말라리아 퇴치운동이 급속도로 확대되면서 말라리아 감염에 의한 사망률은 전세계적으로 42% 감소했다. 새로운 수치에 의하면 지금껏 알려진 것보다 훨씬 많은 약 330만 명이 이 기간 동안 생명을 구할 수 있었다. 그중 90%(3백만 명)는 사하라 이남 아프리카에서 사는 5세 미만의 아동으로, 영(유)아사망률 감소에 크게 기여했다. 동시에 1995년~2012년 사이 2200만 명이 결핵치료로 생명을 구했으나, 2012년 약 860만 명의 결핵 환자가 추가로 보고되어 총 1100만 명이 해당 질병을 앓고 있다. 전세계적으로 인구 10만 명당 신규 결핵 환자 수는 계속 감소하여 2012년에는 전년도 대비 2%가 감소하였다.

목표 7: 지속가능한 환경 확보

모든 국가에서 기후변화로 인해서 환경지속성이 심각한 위협과 도전을 받고 있다. 1990년 이래 전세계 이산화탄소 배출은 약 50% 증가했다. 또한 2012년까지 육지 및 해양지역 생태계의 14%가 보호구역으로 지정되어 관리되어 왔다. 개량된 식수를 이용하는 전세계 인구는 2012년 89%를 기록했는데, 이는 1990년의 78%보다 많이 증가한 수치다. 동시에 1990년 이래 1/4 이상의 인구가 개량된 위생시설을 이용했으나, 아직 10억 명의 인구가 노상배변을 하고 있다. 상대적으로 농촌거주자, 빈곤층, 소수민족들은 개량된 수원 및 위생시설에 접근하기가 어렵다.

목표 8: 개발을 위한 국제파트너십 구축

2013년 선진국의 개발도상국에 대한 공적개발원조 순지출액이 지난 2년간의 하락세 이후 2012년과 비교해서 실질가치로 6.1% 상승했다. 경제협력개발기구(OECD) 개발원조위원회(DAC)에 속하는 국가들의 공적개발원조 순지출액은 1,348억 달러로, 지금까지의 기록 중에서 가장 높은 수치를 기록하였다.

2012년 개발도상국으로부터 선진국으로 수출된 물품 중 80%가 무관세로 수출되었다. 1995년 우루과이라운드 다자간 무역협상의 타결에 따라, 1996년과 2004년 사이에 선진국에 무관세로 들어간 개발도상국으로부터의 수입품(석유와 무기 제외)의 비율은 매해 평균 2.5%씩 증가했다. 또한 국가의 외채부담은 그들의 신용도와 경제적 위기시의 취약성에 영향을 미친다. 2012년 개발도상국의 수출 총소득대비 외채상환액의 비율로 측정한 채무부담은 3.1%로, 지난 두 해와 비슷하다. 이는 개발도상국들의 채무부담이 그들의 수출 총소득의 12%에 상당했던 2000년 당시보다는 상당히 낮다.

2014년 말에는 30억 명에 가까운 세계 인구의 40%가 인터넷을 사용하고 있고, 이동전화 가입자수는 약 70억 명으로, 현대 정보통신기술의 사용은 성장을 계속하고 있다. 또한 광대역 인터넷의 사용 가격이 떨어지고 이동형 광대역 네트워크가 급속히 확대(선진국 보급률 84%, 개발도상국 보급률 21%)되면서 초고속 인터넷 접속이 급속히 증가하고 있다.

지난 14년간 MDGs의 추진 노력은 결과적으로 대다수 국가들의 노력과 참여로 전반적으로 뚜렷한 성과를 거두었으며, 그 결과 주요한 목표들이 전세계적 수준이나 개별국가 수준에서, 특히 일부 최빈국가들에서도 달성되었다. 하지만 이러한 개선은 충분치 않을 뿐만 아니라, 특히 농촌지역 및 소외지역, 그리고 분쟁 및 재난지역 등을 포함하여 매우 불균형적으로 이루어졌다고 할 수 있다.

2) 새천년개발목표(MDGs)의 한계점

UN을 중심으로 전개되고 있는 MDGs는 역사상 가장 단시간 내 빈곤감소가 이루어졌으며, 개발도상국의 초등교육과 보건 분야에 있어서는 주목할 만한 성과를 거둔 것으로 평가되고 있지만(김인 외, 2015), 목표의 타당성, 정당성 등에 관한 비판이 제기되어 왔다. 이런 비판의 주요 논문으로는 Waage, J. 외(2010), Sumner와 Tiwari(2010), UNECA(2012), UN(2011a, b), KDI-UNDP(2012), 임소진(2012), 박성현(2014), 박흥순(2014) 등이 있다. 이들의 비판은 주로 목표 설정의 타당성과 MDGs의 정당성에 관한 것이며, 인권문제나 환경의 지속 가능성에 관한 것으로 간략하게 요약하면 다음과 같다.

첫째, MDGs 자체의 정당성 및 타당성이 부족하다는 점이다. MDGs의 목표가 새천년 선언의 내용과 정신을 충분히 반영치 못하고 있다는 비판이다. 새천년 선언은 보다 국제인권적 측면에서 인간존엄, 평등 및 단결 등의 보다 적극적인 국제원칙들을 표방한 반면, MDGs는 주로 '기본적 욕구접근'으로서, 절대빈곤 및 기아해소 등의 소극적 목표를 담고 있다는 것이다. 따라서 MDGs의 개발의제와 목표는 부채경감, 구조조정 등 국제경제질서 등에 관한 상반된 입장을 타협한 결과물이라고 보는 것이다.

둘째, MDGs가 사회발전과 인간개발 측면을 강조한 나머지, 교육 및 보건분야의 장기적으로 지속가능한 발전이 경제발전 없이도 이루어질 수 있다는 잘못된 인식을 가져오기도 하였다(UNECA, 2012). 뿐만 아니라 MDGs는 불평등, 인권, 양성평등, 평화와 안보, 환경지속성 및 기후변화와 같은 글로벌 이슈들을 포함하지 않았기 때문에 분야별 선택에 있어서 제한적이라는 아쉬움이 있다.

셋째, MDGs가 빈곤과 박탈의 근본적인 원인을 해소하지 못하는 너무 단순한 목표라고 비판이 제기된다. 지형, 기후, 정치, 사회, 문화 등에 따른 빈곤의 다양한 양상을 고려하지 않은 채 소득수준의 개선과 같은 획일적으로 단순한 차원만의 목표를 설정하고 있었고 경제수준에 상관없이 모든 국가에게 나타나는 불평등의 구조적인 문제에 대해서도 다루지 못했다(문도운, 2014). 단지 몇 가지 사항에 국한하여 도식화된 자료를 가지고 개발의 척도를 측정하는 것은 상당히 미흡하다는 것이다. 더구나 15년간의 비교적 단기간에 이러한 목표를 달성하는 것이 어려울 수 있다는 비판이 있다.

넷째, MDGs의 또 다른 한계점으로 개도국에게만 MDGs 보고서를 의무적으로 제출하도록 하여 마치 MDGs 이행이 공여국에게는 의무사항이 아닌 것처럼 이해되었기 때문이다(우동완 · 조아영, 2009). 예를 들어, UN은 독립적 자문위원회에 의한 2005년 밀레니엄 프로젝트를 통해 'MDGs 달성을 위한 실질적 계획'을 발표하였으나, 이 계획은 주로 개도국들의 MDGs 달성을 위한 개발전략 수립 및 MDGs와 빈곤감소전략보고서의 연계를 강조하는 것이었다. 극단적으로는 MDGs 이행이 마치 개도국만의 책무인 것으로 이해되는 경향이 있다.

마지막으로, MDGs가 글로벌 차원의 목표라고 하지만 과연 MDGs 이행이 글로벌 차원에서 이루어지고 있는가에 대한 의문이 MDGs의 한계로 평가되고 있다. 즉 MDGs는 글로벌 리더십이 없는 상태에서 국가단위의 목표로 이행되고, 국가차원에서 이행에 대한 평가가 이루어지고 있다는 것이다(UNECA, 2012). 또한 이러한 한계에 대한 인식은 Post-2015 개발 프레임워크 수립에 있어서 개선해야 할 사항으로 논의되고 있다.

4 지속가능발전목표(SDGs)

1) SDGs의 등장배경과 내용

최근 국제사회에서 주목받는 이슈는 MDGs와 Post-2015 SDGs이다. 지속가능발전목표(Sustainable Development Goals: SDGs)는 2015년에 기한이 만료된 MDGs 이후의 대안으로서 Rio+20회의에서 합의한 것으로 경제성장 중심에서 탈피하여 사회개발과 환경보호 등과 함께 포괄적이고 총체적인 발전을 추구하는 새로운 패러다임이다(박지영, 2016). 이러한 SDGs는 MDGs에 대한 많은 비판과 우려, 그리고 MDGs의 단점을 극복하고 더 나은 개발목표를 수립하고자 한다는 데 의의가 있다(임원혁, 2012). Post-2015 SDGs에서는 단순한 경제개발이 아닌 포괄적 경제성장을 강조하고 있다. SDGs는 기존의 개발목표와 달리 선진국을 포함한 모든 국가에 해당하는 보편적인 목표를 설정하고 있으며, 경제, 사회, 환경을 통합적으로 고려하는 체제이다. 또한 시민사회, 민간기업 등 모든 이해관계자의 참여를 촉진하는 포용성을 강조하고 있다(UN, 2013).

SDGs는 2030년까지 빈곤을 종식하고 지속가능발전을 실현하기 위한 17개의 목표와 169개의 세부목표로 구성되어 있으며, 인간(people), 지구(planet), 평화(peace), 번영(prosperity), 파트너십(partnership)을 핵심주제로 모든 인간이 빈곤, 기아, 폭력으로부터 자유롭고 교육과 보건위생, 안전한 주거와 에너지 접근이 보장되는, 정의롭고 평등한 사회를 비전으로 제시하고 있다. 특히 SDGs는 개도국과 선진국 모두에게 보편적 의제, 경제, 사회, 환경을 포괄하는 변혁적 의제, 소외, 취약계층까지 고려하는 포용적 의제이자, 구체적인 이행수단, 강력한 후속조치 및 평가 시스템과 관련한 내용까지 포함한다(김인, 2015).

SDGs은 인권 · 평등 · 지속가능성의 3대 기본 원칙과 ① 포용적 사회개발, ② 환경

측면의 지속가능성, ③ 포용적 경제개발, ④ 평화와 안보라는 4대축을 기본으로 기존 MDGs를 대체하는 후속 글로벌 목표로 제시되고 있다(UN, 2013).

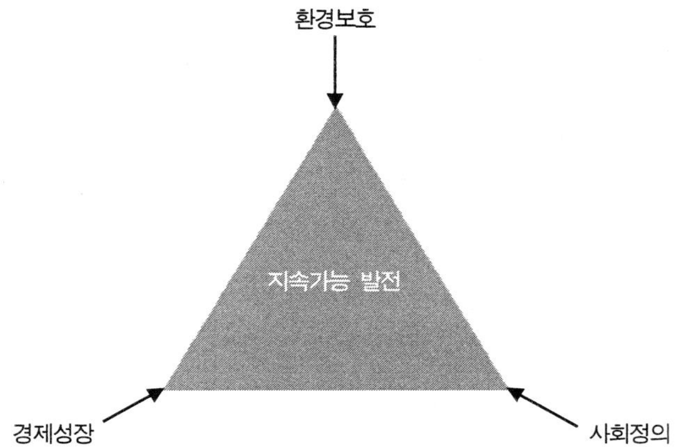

[그림 10-3] 지속가능발전의 3가지 차원

출처: 조성제 · 박현희(2015). p. 256.

① 포용적 사회개발은 양질의 의료 및 교육 서비스에 대한 보편적 접근성을 보장하여 빈곤과 불평등을 해소하는 데 필수적인 인적 역량의 격차 문제를 해결하고, 기아 해결 · 식품 안정성 확보 · 필수 영양 섭취를 위해 지속적으로 노력하여야 한다.

② 환경측면의 지속가능성은 기후변화, 토지황폐화, 생물다양성 악화 등의 문제를 해결하기 위해 노력하고, 특히 취약계층의 회복력(resilience)을 강화해야 한다.

③ 포용적 경제개발은 지속가능한 생산 및 소비 패턴으로 전환, 안정적이고 평등한 경제성장을 위한 거시적 목표 및 무역 정책 수립을 규정하고 있다.

④ 평등화 및 안보는 취약국가 정부의 역량 구축, 취약 계층의 권한 강화, 제도, 법 등 지속가능발전을 위한 효과적인 거버넌스 구축과 함께 구체적인 이행수단 강화와 국가 간 · 지역 간 협력을 통한 글로벌 파트너십을 인류 공통의 관심사로 보

고 있다(박지영, 2016).

〈표 10-3〉은 SDGs의 목표 17개안에 경제분야, 사회분야, 환경분야 그룹으로 구분되어 있다. 경제분야에서는 공정한 무역 시스템, 안정된 금융 시스템, 적정규모의 개발재원 확보, 기술과 지식에 대한 접근성 제고, 지속가능한 에너지 공급, 포용적 저탄소 경제성장을 위한 거시경제 및 개발 정책의 일관성 강화의 내용을 담고 있다. 사회분야에서는 지속가능한 식량 및 영양 공급, 양질의 의료 및 교육 서비스 제공, 사회적 약자 보호 시스템구축, 인구 고령화 고려, 이주정책 개선이 주요내용이다. 환경분야에서는 자연자원의 지속가능한 사용, 폐기물 관리, 재해 방지 및 예방 시스템 개선과 함께 평화 및 안보의 민주적이고 일관된 글로벌 거버넌스 메커니즘, 법과 규제에 기초한 거버넌스 확립, 분쟁 예방, 인권 보호, 여권 신장 확대의 내용을 포함하고 있다.

〈표 10-3〉 지속가능발전목표(SDGs)

<table>
<tr><th colspan="3">그룹</th><th>내용</th><th>분야</th></tr>
<tr><td rowspan="11">경제/
사회
발전</td><td rowspan="2">총
괄</td><td>목표 1</td><td>모든 곳에서 모든 형태의 빈곤을 종식</td><td>빈곤</td></tr>
<tr><td>목표 10</td><td>국가 내, 국가 간 불평등을 감소</td><td>불평등</td></tr>
<tr><td rowspan="5">사
회
발
전</td><td>목표 2</td><td>기아의 종식, 식품안정성 확보, 영양 상태 개선 및 지속가능 농업 향상</td><td>식량/농업</td></tr>
<tr><td>목표 3</td><td>모두의 건강한 삶의 보장, 모든 연령대의 인구의 복지증진</td><td>보건/건강</td></tr>
<tr><td>목표 4</td><td>모두를 위한 평생교육의 기회 증진과 포용적이고 공정한 양질의 교육 보장</td><td>교육</td></tr>
<tr><td>목표 5</td><td>양성평등 및 모든 여성과 여아의 역량을 강화하여 권익을 실현</td><td>젠더</td></tr>
<tr><td>목표 6</td><td>모두를 위한 식수와 위생시설에 대한 지속가능한 관리 및 접근성 보장</td><td>물/위생</td></tr>
<tr><td rowspan="4">경
제
발
전</td><td>목표 8</td><td>지속가능한 경제성장, 생산적 완전고용과 양질의 일자리 증진</td><td>노동</td></tr>
<tr><td>목표 9</td><td>회복가능한 인프라 건설, 포괄적이고 지속가능한 산업화 및 혁신 촉진</td><td>경제</td></tr>
<tr><td>목표 11</td><td>안전하고 재생 가능하며 지속 가능한 도시와 거주 지역을 조성</td><td>주거</td></tr>
<tr><td>목표 12</td><td>지속가능한 소비와 생산 패턴을 확립</td><td>소비</td></tr>
<tr><td colspan="2" rowspan="4">환경</td><td>목표 7</td><td>모두를 위한 적절한 가격의 지속가능한 에너지 접근 보장</td><td>에너지</td></tr>
<tr><td>목표 13</td><td>기후변화와 그 영향에 대한 긴급대응</td><td>기후변화</td></tr>
<tr><td>목표 14</td><td>지속가능한 발전을 위해 바다와 해양 자원을 지속적으로 사용하고 보존</td><td>해양</td></tr>
<tr><td>목표 15</td><td>육지 생태계의 보전, 회복 및 지속가능한 이용 증진, 지속가능한 숲관리, 사막화 방지, 토지 파괴 방지 및 복원, 생물다양성 감소 방지</td><td>생물
다양성</td></tr>
</table>

거버넌스, 이행수단, 파트너십	목표 16	지속가능발전을 위한 평화롭고 포용적인 사회 촉진, 모두가 접근할 수 있는 사법제도, 효과적이고 책임성 있고 포용적인 제도	거버넌스
	목표 17	목표 달성을 위하여 지속 가능한 이행 수단과 글로벌 파트너십 활성화	이행수단, 글로벌 파트너십

출처: UN General Assembly(2015); 박지영(2016). p. 13.

위의 17개 목표는 사람, 환경, 번영, 평화, 파트너십 등 5개 차원에서 방점을 두고 제정되었으며, 이들은 개별적인 목표임과 동시에 서로 간의 중요한 쟁점을 공유하는 것이다. 각 목표 및 세부 목표는 다른 분야(목표)의 발전에 의존하기 때문에 함께 추진되도록 하고 있다. 따라서 목표하고 있는 SDGs의 많은 지표(목표)는 하나 이상의 목적에 기여하게 된다(김태완 · 이주미, 2016). SDGs은 기존의 MDGs를 바탕으로 한 가운데 절대빈곤을 완전히 해소하는 목표와 함께 변화하는 개발환경, 인구, 도시, 환경문제, 과학기술 발전 등 모든 영역의 요구를 반영하고 있다.

2) MDGs와 SDGs의 비교

2000년 유엔 새천년정상회의에서 채택된 MDGs는 '절대 빈곤 및 기아 퇴치'와 '보편적 초등교육 실현' 등의 8개 의제를 제시하였다. MDGs는 국제사회를 한 방향으로 나가게 했으며, 공통으로 추구해야할 공통의 목표를 설정했다는 것에 큰 의의가 있다. 또한 지난 2015년 7월에 유엔이 발표한 〈2015년 MDGs 보고서〉에 따르면 하루 1.25달러(약 1,420원) 미만으로 살아가는 빈곤 인구가 1990년 45%정도에 육박했었지만, 2015년에는 14%로 현저하게 감소하였고, 영양실조 인구도 23%에서 13%로 줄어 MDGs를 통한 성과가 있었음을 확인할 수 있었다(김경철, 2016).

그러나 MDGs는 표면적 사회변화에 초점을 맞췄을 뿐이며, 직접적인 불평등 해소를 통한 근본적 가난해결에 접근하지 못했다는 평가가 많다. 그중에서도 취약계층을 충분히 고려하지 않았다는 비판이 대부분이었다(조성제 · 박현희, 2015).

MDGs가 개발도상국의 절대빈곤퇴치와 기초보건 및 교육환경 개선 등을 통한 개발과제의 해결을 목적으로 하였다면, 〈표 10-4〉와 같이 SDGs는 MDGs의 형태와 성과를 유사하게 유지하면서도 보편성, 포용성, 평등 등을 새로운 기조로 강조함으로써 21세기의 변화된 환경과 사회적 욕구를 반영하고 있음을 알 수 있다.

〈표 10-4〉 MDGs와 SDGs 관계 비교

구분	MDGs(2001년~2015년)	SDGs(2016년~2030년)
구성	8개 목표 + 21개 세부목표	17개 목표 + 169개 세부목표
대상	개도국	보편성: 개도국중심, 선진국도 대상
분야	빈곤/의료/교육 등 사회분야 중심	변혁성: 경제성장, 기후변화 등 경제・사회・환경 통합고려
참여	정부중심	포용성: 정부, 시민사회, 민간기업 등 모든 이해관계자 참여
특징	절대빈곤과 기아퇴치 중심 개도국의 사회발전 중심 개도국의 개발원조 정부의 재원조달 자발적 성과보고	지속가능발전목표 모든 국가와 영역에서 지속가능발전 모든 형태의 빈곤과 불평등 감소 모든 국가의 적용되는 보편성 민간협력 파트너십 강화/기업참여 확대 성과보고 책임성 강화

출처: 김경철(2016). p. 20.

MDGs와 SDGs의 가장 큰 차이점은 빈곤과 사회개발(보건, 교육), 양성평등, 환경 문제 등에 한정되어 있던 주제범위가 크게 확대되어 다양한 이슈들이 포괄화(inclusive)된 것이다(강하니, 2014). SDGs에서는 빈곤의 근본적인 원인으로 불평등, 인권, 평화, 환경, 에너지 문제의 중요성을 강조하고, 빈곤문제를 해결하기 위한 방안으로 경제성장, 생산/소비 개혁, 일자리, 지속가능성을 강조하여, 도시, 해양, 육상의 자원 및 생태계 보호를 구체적인 목표들로 제안하고 있다. 또한 SDGs의 이행을 위해 필요한 재원 확보를 위한 책무가 모두에게 있음을 확인하였다(김경철, 2016).

5 결론

새천년개발목표(MDGs)와 관련하여 지난 14년간 유엔과 국제사회가 노력한 내용과 성과를 평가하고 한국의 과제를 살펴보았다. MDGs가 유례없는 전 지구적인 비전과 목표, 그리고 협력체계를 가지고 세계의 최대 당면과제인 빈곤타파를 비롯하여 저개발 문제를 포괄적으로 다룬 것은 국제정치적, 정치경제적, 그리고 국제개발협력 및 국제적 협력의 측면에서 그 의미가 크다. 특히 MDGs는 그 한계 및 문제점에도 불구하고, 또한 현재까지의 성과와 관계없이, 국제사회에서 국제개발과 국제협력의 핵심목표이며 프로그램으로 자리 잡고 있다.

MDGs가 추구한 비전과 목표가 상당부분 달성되기도 하고 여전히 미흡한 부분이 많이 있는 것이 현실이지만, MDGs의 여러 목표들이 국제사회의 일관된 의제로서 다루어지고 각 주체별로 다양한 실현 노력이 이루어지는 정치적 계기와 발판이 되며, 그러한 성과들이 계량적으로 측정, 비교되는 점에서는 역사적으로 그리고 실제적으로 커다란 의의를 가지고 있다고 할 것이다(박흥순, 2014).

2010년 시점을 계기로 MDGs의 후속으로 새로운 개발의제를 마련하고자 하는 필요성의 실제적인 노력이 이루어져 왔다. 즉 Post-2015 체계를 위한 다양한 국제 포럼 및 회의의 논의, 결의문, 보고서, 연구의 제언 등은 이러한 노력과 국제적 의지를 반영한 것이다. 따라서 Post-2015를 위한 국제적 인식과 구체적 노력은 하나의 현실적인 대안으로 구체화될 가능성이 커졌다.

이와 같은 국제사회의 움직임과 가능성은 한국에게도 커다란 시사점을 주고 있다. 그것은 한국이 경제선진국, OECD/DAC 회원국, 그리고 역사상 유례없는 개발성공의 모델국가, 개발원조 등 국제사회에 대한 기여를 통하여 국제적 위상 및 영향력을 증대하려는 중견국의 입장이 되었으며, 현재의 MDGs 및 새로운 국제개발외교, 개발원조외교, 개도국외교, 공공외교 등에서 Post-2015체제의 구축 내용과 전략은 중견국인

한국에게 중요한 도전과 기회를 동시에 제공하고 있다(강선주, 2013).

세계는 MDGs가 설정한 15년간의 경험과 시행착오를 바탕으로 향후 15년간 또 다른 '개발' 의제를 국제사회의 새로운 정책과제로 추진할 전망이다(박흥순, 2014). 따라서 한국은 새로운 개발의제에서 보다 적극적인 역할을 추구해야 할 필요가 있다. 특히 빈곤 및 저개발의 해소를 통한 국제개발에 참여하여 궁극적으로 국제적 불안정성을 완화하고 국내적 혹은 국가 간 분쟁이나 갈등을 방지하여 전 지구적인 평화와 발전에 기여해야 한다. 새로운 개발의제를 발판으로 명실공히 국제사회에서 신뢰받는 중추적 중견국가로서의 역량을 발휘하는 기회로 삼아야 한다.

또한, Post-2015 시대를 이끌어 갈 SDGs는 보편성, 포용성, 평등을 기본 가치로 하면서, 현재 지구촌 전체가 직면한 도전과제들을 광범위하게 포함하고 있다고 할 수 있다. 특히 사회발전, 경제성장뿐만 아니라 환경보전이라는 다소 상충되는 요소들 간의 조화를 이루는 작업이 강조되고 있으며, 이를 위해서는 우리나라를 비롯한 국제사회가 각자 보다 효과적인 SDGs 이행방안을 마련하는 동시에 국제사회의 연대를 통해 보다 창의적이고 혁신적인 대응방안을 강구해 나가야 할 것이다.

CHAPTER 11

범분야 이슈와 Post-2015

11 범분야 이슈와 Post-2015

1 서론

지난 2000년 새천년(New Millennium)을 맞이하여 2015년까지 달성하기로 한 새천년 개발목표(Millennium Development Goals: MDGs)는 일부 국가에서 일부 목표를 제외하고는 2015년까지 전면적인 목표달성이 어려운 것으로 나타났으며, 그 달성기한이 종료됨에 따라 국제사회는 2015년 이후를 위한 'Post-2015'를 새로이 설정하였다. Post 2015 개발의제의 수립방향은 인권, 평등, 지속가능성의 3대 중점 가치를 바탕으로 경제개발 · 사회개발 · 환경 지속 가능성 · 평화와 안보의 4가지를 중심으로 구성되었다.

Post-2015와 관련한 국내의 논의들을 살펴보면 Post-2015 개발의제의 목표설정 과정과 개발목표의 발전방향에 대해 분석하거나(김지현, 2015; 임소진, 2013), Post-2015에서 다루고 있는 논의의 쟁점들인 이주와 개발, 인권과 불평등, 교육 및 공적개발원조(Official Development Assistance: ODA) 관련 문제 등 국제적 수준에서 활발히 진행되고 있는 담론들을 비판적으로 고찰하는 것이 주를 이룬다(김양희, 2014; 김진희, 2015; 이주영, 2015; 조영희, 2015; 한근식, 2013).

여기에서는 국제사회에서 빈곤층의 삶의 질과 직결되며 원조효과 제고를 위해 모든 원조 사업에서 반드시 고려되어야 하는 크로스커팅 이슈(Cross-cutting issues), 즉 범분야 이슈를 중심으로 이슈의 정의 및 관련 이론 등 기본적인 내용을 정리하였다. 또한 Post-2015에서 다루는 해당 이슈의 내용과 주류화 논의에 대해 살펴보았다. 공여국에 따라 범분야 이슈로 채택하고 있는 이슈는 젠더, 환경, 참여적 개발/굿거버넌스, HIV/AIDS, 인권 등으로 다양하다. 본고에서는 OECD/DAC(Development Assistance Committee)이 정책마커로 지정하고 장려하고 있는 젠더, 환경, 거버넌스를 중심으로 살펴보았으며, 한편으로 최근 중요성이 더 강조되고 있는 개발재원에 대해 알아본다.

2 Post-2015의 형성과정

MDGs는 몇 가지 한계를 가진 것으로 평가되었는데 ① 사회발전 중심의 인간개발과 결과중심의 패러다임을 가져왔으나 사회발전을 과도하게 강조한 나머지 경제발전의 중요성을 간과한 점, ② 국가와 지역의 차이를 고려하지 않고 동일한 시작시점에서 획일적으로 접근함으로써 목표달성에 어려움을 초래한 점, ③ 개도국을 중심으로 한 목표달성에 치우쳐 공여국의 책무를 간과한 점 등을 들고 있다(김양희, 2014).

이에 국제사회는 2012년 UN작업반(UN System Task Team)을 구성하여 MDGs의 한계를 넘어선 새로운 글로벌 목표 수립을 지향하는 Post-2015 개발의제의 방향 설정과 주제별 논의를 본격적으로 시작하였다. 이와 관련하여 UN작업반은 '우리가 원하는 모두를 위한 미래 실현하기', '개발을 위한 변화된 글로벌 파트너십', 'Post-2015 개발의제를 위한 통계와 지표' 등의 보고서를 제시하였다.

이어 정부, 비정부, 지역 및 성별을 고려하여 27명으로 구성된 'UN Post-2015 개발 어젠다 특별고위급패널(High-level Panel of Eminent Persons on the Post-2015 Development Agenda: HLP)'은 Post-2015 개발목표와 체제에 대한 국제사회의 입장들

을 수렴하고자 했으며, 그 결과로 5대 핵심 권고사항과 총12개 예시적 개발목표(goals)와 54개 세부목표(targets)를 제시하였다. 여기에는 MDGs에 포함되지 않았던 불평등, 평화와 분쟁, 거버넌스, 자연 재원 이용의 효율성과 같은 지표개발이 고려되었다(임소진, 2013).

한편으로, 지속가능한 개발목표(Sustainable Development Goals: SDGs) 열린작업반(Open Working Group: OWG)이 구성되어 지속적인 논의가 이루어져왔으며, 관련 논의들은 Post-2015 개발의제와 통합적으로 진행되어야 한다는 데 인식을 같이 하였다. 실제로, 'OWG를 위한 UN 내부 기술지원팀(UN Inter-agency Technical Support Team: TST)'의 경우 OWG 활동에 필요한 분석보고서, 배경자료, 전문가 활용 등의 기술지원을 제공해 왔으며 OWG에 UN시스템을 활용한 정보 플랫폼 등 총 29개 분야에 걸친 이슈 브리핑을 제공하였다. TST는 Post-MDGs 의제개발 관련 UN 기술지원체제 아래에 있다(under the umbrella). Post-2015 의제와 SDGs의 통합 노력이 실질적으로 UN 기구를 통해 구현되었음을 엿볼 수 있는 부분이다(김지현, 2014).

〈표 11-1〉 Post-2015의 형성을 위한 논의 경과

구분	주요 사안	내용
UN작업반	▸ 우리가 원하는 모두를 위한 미래 실현하기	- Post-2015 개발의제 수립을 위한 기본원칙과 방향성 제시
	▸ 개발을 위한 변화된 글로벌 파트너십	- Post-2015 이행체제에서의 파트너십의 방향성 제시
	▸ Post-2015 개발의제를 위한 통계와 지표	- Post-2015 글로벌 목표 이행을 위한 모니터링 및 지표에 대한 방향성 제시
HLP	▸ 5대 핵심과제(12개 예시 목표/54개 세부목표)	- 절대빈곤 퇴치 - 지속가능한 개발의 중점화 - 일자리 창출과 포용적 성장을 위한 경제구조 변화 - 평화구축 및 효과적이고 투명하며 책임 있는 국가제도 구축 - 새로운 글로벌 파트너십 구축
UN SDGs	▸ 지속가능한 개발목표에 관한 제안	- 총8회에 걸친 회의: 2013년 3월(1차)~2014년 2월(8차)까지의 회의를 바탕으로 UN에 보고서 제출

3 범분야 이슈 고찰

1) 젠더

(1) 젠더의 정의

사회학계에서 젠더(gender)라는 용어는 1990년대 이래, 여성이나 양성 간의 차이, 혹은 남녀에게 다르게 부과되는 사회질서를 뜻하면서 사회분석의 범주로 인식되어 일상적으로 통용되기 시작하였다(배은경, 2004). Scott(1999)은 젠더를 양성 간의 차이에 바탕을 둔 사회적 관계를 구성하는 요소로 정의하고 역사분석의 유용한 범주임을 밝힌 바 있다(김미덕, 2011 재인용). 빈곤의 원인이자 지속 가능 개발을 저해하는 요인 중 하나인 성불평등 문제는 대표적인 개발과제이며, 대부분의 사회에서 여성이 남성에 비해 경제·사회적 권리 및 정치적 참여에서 차별을 받고 있기 때문에 '젠더'와 관련한 성평등의 주 관심 대상은 여성이라고 할 수 있다(박명지, 2010).

(2) 젠더 불평등, 젠더기반폭력

Post-2015 논의에서는 MDGs 이후 오히려 더 커진 불평등의 문제가 부각되고 있다. 성별, 인종, 종교, 장애, 연령, 성적 취향 등에 대한 불평등 해소가 개발목표 달성의 전제조건이라는 견해가 나오며 UN의 Post-2015 HLP 보고서에는 여러 가지 차원의 격차와 불평등을 다루었다. 세계적으로 빈곤이 퇴치되지 않는 구조적인 문제에 경제, 사회, 환경, 정치적 불평등이 있다는 것을 파악하였으며 불평등을 제거하고 평등으로 나아가는 것이 경제성장과 인간개발을 목적으로 하는 국제사회의 나아갈 바임을 지적했다. 특히 여성에 대한 차별과 불평등이 개선되지 않는다면 '빈곤 종식'은 달성될 수 없고 성평등은 다른 개발목표에도 영향을 미친다. 글로벌 테마별 협의 보고서에 나타난 젠더 불평등의 4가지 형태를 살펴보면, 첫째, 사회, 경제, 정치적 자원과 기회에 대한 통제권 부족, 둘째, 여성과 여아의 종속적 지위에 대한 문화적 · 사회적 재생산, 셋째, 성 및 재생산 건강과 권리 확보 실패, 넷째, 젠더기반폭력을 꼽을 수 있다(김양희, 2014).

한편, '젠더기반폭력(Gender Based Violence: GBV)'이란 용어는 1993년 '여성에 대한 폭력철폐선언(UN Declaration of the Elimination of Violence against Woman)'에서 UN이 처음으로 사용하기 시작했다. 앞서 1979년에는 여성에 대한 폭력이 인권의 문제일 뿐만 아니라 사회, 경제발전을 저해하는 구조적인 문제라는 인식하에 '여성에 대한 모든 형태의 차별철폐협약'을 채택하였다. 젠더기반폭력이란 단어는 폭력의 근본 원인이 여성성과 남성성이라는 사회적으로 부여된 성역할에서 비롯됨을 나타낸 것이다. 즉, 여성과 남성 간에 사회적으로 할당된 성적 차이를 바탕으로 하여, 개인의 의지에 반하여 행해지는 물리적, 성적, 언어적 폭력을 일컫는 포괄적 용어이다(김양희, 2013).

젠더기반폭력은 여성이라는 생물학적 성 때문이 아니라 사회적으로 부여된 '여성성'과 '남성성'을 바탕으로 약자에게 가해지는 폭력을 통칭하는 개념이라는 점에서 '여성에 대한 폭력'과는 다르다. 여성에 대한 폭력은 여성이라는 생물학적 성을 근거로, 여성의 몸에 가해지는 폭력을 지칭하지만 어떤 특정 조건에서 남성도 젠더기반폭력의 피해자가 될 수 있기 때문에 젠더기반폭력 범위가 더 넓다고 보는 것이다. 젠더기반폭력은 해당 국가의 종교적, 사회적, 문화적 제도와 관습에 따라 다양한 형태의 폭력 양상을 보이는데 이는 해당 사회의 문화적, 종교적 관습에 뿌리깊이 자리 잡은 여성에 대한 인식을 바탕으로 한다.

(3) 성평등에 관한 관점

성차를 어떻게 인식하느냐에 따라 성평등에 관한 관점은 동일관점의 성평등, 차이관점의 성평등, 젠더관점의 성평등으로 정리할 수 있다(허라금, 2008).

① 동일관점의 성평등

동일노동 동일임금, 전통적 여성 진입 금지 직종의 개방, 결혼한 여성 퇴직 불법화, 최근에 이루어진 호주제 폐지 등이 기초하고 있는 동등처우로서의 평등 개념은 위계적인 성역할 규범을 명문화하고 공식화함으로써 이루어지는 가족이나 노동시장 및 공적 영역에서의 성불평등을 제거하는 데 효과적인 개념이다. 그러나 엄격한 '남성과 여성의 동등' 대우로서의 성평등 개념은 남성을 기준으로 같음과 다름을 구분하는 틀 안에서 개념화하기 때문에 기본적으로 남성중심적인 평등이라는 한계를 갖는다.

동등대우로서의 성평등 개념은 남성과 다른 여성의 특수성을 고려한 대우들을 남성에 대한 (역)차별로 보게 하여 여성에게 실질적으로 불리한 대우를 정당한 것으로 판단하게 하는 근거가 될 수 있다. 또한 성차이 중에 어떤 것은 생물학적인 것과 관련된 것이거나, 사회적 환경과 관련된 것이다. 사회적 환경이 만들어 내는 성차를 고려하지 않는 남녀 동등대우가 실제로는 여성에게 부당한 것일 수 있다. 즉 남녀 집단을 다르게 조직하고 있는 사회적 여건을 고려하지 않고 여성과 남성을 동등한 개인들로만 취급하는 것은 경우에 따라 부당한 결과를 초래한다.

② 차이관점의 성평등

불평등한 권력관계의 역사 속에서 구성된 성차 곧 젠더는 그 자체가 문제이기 때문에 남성 영역인 곳에 여성들이 진출하기 위해서는 여성들의 현실적 불리함을 보완해주는 적극적 조치가 필요하다고 본다. 고용상의 적극적 조치를 제외한 다른 영역에서는 성차들을 적극적으로 승인하는 조치들이 과연 성평등을 위한 긍정적 역할만을 하는 것인가에 대한 논란이 있다. 여성을 위해 만들어진 기준들이 그 의도한 목적과 달리 결과적으로 남성 지배적 영역이나 지위에로의 여성들의 접근을 차단하는 정당한 근거로 기능할 위험성이 있는 것이다. 여성은 특별한 보호나 느슨한 기준을 필요로 하는 "부족한" 존재라는 기존의 고정관념과 그런 조치들이 결합해서 오히려 불평등을 재강화시킬 수 있다.

③ 젠더 관점의 성평등

성차를 생물학적인 것이든, 사회적인 것이든 고정된 것이 아닌 유동하는 것으로 이해할 필요가 있다. 유동한다는 것은 기존의 경계를 넘는다는 의미로서 성차를 남성, 여성이라는 이분화된 차이를 넘어서 다양한 성들 간의 차이를 고려하는 성평등 개념으로 사고하는 것이다. 성차에 대한 역동적인 접근은 성들 간에 깊은 차이가 존재할지도 모른다는 점을 부인하지 않지만 그 차이들이 선천적이라거나 생물학적인 것이어서 변할 수 없는 것이라는 주장을 부인한다. 우리가 지각하는 남성과 여성 사이의 차이들이 성적 불평등의 원인이자 결과라는 점을 간과하지 않는다.

성차가 역사적 불평등의 산물이라는 점을 인식한다면 여성들이 남성들과 다른 것을 선택하거나 선호한다는 이유로 성별 직종분리를 인정하고, 여성 직종을 저임금화하고 저평가하는 것은 오랜 불평등한 성역할 규범에 의해 이루어진 "강요된 차이"로 볼 수 있다. 성차를 역동적으로 이해하는 접근법은 젠더를 따지지 않는 성적 평등의 해석 방식이 결과적인 성적 불평등을 만들어 낼 수 있음을 보여 준다. 또한 한편으로는 여성들 내부의 차이와 많은 성들 간 차이의 사회적 기원을 인지함으로써 성차를 승인하는 방식으로 성적 평등을 해석하는 데 숨어 있는 위험성을 보여 준다.

(4) 젠더 관련 논의

① Post-MDGs와 젠더

Post-2015 HLP 보고서가 제안한 12개 목표 가운데 성평등은 8개 목표와 관련된다. 성평등은 1번 빈곤퇴치, 2번 소녀 및 여성 역량 강화와 양성평등 달성, 3번 양질의 교육 및 평생교육 제공, 4번 건강한 삶, 5번 식량안보 및 영양개선, 6번 물 및 위생에 대한 보편적 접근성 달성, 8번 일자리 창출, 지속가능한 생계, 공평한 성장, 11번 안정적이고 평화로운 사회보장 등 8가지 목표 달성과 직·간접적 관계를 갖는다. 이 가운데 젠더와 관련된 직접 목표를 구체적으로 살펴보면, 2a 소녀와 여성에 대한 모든 종류의 폭력 방지 및 근절, 2b 미성년 결혼 근절, 2c 재산 소유 및 상속, 계약서 서명, 사업 등록 및 은행계좌 설립에 대한 여성의 동등한 권리 보장, 2d 정치적, 사회적, 공적 생활에 있어서 여성에 대한 차별 제거 등이다.

특정 집단이 폭력에 취약할 경우 국가가 역량을 발휘해 발전을 이룰 수 없음을 생각할 때 2a 여성에 대한 폭력 근절은 인간개발과 경제발전 목표를 성취하는 전제조건이라 할 수 있다. 2b 조혼근절은 개도국의 경제, 교육, 사회인식, 문화 등 여러 요인이 작동했을 때 달성 가능한 목표이다. 많은 개도국에서 여아들이 초등 및 중등학교를 졸업하지 못한 채 가사일을 거들다가 조혼하게 되며 청소년기에 출산을 하다 모성사망과 아동사망으로 이어지는 경우가 많기 때문에 조혼근절 목표는 보편적 초중등 교육, 모성사망 감소, 아동사망 근절 등의 '건강한 삶' 목표 달성과 분리가 불가능하다. 2c, 2d는 개도국의 많은 여성들이 경제적, 정치적 권한이 부족하기 때문에 이를 육성하여 여성들의 역량을 키워야한다는 시각이 반영된 목표들이다(김양희, 2014).

② 젠더 주류화

'빈곤의 여성화'라는 말에서 잘 드러나듯 세계 극빈층 인구 중 절대 다수가 여성이며 여성의 빈곤은 많은 경우 여성에 대한 차별적 대우와 불평등에서 비롯된다. 즉 여성은 다양한 불평등이 중첩되고 교차된 '교차적 불평등(intersecting inequalities)'을 보여주는 대표적인 대상이다. 교차적 불평등은 불평등을 야기하는 여러 요소가 중첩돼 주변화된 여성들을 더욱더 사회적으로 배제시키고 소외시키는 기제로 작동한다. 예를 들면 무학력에 장애를 갖고 있는 빈곤한 흑인 여성은 성별, 인종, 학력, 장애 여부가 겹쳐진 중층적인 억압구조에 있다고 볼 수 있다(김양희, 2014).

대부분의 사회에서 여성이 남성에 비해 경제·사회적 권리 및 정치적 참여에 있어서 차별을 받고 있음을 고려할 때 성불평등 문제는 빈곤의 원인이자 지속 가능 개발을 저해하는 요인으로 대표적인 개발과제가 된다. 더욱이 여성은 주요 개발 이슈인 가계수입 창출 및 아동 교육 및 보건, 인신매매, HIV/AIDS 등의 문제와 밀접하게 연결되어 있다. 따라서 여성의 교육 및 고용의 기회를 확대하고 권익을 향상시키면 전반적인 사회·경제개발의 수준이 향상되어 결국 국가의 빈곤감소와 경제성장에 일조하게 될 것이다. 이에 국제사회는 성불평등을 해소하기 위해서 젠더 이슈를 모든 개발사업에 주류화하도록 권고하고 있다(박명지, 2010).

2) 환경

(1) 환경적 지속가능성의 개념

환경을 경시한 생산과 소비 중심의 경제 개발 과정은 향후 생태계 파괴 등으로 이어져 결국 국가의 경제개발에 큰 부담으로 돌아온다. '지속가능성' 개념은 원래 생물학에서 자연자원에 대한 인간의 이용 정도를 제한함으로써 자원고갈을 막자는 취지에서 등장하였으나 자연의 생태학적 기능과 자원 유용성 수준의 지속가능한 유지를 위한 사회적 조건을 포괄하는 개념으로 발전하였다. 지속가능성 개념 속에서는 자연환경의 요소뿐 아니라 사회·경제적 요소들이 포괄적으로 담겨 있다(정규호, 2002).

환경적 지속가능성은 선진국과 개도국에 모두 중요한 이슈이긴 하지만, 특히 체계적인 환경제도와 정책이 구축되어 있지 않은 개도국의 경우 국가 주도의 대형 개발사업 과정에서 환경이 충분히 고려되지 않아 장기적인 지속 가능 개발을 저해하는 위협요인이 되어 왔다. 또한 환경은 국제사회가 주요 개발이슈로 삼고 있는 교육, 젠더, 보건, 분쟁 등의 경제 및 사회개발 이슈와 밀접하게 연결되어 있기 때문에 환경을 관리하는 역량은 한 국가의 지속가능한 개발에 영향을 미치는 결정적 요소가 된다(박명지, 2010).

(2) 지속가능한 개발과 녹색성장

지속가능한 개발(sustainable development)의 실제 구현을 위한 전략으로 평가받을 수 있는 녹색 성장(green growth)은 환경과 자원 위기 해결뿐 아니라, 기존의 경제 성장 모델의 근본적 대안을 제시함으로써 지속가능한 개발의 환경과 경제의 상생적 통합 문제를 해결하기 위한 경제 패러다임이다. Post-2015는 녹색 성장을 통한 경제와 환경의 통합적 고려를 위한 새로운 경제 모델을 제시함으로써 MDGs의 주요 목표인 빈곤 퇴치와 각 사회경제적 개발 목표를 해결할 뿐만 아니라 현 기후변화와 자원 고갈에 대처함으로써 전 인류의 생존 기반인 지구를 후세대에게 온전히 물려줄 수 있는 전략으로 고려될 필요가 있다.

• 녹색성장은 개도국의 중장기적인 지속가능한 개발을 달성하기 위한 강력한 도구이다.

– 개도국은 빈곤퇴치, 복리증진, 삶의 질 향상이 주요 국가 목표이며, 이는 지속가능한 자연자원 활용이 경제 성장에 중요함을 인식하고, 지속가능한 생산과 소비를 촉진할 필요가 있다.

• 녹색성장은 새로운 경제 패러다임으로, 전 섹터에 걸쳐 통합적으로 고려되어야 한다.

– 녹색성장은 경제 위기와 물, 에너지 등 자원 부족, 기후변화와 생태계 위기에 대응하기 위하여, 전 경제 영역에 걸쳐 기존의 자원 착취와 환경오염 등을 발생시키는 경제 성장 방식(brown economy)이 아닌 환경과 자원, 경제를 동시에 고려한 새로운 경제 성장 방식(green economy)이다.

• 녹색성장은 지속가능한 개발의 한 축인 사회적 지속가능성(social substantiality)에 대한 고려가 필요하다.

– 녹색성장은 경제 개발과 환경적 고려를 중심으로 발전된 경제 성장이론으로서, 정책 효과에 따른 형평성 문제, 빈곤층 및 사회 약자층 배려, 지역 공동체 강조, 삶의 질 향상 등을 위한 정책적 보완이 요구된다.

(3) 환경 관련 논의

① Post-MDGs와 환경

2012년 국제사회는 리우환경회의(RIO+20)에서 2015년 종료되는 UN의 MDGs를 대체하는 계획으로써 지속가능한 개발목표(SDGs)로의 전환을 논의하였으며, OECD, 유엔환경계획(United Nations Environment Programme: UNEP), World Bank 등은 녹색경제 전환 및 저탄소 성장에 대한 지원 논의를 확대하는 등 급속한 경제성장 과정에 있는 개도국이 환경파괴의 비용을 줄이고 성장의 지속가능성을 제고하도록 하였다. Post-2015 HLP 보고서가 제안한 12개 목표 가운데 환경은 9번째 목표와 관련된다. 9a 모든 정부 및 주요 기업의 경제·사회·환경적 회계장부 공개, 9c 생태계, 종(species), 유전적 다양성에 대한 보호장치 마련, 9d 삼림파괴 x% 감소와 재식림(reforestation) y% 증가, 9e 토양품질 향상, x톤의 토양 침식 감소, 사막화 방지 등이다.

Post-2015 프레임워크 형성과정에서 여러 SDGs는 여러 아젠다들과 경쟁되어 논의되는 것이 아니라, 다른 개발 아젠다들과 함께 글로벌 개발목표로 통합 반영되었다고 본다. 이는 Post-MDGs와 Sustainable Development가 서로 양립하지 않으며 상호보완적이어야 한다는 것과 같은 의미이기도 하다. Sustainable Development는 단순히 "환경을 고려한 개발"이라는 부분적이며 단편적인 고려 요소가 아니라, "경제, 사회, 환경의 세 개의 축이 통합적으로 고려된 개발" 패러다임을 의미한다. 환경을 고려한 개발은 크로스커팅적으로 모든 의제에서 고려하여야 하며, 특히 현재 기후변화와 환경오염, 자원 고갈 등 환경적 위험과 경제 위기, 빈곤 퇴치 등의 개발 문제와의 높은 상호 연관성을 고려할 때 포괄적이고 통합적인 접근법의 차원에서 의제 개발 과정에 요구되는 것이다(한근식, 2013).

② 환경 주류화

환경은 하나의 개별 섹터인 동시에 모든 분야와 영역에서 중요한 과제인 범분야로 간주될 수 있다. 환경주류화는 모든 사업들의 수행과정에서 환경을 고려하는 행위이다. 보다 구체적으로 말하면 개발사업의 결과로 발생한 환경문제에 대응하는 것이 아니라 개발과정에서 초래될 수 있는 환경적 악영향을 사전에 고려하여 개발효과를 높이고 지속 가능 개발을 도모하기 위한 전략이라고 할 수 있다. '환경'을 하나의 섹터로만 인식하지 않고 점차 통합과 주류화를 강조하는 방향으로 변화되고 있다(박명지, 2010).

〈표 11-2〉와 같이 OECD를 비롯한 주요 원조기관들은 환경주류화를 위해 노력하고 지원하는 활동을 한다. 원조기관들의 환경주류화 노력에서 나타나는 몇 가지 공통점은 기존의 단일 프로젝트 중심으로부터 빈곤감소 전략, 국가지원전략 등 전략 차원에서 가능한 프로그램 중심의 환경 주류화를 추진한다. 또한 환경 역량개발을 통한 효과적인 환경주류화를 도모하며, 환경과 개발 간의 연계성을 강조하고, 환경적 지속가능성 개선을 통한 개발에 집중하고 있다는 점이다. 이들 원조기관들은 환경문제에 효과적으로 대응하고 원조의 질을 제고하기 위해 '개발 과정'에 중점을 두고 환경주류화를 위해 조직의 사업관행을 변화시켜 나간다(임소영 외, 2013).

〈표 11-2〉 환경주류화 활동

원조기관	특징
OECD	• 1990년 초 지속가능한 개발에 주목, 환경 이슈와 개발의 통합 논의 • 2000년대 환경주류화, 녹색성장 접근을 본격화 • 개도국의 녹색성장을 통해 국가개발, 빈곤감소, 일자리 창출 도모
세계은행	• 1970년대 환경이슈를 개발사업에 최초 도입, 환경개선을 개발과 빈곤 퇴치 활동의 일환으로 간주 • 2012년 '모두를 위한 녹색, 청정, 복원력 있는 세계'로 개도국의 환경주류화 지원
유엔개발그룹 (UNDG)	• 환경과 개발의 연결고리를 이해하고 수원국의 특정 필요와 역량에 맞는 환경주류화 프로그램 제공 • 유엔개발원조계획(UNDAF)을 체계적으로 접목하여 개발 활동의 환경 주류화를 수행할 수 있는 기반 제공
유엔공업개발기구 (UNIDO)	• 개도국의 빈곤감축, 일자리 창출 및 환경 지속가능성을 목표로 지속가능한 산업 개발을 지원 • 지속가능한 산업개발을 돕는 '녹색산업이니셔티브' 개발 • 산업의 녹색화 필요성을 경제, 사회, 환경적 측면에서 강조

3) 거버넌스

(1) 거버넌스의 정의

거버넌스는 한 국가의 정부 시스템을 일컫는 것이 아니라 일반 대중 및 시민사회, 학계 등 한 사회를 구성하는 이해 관계자가 얽혀 있는, 셀 수 없이 많은 제도와 기관의 상호작용을 총칭한다. 거버넌스는 정부를 비롯하여 민간부문, 일반 대중, 시민사회를 비롯한 NGOs 등 모든 이해관계자가 참여하는 의사결정의 과정인 동시에 결정된 사안이 이행되는 과정으로 정의할 수 있다(박명지, 2010). 세계은행은 거버넌스를 '한 나라의 시민이나 대표자가 요구하는 공공재나 기타 재화를 제한된 자원을 가지고 효과적으로, 투명하게, 공정하게, 책임성 있게 제공할 수 있는 공공 조직의 제도적 능력'으로 정의하였다(김의영, 2011).

특히 '글로벌 거버넌스'는 세계적 규모의 협동관리 또는 공동통치 형태를 띤다. 글로벌 거버넌스의 개념은 1990년대 새롭게 등장한 지구화의 정치 · 경제 질서와 관련이 있다. 냉전 종식 이후 안보, 군사 및 정치 이슈에 국한되어 있던 무게 중심이 경제, 문화, 인권, 환경 등의 이슈로 확산 또는 강화되어 가는 과정에서 국제 질서를 이해하고 국가 간과 다양한 행위자들과의 상호관계, 협력 등을 통합적이고 포괄적으로 분석하는 틀이 글로벌 거버넌스이다(임병열, 2005). 글로벌 거버넌스 환경에서는 범지구적인 성격의 문제들을 다루며, 국가 이외에 국제기구, NGO, 다국적 기업, 개인이라는 새로운 행위자들이 함께 참여하여 활동하기 때문에 다양한 정책 당사자가 참여하는 네트워크와 정책관리 개념을 강조하는 거버넌스가 중요한 구성요소가 된다(곽효경, 2006).

한편, 거버넌스 논의 중 '바람직한', '좋은', '건전한', 또는 '참된 거버넌스'라고 번역되는 굿거버넌스(good governance) 개념은 세계은행을 중심으로 원조 공여국과 국제금융기관이 해외원조의 효과성을 높이는 방안으로 고안한 개념으로서 원조수여국에 대한 일종의 공여조건으로 제시되어 왔다(김의영, 2011). 개발을 위한 필수 조건으로 지칭되는 굿거버넌스의 8개의 속성으로 참여적(participatory), 합의기반의(consensus-oriented), 책임 있는(accountable), 투명한(transparent), 효과 · 효율적인(effective · efficient), (이해 관계자의 요구에) 신속하게 반응하는(responsive), 법치(rule of law)에 의한, 공평한(equitable) 의사결정 및 이행 과정 등이 있다(박명지, 2010).

(2) 거버넌스의 종류

① 인권 거버넌스

국제사회는 UN을 중심으로 「세계인권선언」과 「국제인권규약」을 마련하여 인권 보호의 시대를 열었고 비정부기구와 단체들도 인권보호를 위한 국제적 노력을 강화해 왔다. 또한 각 정부의 외교정책 및 교섭이슈로서 인권문제는 주요 아젠다가 되었고, 실질적, 효율적 측면에서 지역차원의 인권레짐이 형성되어 왔다. 즉 인권보장의 실현을 위한 노력은 다양한 행위주체들의 상호작용을 기반으로 한 다층적 · 다원적 차원의 글로벌 거버넌스 개념하에서 현실화되고 있다고 할 수 있다(이정우, 2013).

인권에 대한 논의에서 가장 논쟁이 되는 것은 인권의 보편성과 문화적 상대주의가 공존하고 있다는 점이다. 인권의 보편성을 주장하는 쪽은 문화적 차이나 각국의 경제 · 사회 수준의 발전 정도와는 무관하게 인권이 보편적으로 정당화될 수 있다고 본다. 반면에 인권의 상대성을 주장하는 쪽에서는 각국의 사회 발전수준과 문화적 특수성에 따라 인권에 대한 정의와 기준이 다르게 나타나고 또한 다른 정의가 가능하다고 본다(김원식, 2005).

한편 국제사회에서 인도적 개입과 관련하여 '주권 원칙'과 '자유주의 원칙'이 상존한다. 주권원칙을 살펴보면 국가 간의 행위를 규제하는 근본적인 규칙으로 무력을 동반한 강력한 인도적 개입을 허용하지 않고 있다. UN을 중심으로 한 국제사회의 복잡한 규칙은 전통적으로 질서와 관계된 평화와 안정이 인권보다 중요한 것으로 나타난다. 그러나 인도적 개입을 분명하게 금지하고 있지는 않으며 일부 조항에서는 개입의 가능성을 암시하기도 한다. 자유주의 원칙에서 인권문제를 보면 개인의 존엄성과 자율성을 존중하고 기본적인 개인의 권리를 보호하려는 목적으로 세워진 국제적 규칙들이 인권의 보편적 가치를 지탱하고 인권을 보호하고 있다. 주권의 경우와 마찬가지로 인권규칙은 UN헌장 및 인권관련 국제적 협정과 선언에 명시되어 있다(최의철, 2003).

② 환경 거버넌스

오존 거버넌스, 그리고 유럽연합(European Union: EU), 북미자유무역협정(North American Free Trade Agreement: NAFTA), 동남아시아연합국가(Association of Southeast Asian Nations: ASEAN) 등은 국제환경 거버넌스의 대표적인 사례이다(민혜진, 2011). 오존 거버넌스에 대한 국제적 접근은 1975년 염화불화탄소(CFCs) 사용의 오존층 파괴가 국제적인 의제로 등장한 이후 형성되었다. 문제해결에 결정적인 요인으로 작용한 것은 미국, 캐나다, 노르웨이 등 이슈에 대해 리더십을 발휘한 주요 국가들의 핵심적 역할이었고, 이슈에 대해 명확한 입장을 지닌 일반인들과 협조적 비정부기구들이다. UNEP는 국제적으로 지지자들을 동원하고, 주요국 정부들, 사적 이익집단들, 국제기구와의 협의를 이끌어 내었다. CFC의 생산량은 개도국에서 약간 증가했으나 세계적으로는 감소했으며 조약이 이행된 이후 소비의 감소가 75%에 이른다.

EU, NAFTA, ASEAN 등은 모두 지역환경과 관련된 거버넌스이다. EU는 정치적 입장 차이와 이행의 문제점들이 존재하고 있지만 대기, 수질, 토양, 쓰레기 처리 등을 망라하는 200개 이상의 환경규제를 승인했으며 어느 지역보다 강력하고 혁신적인 환경정책을 펴왔다. EU는 관리와 강제 전략을 결합하여 구속력 있는 공동정책을 성취해 나가는 노력을 하고 있다.

NAFTA는 환경법과 규제들을 강화, 강제하고 지속가능 발전을 촉진하기 위한 조항들을 마련하였으며, 미국 환경협력협정에 동의함으로써 환경 의제를 확장시켰다. 이 협정은 공동의 기준을 요구하지는 않지만, 국내법의 준수를 장려하고 회원국들의 능력 신장을 도와주며, 협력을 촉진시킨다. ASEAN 역시 환경 이슈를 포함시키면서 의제를 확장해왔고, 비정부기구들이 기구의 활동에 점차로 깊이 참여해 온 지역기구이다.

(3) 거버넌스의 이론적 토대

거버넌스의 이론적 토대로 자유주의 입장에 있는 기능주의, 현실주의적 입장의 합리적 선택이론, 그리고 대안적 접근법으로서 구성주의 접근법이 있다(민혜진, 2011). 기능주의는 거버넌스 구조가 사람들과 국가들의 기본적인 혹은 기능적인 '필요'로부터 발생한다는 믿음에 근거한다. 기능주의자들은 무지, 빈곤, 기아와 질병으로부터 기인하는 전쟁을 없애려고 정치적 협력을 달성하는 데 경제적, 사회적 협력이 선결조건이라고 본다. 국가 간의 협력관계가 증가하면 협력적 상호작용도 확대되고 공통가치의 기반을 구축할 수 있다. 이 과정에서 기술 전문가들의 역할이 중요한데, 이들은 특정 국가의 시민이라는 정체성을 점차 상실하고 전 지구에 비슷한 생각을 가진 사람들과 더욱 협력하는 모습을 보일 것이라고 가정한다.

합리적 선택이론은 국가의 선호는 국가의 객관적이고 물질적인 조건으로부터 도출된다고 가정한다. 즉 국가의 행동이 주관적인 기대효용에 대한 합리적 계산에 근거한다고 본다. 이러한 계산에는 다른 국가들의 능력과 의도에 대한 평가가 포함된다. 합리적 선택 이론가들은 국가들이 그들의 목적을 달성하기 위하여 어떻게 국제제도를 이용하고 또 목적을 달성하기 위해 어떻게 제도를 설계하는가에 관심을 가지고 있다.

구성주의 접근법의 경우 구성주의자들은 개인, 국가와 다른 행위자들의 행동이 어떤 방식으로든 공통의 신념 및 사회적으로 구성된 규칙과 문화적 습관에 의해 형성된다고 주장한다. 현실주의자들이 국가이익과 정체성이 정해져 있는 것이라고 주장하는 반면에, 구성주의자들은 그것들이 사회적으로 구성되는 것이라고 보며 문화, 규범, 아이디어와 국내외적 상호작용에 영향을 받는다고 보는 것이다. 국제기구를 분석함에 있어 구성주의자들은 행동에 영향을 끼치고 이익을 형성하는 지배규범인 국제기구의 사회적 내용을 발견하려고 노력하며 이러한 이익이 다시 어떻게 국가들의 행동에 영향을 끼치는지를 알아내려고 노력한다.

(4) 거버넌스에 관한 논의

① Post-MDGs와 거버넌스

Post-2015 HLP 보고서가 제안한 12개 목표 가운데 거버넌스는 10번째인 굿거버넌스와 효과적 제도 보장 목표와 관련된다. 10a 출생신고와 같은 자유롭고 보편적인 법적 신분 제공, 10b 언론, 집회, 평화로운 시위의 자유와 독립적 매체 및 정보에 대한 접근성 보장, 10c 모든 단계에서의 정치적 과정의 대중적 참여와 시민참여 증가, 10d 정보에 대한 대중권리와 정부 데이터 이용 보증, 10e 뇌물수수 및 부패감소와 공무원의 책무 보장 등이다.

Post-2015에서 거버넌스는 공감대가 이미 형성되어 있는 투명성과 책임성, 정치적 참여와 법치 등 시민권과 참정권을 강조하는 식의 목표로 설정되어 있음을 알 수 있다. 문제해결의 조정체제로서의 거버넌스는 정치적 분권화의 흐름 속에서 정치·경제·사회적 이해관계를 보존하고 증진하도록 도우며 다양한 사회 행위자들의 참여와 협력을 이끌어 내는 역할을 하는 것이 중요하다.

② 거버넌스 주류화

빈곤과 기아, 환경 문제, 인권 침해, 난민 증가, 핵확산 등 세계적 규모의 여러 문제에 국가가 충분히 대응하지 않을 때, 국제사회가 그것을 방치하지 않고 정의를 실현할 수 있다는 인식이 바탕이 되어 세계적 규모에서의 거버넌스에 대한 필요성이 제기된다. 여기에는 인간사회에서 참을 수 없는 비참한 상황의 해결을 위해서 국가에만 의존하는 것이 아니라 개인과 국제기관, 난민 조직 등이 협력하여 해결하고자 하는 의미가 있다. 거버넌스를 통해 각국정부나 UN, 국제기구들, 다국적 기업, 그리고 국제 NGO와 같은 새로운 초국가적 행위자들이 관리에 참여함으로써 한 국가의 국경을 초월한 지구촌의 공동관심사와 문제의 해결이 가능해진다(김진옥, 2013).

한편, 거버넌스에 관한 논의는 원조효과성과도 관련이 있다. 오늘날 원조가 산출물

뿐 아니라 결과와 영향력에서도 목표한 바를 달성함으로써 장기적으로 경제성장과 빈곤감소, 국가발전에 기여하기 위해서는 수원국의 제도적 환경이 전제되어야 한다는 것이 강조되고 있다. 즉 원조효과성 달성을 위해서 수원국의 정치, 행정, 사법적 통치제도를 바람직한 방향으로 구축할 필요가 있다는 것이다. 원조효과성을 높이는데 제도적 환경이 중요하다는 실증적 논의에 기반하여 원조를 제공하기 위해서 이미 굿거버넌스를 갖추고 있는 나라들을 선택하는가 하면, 실제 현재 세계은행 그룹에 속하는 국제개발협회는 차관 제공 여부를 결정하는 데 있어서 거버넌스의 질을 평가하고 있다. 양자간 공여기관 중에 거버넌스를 원조의 조건으로 도입하는 모습도 나타난다(김은주, 2013).

4) 개발재원

(1) 개발재원의 정의

개발재원의 개념정의나 체계는 아직까지 명확하게 마련되어 있지 않지만 일반적으로 국제개발협력에서 개발재원은 개도국의 빈곤퇴치와 경제발전을 위해 다양한 형태의 협력 활동과 재원의 흐름을 의미하는 것으로 사용되고 있다.

(2) 개발재원의 종류

개발재원은 구체적으로 세 가지 범주로 구분할 수 있다. 첫째, 개도국 내 국내 세수로 재원을 마련하는 것으로 2000년에서 2011년 사이 개도국과 신흥국의 정부 수입을 살펴보면 4배 이상이 증가했으며 이러한 긍정적 추세는 지속적인 GDP의 성장과 세금 확충을 가능하게 하였다. 효율적인 세금 동원과 세제 개혁을 통해 지속적인 개발재원으로 활용할 수 있을 것으로 전망된다.

둘째, 국경을 넘는 Cross-border 개발재원으로써 외국인직접투자(Foreign Direct Investment: FDI)와 해외 송금(remittance)과 같이 개도국 외부에서 조정할 수 있는 다양한 민간 자금이 있다. FDI는 특정 국가에만 집중되어 있다는 단점이 있으나 중소득 국가(중국, 인도, 브라질, 러시아 등)의 개발재원에 중요한 역할을 한다.

셋째, ODA는 OECD DAC이 정한 기준에 따라 공공기관이 주체가 되고, 개발도상국의 경제개발과 복지증진의 목적을 가지며, 증여율(grant elements)이 25% 이상이라는 세 가지 조건을 충족해야 한다. 한편, non-ODA재원이지만 ODA와 같은 성격을 지니는 재원이 있다. 여기에는 자선활동, 기후재원, 혁신적 재원 등이 포함되며, 장기적 관점에서 본다면 시민단체와 NGO들의 활동까지 포함할 수 있다. 자선활동은 다른 재원에 비해 그 비율이 적지만 보건, 교육과 같은 사회 부문에서 주로 이루어지며 크로스커팅 주제에 대해서도 지속적으로 관심을 두는 것으로 나타난다. 원조 규모가 적지만 non-DAC 공여국인 신흥공여국들은 DAC 공여국들이 취하는 방식에 따라 개발원조를 실행하고 있다(문경연 외, 2014).

(3) 개발재원 관련 이론

개발재원과 관련하여 누수효과론, 이중성과론 등의 이론이 있으며 대안적 재원조달을 둘러싼 대체성과 보완성, 책무성에 관련된 몇 가지 함의들이 언급되고 있다(김태균, 2012).

① 누수효과론(Leaky Bucket Theory)

대안적 재원 조달을 새롭게 실행한다는 것은 결국 어떤 방식으로든 새로운 조세제도를 도입한다는 것을 의미하고, 새로운 조세제도를 실행할 때 반드시 동반되는 문제점은 목표한 양의 재원을 확충하는 과정에서 발생하는 여러 가지 비용으로 인해 최종적으로 산출되는 재원의 규모가 계획했던 것보다 작은 결과를 초래한다고 보는 입장이다. 누수현상을 일으키는 원인 중 가장 중요하게 거론되는 것은 대안적 개발재원을 집행하는 과정에서 발생하는 관리비용을 들 수 있다(Atkinson, 2005). 왜냐하면 대안적 재원들은 직접세보다는 간접세의 형식을 띠고 있고 간접적으로 조달된 재원을 다시 제

3의 수원국으로 분배하는 복잡한 과정을 거치기 때문에 더더욱 중간 단계에 관련되는 기관의 수가 늘어나게 되어 결과적으로 관리비용의 규모가 커지게 된다. 또한 대안적 개발재원을 선택하는 과정에서 선택되지 못한 좋은 후보군들이 탈락되는 배제효과의 부정적인 비용도 문제가 될 수 있다.

② 이중성과론

이중성과론은 개발재원이 본래 계획되었던 역할을 수행하여 문제를 해결함과 동시에, 문제해결 과정에서 파생적인 성과와 결실을 부가적으로 드러내는 효과를 말한다. 예를 들면 혁신적 개발재원 조달의 경우 빈곤퇴치라는 긍정적인 분배효과를 만들어 냄과 동시에 현재 ODA 지원의 주요 재원인 일반세의 부담을 줄이는 이중성과를 창출하는 효과를 내는 것과 같다. 대안적 재원은 선진공여국에서 빈곤국으로 지구적 차원에서 자원 재분배가 이루어지도록 이바지함과 동시에 수원국 내부의 부의 재분배를 촉진하는 역할까지 겸비하는 이중성과를 보여 주는 것이다. 파생효과가 긍정적인 방향으로 진행되기 위해서 재원조달은 다양한 수준의 이익당사자들과 상호작용으로 이루어지는 '글로벌 거버넌스'의 성격을 가진다.

③ 대체성과 보완성, 책무성

혁신적 개발재원의 근본적인 역할은 기존 방식의 ODA를 보조하여 그 효과의 증폭을 목표로 하는 것이지, 완전히 대체하려는 의도에서 동원되어서는 안 된다. 만약 일반 세금에서 ODA를 전혀 증액하지 않고 개발재원 조달에만 힘을 기울인다면 기존의 공적개발원조 예산을 현 상태로 보존하거나 그보다 낮은 수준으로 유지하는 정도의 대체적인 효과만 있을 뿐이다. 일반세로 책정되는 ODA의 규모보다 혁신적 개발재원이 만들어 낼 수 있는 규모는 상대적으로 작기 때문에 ODA를 확장하지 않은 채 대안적 재원방식을 취약국의 빈곤퇴치를 위해 도입한다면 국가는 실질적으로 공적개발원조 총액이 현저히 낮은 수준에 머물게 되고 대안적 재원의 역할은 대체성으로 전락하게 된다. 일방적으로 대안적 재원마련에 대외협력 정책의 중심을 맞추게 되면 보완성보다 대체성이 강조되면서 국내적으로 세수에 대한 책무성 결여라는 치명적인 문제가 발생하게 될 것이다. 결론적으로 대안적 개발재원 조달의 이론적 모델은 대체성을 극복하고 보완성을 견지함과 동시에 이중성과론에 기초한 재원 확보가 되어야 한다고 볼 수 있다.

(4) 개발재원에 관한 논의

① Post-MDGs와 개발재원

개발재원에 관한 논의는 개발재원에 대한 제도적, 규범적 근간을 형성한 몬테레이 컨센서스(2002), 도하선언(2008)에서부터 시작하여 최근 UN 차원의 Post-2015 개발 아젠다 고위급패널에서의 개발재원 논의에 이르기까지 다양하게 이루어져왔다.

1969년 피어슨 보고서(Pearson Report)의 권고에 따라 공여국 GNP의 0.7%(1993년 GNI 대비로 대체)를 개도국 경제발전을 위한 재원으로 공여하기로 한 이후로 공적재원인 ODA의 규모는 완만한 가운데 점진적인 증가 추세를 보이는 것으로 보고되고 있다(손혁상・문경연, 2013). 그럼에도 불구하고 결과적으로, 2012년 기준 24개의 DAC 국가 중 0.7%를 달성한 국가는 노르웨이, 스웨덴, 네덜란드, 덴마크, 룩셈부르크 5개 국가 뿐이다. UN을 중심으로 한 국제사회는 대부분의 세부목표가 달성되지 못한 MDGs를 대체할 새로운 개발의제의 수립과 지표 및 이행 메커니즘을 마련하는 과정에서 MDGs 목표미달성의 주 원인의 하나로 불충분한 재원을 문제점으로 지적하고 있다(문경연 외, 2014).

Post-MDGs 개발 목표 최종보고서에서 개발재원에 대한 언급은 12개의 의제 중 마지막 12번째 의제에 나타나 있다. '글로벌 차원의 가능한 환경 조성 및 장기적 재원 촉진(Create a Global Enabling Environmet and Catalyse Long-Term Finance)'에서 개발재원에 대한 입장이 제시되고 있으며 관련 내용들을 구체적으로 살펴보면 12a 개도국의 시장접근성을 강화시키는 가운데 선진국의 농업보조금을 포함한 자유무역 체제를 왜곡시키는 요소들의 철폐와 함께 개방적이고, 공정하며 개발친화적인 무역 시스템 구축을, 12b 글로벌 개발지원 체계의 안전성 확보와 안정적이고 장기적인 민간 직접투자를 독려하기 위한 개혁의 실행을, 12d 선진국들의 GNP 대비 ODA 규모 0.7% 달성을 위한 지속적이고 실질적인 노력과 이들 선진국 GNP의 0.15~0.20%를 최빈국에 ODA로 공여하기 위한 확고한 노력이 필요함을, 12e 불법자금 유통과 세금포탈의 감소 및 뇌물과 돈 세탁 등을 통한 손실자산 회복의 증대 등을 언급하고 있다.

② 개발재원 주류화

빈곤의 해결과 개발의제 달성을 위해서 개발재원을 안정적으로 확대하는 것이 필요하다는 이론적, 현실적 인식에도 불구하고, 개발재원 이슈는 실질적인 개발재원의 확대로 이어질 수 있는 수준의 초국적 의제로 자리 잡지 못하고 있는 실정이다. 개발재원 논의가 긍정적인 진전을 이루기 위해서는 먼저 책무성의 정치를 되살려야 한다. 국제사회와 DAC 공여국, 신흥 경제국의 ODA 0.7% 목표 달성을 추동하기 위해 의무를 충실히 이행하도록 압력을 가하는 활동이 필요하며 이를 위해 개발재원에 관한 구속력을 지닌 규범 및 제도와 체계의 마련이 수반되어야 한다. 둘째, 이슈의 초국적 파급력을 가능하게 하는 초국적 네트워크의 조직과 조직된 네트워크의 전략적 활동이 필요하다. 개발재원 이슈에 있어 주요 행위자들 간 국제적 네트워크를 형성하지 못하고 있는 상황에서 다층적 네트워크를 포함하는 효과적인 초국적 네트워크가 만들어져야 한다. 의무 확대에 소극적인 국가 행위자를 변화하게 하는 이슈를 둘러싼 국제정치의 활동환경 변화가 요구된다. 셋째, 국가를 움직일 수 있는 주요 세력은 시민사회와 시민운동임을 생각할 때 개발재원 확대를 촉구할 시민사회 운동을 활성화해야 한다. MDGs 미달성의 원인이 개발재원의 부족임이 지적되었음에도 새로운 개발의제 수립에서 개발재원 주제는 12번째로 다루어지고 있다. 국가가 자발적으로 의무확대를 논의하기 어려움을 감안할 때 시민사회는 국제기구의 개발재원 확대 논의에 대한 감시와 압력을 행사할 수 있는 주체가 되어야 한다(손혁상 · 문경연, 2013).

4 결론

이상으로 개발협력 과정에서 주류화하도록 권고되고 있는 젠더, 환경, 거버넌스 등의 범분야 이슈를 중심으로 Post-2015의 내용들을 살펴보았으며 그 중요성과 필요성이 점차 강조되고 있는 개발재원에 대해서도 알아보았다. OECD/DAC 회원국들은 3~4개의 이슈를 채택하고 정책화하고 있으며 범분야에 대한 중요성을 인식하고 조직체계를 갖추어가고 있다. 젠더와 환경, 거버넌스 등의 범분야는 원조효과 제고를 위한 공여국의 개발 과정에서 자칫 소외될 가능성이 높기 때문에 이들 이슈를 주류화하고 Post-2015에도 이를 반영하였다.

Post-2015가 시작되는 시점에서 범분야 이슈는 더 중요해질 것으로 전망된다. 범분야 이슈를 위한 전략 모색에서 원조정책을 담당하는 정책라인의 부서에 이슈별 담당관을 두고 정책전략 기획에서 사업계획 · 자원배분 · 실행 · 모니터링에 이르는 전체 과정을 관리할 필요가 있다. 범분야 이슈는 개별 이슈에 대한 접근과 다를 것이므로 이슈가 주류화되도록 개발협력의 전 단계에서 체계적인 관리를 할 수 있는 시스템을 만드는 방안이 마련되어야 한다(박명지, 2010). 선진 공여기관들은 공통적으로 범분야의 주류화 과정을 절차화하고 이 과정에 의사결정 권한을 가진 상위 직급의 직원이 참여하여 지속적인 주류화 이행을 감독하도록 하고 있다. 아일랜드 개발원조청(Irish Aid)은 주류화를 담당하는 부서를 지정하였고, 스웨덴 국제개발협력청(SIDA)은 환경주류화를 위한 환경 · 기후변화 · 지속 가능 서비스실을 설치하였으며, 캐나다 국제개발청(CIDA)의 경우 젠더 전문가가 20여 명 이상 고용되어 있다.

또한 젠더, 환경, 거버넌스와 개발재원 등 이슈별 효과를 극대화할 수 있는 방안을 제시하고 더불어 국별 원조계획의 수립 과정에서 특정 사업이 젠더, 환경, 거버넌스에 어떤 영향을 미치며 상호간 어떻게 시너지 효과를 낼 수 있는지를 고민할 필요가 있다. 범분야 이슈들을 하나의 통합적인 패키지로 연계하여 추진하는 전략을 고려해 볼 수 있을 것이다. 개별 이슈의 성격을 반영한 부문별로 특화된 전략과 함께 이슈들을 연계하는 통합전략을 동시에 추진하는 것이다(이승주, 2013). 범분야 쟁점들 사이의 유기적 연계성을 한층 강화하는 방식을 구상하여 실행해 간다면 각 범분야의 정당성을 더욱 부각시키는 효과도 도모할 수 있으리라 본다. 이러한 통합전략은 정책 일관성의 측면에서도 긍정적인 효과를 초래할 것이다.

다음으로, 정부뿐만 아니라 기업, 시민사회, 비정부 기구 등의 민간 행위자들이 Post-2015의 목표와 원칙에 대한 기본 인식을 공유할 수 있도록 해야 할 것이다. 대중적 이해를 증진하는 다양한 방법들을 고려해 볼 수 있다. OECD/DAC의 경우 공여국들이 원조방식의 조화를 이루어 업무효율 및 개발효과를 향상시키는 차원에서 원조 모범관행을 담은 '원조 관리 지침'을 발간하고 있다. 이러한 지침은 재원 확대와 함께 다양한 원조 효과 제고 노력을 독려하고 이러한 효과를 지속시키기 위해서 반드시 범분야에 대한 정책이 필요함을 주지시키는 역할을 한다. Post-2015와 범분야에 관한 발간물, 관련 지침서와 매뉴얼 자료를 통해 그 중요성을 홍보하는 것도 하나의 방법이다.

한편, 공유국들은 범분야의 중요성을 인식하고 있고 조직 체계도 어느 정도 갖추어져 있는 것으로 나타난다. 문제는 실행력이 정책의 속도를 따라가지 못하는 것이다. 더욱이 DAC 회원국들은 범분야 이슈를 채택하고 정책화하고 있으나 정책 이행을 위한 예산, 인력을 충분히 보유하지 못한 것으로 보고되고 있다(박명지, 2010). Post-2015 의제에 관한 HLP나 SDG 등의 의견수렴과정에서도 기존의 ODA 방식을 고집하지 않는 새로운 개발재원 조달에 관한 필요성이 강조된 것을 고려할 때 이행재원으로서 개발재원의 중요성은 향후 더 클 것으로 예상된다(이승주, 2013). 따라서 범분야 이슈를 포괄하면서 재정적 안정도를 유지하는 개발재원 아젠다에 대한 논의와 전략을 보다 심도 있게 모색할 필요가 있다.

CHAPTER 12

국제이주와 한국 다문화복지

12 국제이주와 한국 다문화복지

1 국제이주의 촉진과 유형

1) 지구화와 국제이주의 촉진

한국사회 내 다문화 현상은 지구화의 흐름과 맥을 같이한다. 지구화는 전세계적인 경제적 그리고 물질적 자원의 이동과 함께 사람의 이동을 촉진하였고 이를 통해 문명과 문화의 충돌이 나타나며 인간의 삶에 근원적인 문화까지도 변하게 만들었다. 국제이주, 다인종가족과 다문화사회 출현의 맥락을 제공해 주는 지구화의 3가지 보편적 양상은 다음과 같다.

첫째, 초국가주의 현상이다. 전통적 국가가 가지는 통치권과 권위에 도전하고, 선진국가들의 전자금융과 인터넷, 초국가 기업들과의 기후변화를 막지는 못한다. 문화, 정치, 경제활동의 확장과 가속화는 국가의 자율적 기능을 제한한다. 지구화의 둘째 양상은 고유하고 상대적 자율성을 가진 국가문화의 이데올로기를 해친다는 점이다. 모든 국가는 각자의 고유한 언어와 전통, 그리고 역사를 지닌 많은 민족집단으로 구성되어 있다. 그러나 지구화는 이 모든 것을 변화시키고 있다. 특히 미디어 생산 산업은 국가

문화와 지역문화에 엄청난 압력을 가한다. 셋째, 인구이동의 급증현상이다. 지구화란 국가 경계선에 구애받지 않고 이루어지는 사람들의 이동이 급작스럽게 증가하였음을 뜻한다. 일시적 혹은 영구적 이동, 노동이주, 난민의 이동뿐만 아니라 개인 혹은 가족 단위의 이주, 고도로 전문화된 숙련 전문직 및 비숙련 노동자의 이동이 여기에 속한다. 이로 인해 인구구성은 더욱 다민족, 다인종화되고, 문화는 더욱 다양화, 이질화되고 있다.

캐슬스(Castles, 2004)는 현재 국제 이주의 새로운 추세를 다음과 같이 요약했다. ① 이주는 증가하고 이주민은 사회·문화적으로 더욱 다양화된다. ② 정부 및 교통기술의 새로운 발전이 임시직 이주민의 양적 증가를 초래할 것이다. ③ 많은 이주민이 다국적 사회에 정착하며 초국가적 공동사회 속에서 거주하게 된다. ④ 연쇄적 이주(chain migration)와 사회 네트워크로 인해 이주는 급속히 증가한다. ⑤ 이러한 추세는 국경을 넘는 새로운 조직 및 의사소통을 다국적으로 연결하는 비공식 네트워크를 강화하여 이주민 통제를 약화시키고 동화정책의 효능을 감소시킨다. ⑥ 초국가적 비공식 네트워크는 결국 초국적 공동사회로 전환되며, 사회자본의 형태로 발전함. 따라서 세계화의 물결 속에서 이주민을 규제하기는 점차 어려워지고 있는 추세이다 (최현미 외, 2008 재인용).

2) 국제이주의 개념과 유형

이주(migration)란 지리적 이동성 및 영토 이동성을 가지는, 이주 후 귀환하거나 그렇지 않은 자들의 이동을 말한다. 즉 '이주'는 공간적 이동성을 가지며 여러 가지 이유로 국경을 넘어서는 사람들의 인구이동의 한 형태로 이들의 거리적, 시간적 체류 거주형태의 변화로 정의해 볼 수 있다(심이리나, 2009 재인용). 이주는 자신의 지위가 변하는 것은 물론, 중층적인 지리적 궤적과 연관된 복잡하고 고난스런 과정이다. 이주의 유형과 범주들은 국내용이거나 국제용일 수 있고, 임시 체류이거나 영구 거주이며,

합법적이거나 미등록일 수 있다. 이처럼 여러 유형과 범주가 유연하게 중첩되어 나타나는 모습을 보인다. 어떤 이주자들은 해외 국가의 영주권 소지자로서 '귀화하지' 않고, 즉 시민권을 취득하지 않은 채 여러 해 동안 거주하는 경우도 있는데 이런 경우엔 이주자(migrants)라고 하기보다 이민자(immigrants)라고 부르는 것이 더 적절할 수 있다.

캐슬과 밀러는 『이주의 시대』에서 '현대의' 이주의 보편적 경향을 6가지로 정리한 바 있다. 첫째, 이주의 글로벌화 경향이다. 점점 더 많은 국가들이 이주 흐름에 의해 동시에 결정적인 영향을 받고 있다. 나아가 이민 유입국들은 경제적, 사회적, 문화적 배경이 매우 다른 국가에서 온 다양한 이주자를 받아들이는 경향이 있다. 둘째, 이주의 가속화 경향이다. 모든 주요 지역에서 국제이동의 규모가 커지고 있는데 이러한 이주의 양적 팽창은 정부 정책의 시급성과 어려움을 심화했다. 이로 인해 정부 정책에 따라 국제이주를 막거나 감소시키며 이주자를 송환하고 있다. 셋째, 이주의 차별화 경향이다. 대부분의 국가들은 노동이주, 난민이주, 영주이주 등과 같은 이주 유형 중 어느 하나에 치우치지 않고 여러 유형을 동시에 겪고 있다. 이주의 차별화는 국내 및 국제 정책 수립의 주요 장애물로 작용하고 있다. 넷째, 이주의 여성화 경향이다. 과거에는 대부분의 노동이주와 난민이동은 남성이 주도했고, 여성은 단지 가족 재결합의 범주에서 다루어졌을 뿐이다. 하지만 1960년대 이후 여성은 노동이주에서 중요한 역할을 해왔고 다양한 이주 유형에서 여성이 다수를 차지하고 있다. 인신매매의 일부 연결망에서도 그리고 일부 난민이동에서도 여성이 다수를 차지한다. 다섯째, 이주의 정치화 경향이다. 국내정치, 양국관계, 지역관계, 전 세계 많은 국가의 안보정책이 국제이주의 영향을 점점 더 많이 받고 있다. 이주 정책 문제를 해결하기 위하여 전 지구적 거버넌스는 물론, 유입국과 경유국, 그리고 송출국의 협력이 필요하다는 인식이 더욱 높아지고 있다. 여섯째, 이주의 환승 증가이다. 전통적인 이민 송출국이 경유국이나 이민 유입국으로 전환될 때 나타나는 현상이다. 폴란드, 스페인, 모로코, 멕시코, 도미니카 공화국, 터키, 그리고 한국 등 다양한 국가들이 이주변천의 다양한 단계를 겪고 있다.

〈표 12-1〉 이주의 경향

이주의 글로벌화	▪ 이주의 다양화로 지칭되는 현상
이주의 가속화	▪ 더욱더 많은 사람들이 이주하고 있음
이주의 차별화	▪ 입국 유형과 방식의 다양화가 진행됨
이주의 여성화	▪ 남성과 비교할 때 많은 비율의 여성이 이주하고 있음
이주의 정치화	▪ 이주가 글로벌 정치 논쟁 및 국가적 정치 논쟁의 중심적 주제가 됨
이주의 환승 증가	▪ 오랫동안 송출국이었던 일부 국가들이 이제 환승국가, 영구이민국가가 됨

스토커(Stalker)는 이주민들이 이동하게 된 경위와 방식을 크게 정착민(settler), 계약노동자(contract worker), 전문직종사자(professional), 미등록노동자(undocumented worker), 난민과 망명신청자(refugee and asylum seeker) 등 다섯 가지로 분류하였는데, 그의 범주와 개념들은 모호하게 중첩되는 부분이 있다(Stalker, 2004).

전형권(2007)은 이를 수정하여 국제이주의 유형을 노동형 이주, 전문직 이주, 여성이주, 도피형 이주, 투자형 이주(유학 포함), 가족이주 등으로 나누었다. 노동형 이주뿐만 아니라 전문직 이주, 여성이주, 도피형 이주는 이주를 둘러싼 송출국과 수용국 사회의 노동시장 조건의 변화와 밀접한 관계가 있으며, 여성이주나 도피형 이주자(난민, 망명신청자)의 경우에는 대부분 수용국 노동시장에 편입된다는 측면에서 노동력 이동과 밀접한 관계가 있다.

〈표 12-2〉 국제이주의 유형

유형	특성
노동형 이주	· 합법성 여부에 따라 합법 노동이주와 불법 노동이주로 구분 - 불법 혹은 미등록 이주는 점차 조직화된 형태 - 밀입국 이주는 마약밀매와 상응
전문직 이주	· 숙련단기노동자(숙련단기체류자, 체류자, 특별 거류민) · 숙련장기노동자(숙련단기노동자와 달리 장기체류가 가능하고 시민권을 가짐)
여성이주	· 세계 서비스 경제 속에서 여성에 대한 수요가 증가함을 반영 - (예) 성산업 또는 국제결혼을 통해 이주해 들어오는 이주여성
도피형 이주	· 난민 등 피난 이주민 - 2000년말 전 세계 난민은 약 1,200만명, 망명신청자는 약 90만명으로 추정

자발적 이주	· 넓은 의미에서 투자형 이주자로 간주 - 유학생 포함 - 영구적 사업 이주자들은 수용국에 투자와 일자리를 제공하므로 환영받음
정착형 가족이주	· 새로운 나라에 영구히 거주 - 수용국은 대부분 가족재결합을 보장하는 나라들로 사회문화적 선진국들임

출처: 전형권(2007). 재정리

국제노동기구(International Labour Organization)는 현재의 국제이주형태를 5가지 유형으로 분류하고 있다. 첫 번째 유형은 영구적인 이주, 두 번째 유형은 입국 및 출국, 거주에 관한 명확한 체류기간을 가지는 계약에 의한 근무이주이다. 세 번째 유형은 교사와 학생들의 세계대학 시스템에 의한 교육이주인데 여기에는 높은 수준을 갖춘 전문가들의 이주를 포함한다. 네 번째 유형은 비합법적 이주인데 이는 만료된 노동비자나 관광 비자를 가지고 이주상태를 지속하거나 불법으로 국경을 넘어가 불법체류를 하는 경우이다. 마지막으로 난민이주, 망명이주가 있다. 실제적인 상황에서는 이주유형 간에 엄격한 경계가 나타나지 않고 여러 가지 조건들이 복합적으로 나타난다고 볼 수 있다(심이리나, 2009 재인용).

2 국제이주의 특징과 국제사회복지적 성격

1) 국제이주의 특징

먼저, 이주의 원인은 다음과 같은 몇가지로 나눌 수 있다. 첫째, 국가별로 점점 벌어져가는 삶의 질과 임금의 차이는 이주자들을 정착국으로 끌어들이는 자석과 같은 역할(pull-factor)을 한다(경제적 요인). 둘째, 선진국의 저출산, 고령화 현상에 따른 노동력 부족은 개발 도상국의 노동력 과다현상과 맞물려 인구의 이동을 일으킨다(인구학적 요인). 셋째, 지진이나 산업재해, 홍수 및 가뭄 등으로 인해서도 이주가 발생합니다. 환경적 요소로 인해 일어나는 이주는 국제이주보다 국내 이주가 주를 이룬다(환경적 요인). 넷째, 빈약한 정부, 부패, 그리고 좋은 교육체제와 건강 관련 시설의 부재는 국제이주를 촉진하는 요인이 된다(국가행정적 요인). 다섯째, 내전이나 개인의 자유를 제한하는 분쟁이나 인종, 종교 등에 따른 차별로 인해 자유를 되찾고자 하는 소망에 따른 이주가 일어난다(분쟁). 여섯째, 해외에 살고 있는 가족과 친지들은 이주과정을 용이하게 하는데 촉매역할을 하며 이주를 촉진한다(다국가적 네트워크).

라벤스타인은 1880년대의 영국 인구이동을 면밀히 관찰한 후, 이 현상을 인구밀도, 인구규모, 지역 간 거리 등의 독립변수와 연결 지어 라벤스타인의 인구이동법칙을 발표하였다. 설동훈(2000)에서는 라벤스타인의 '인구이동법칙'을 일곱 개의 명제로 요약하고 있는데, 첫째, 대부분의 이주자는 단거리 이동을 하며, 이러한 흐름은 그들을 흡수할 수 있는 상공업 중심의 대도시를 향한다. 둘째, 인구이동의 자연스러운 결과 단계적 흡수과정(absorption process)이 진행된다. 급성장하는 도시에서 인접한 농촌의 주민들은 도시로 이동하게 되고, 그 농촌지역의 인구감소는 더 멀리 떨어진 농촌지역에서 유입된 이주자들에 의하여 보충된다. 셋째, 분산과정(dispersion process)은 흡수과정과 반비례관계에 있지만 유사한 특징을 지닌다. 넷째, 현재 가장 지배적인 방향으로 진행되고 있는 인구이동의 흐름은 그것을 보완하는 역류(counter current)현상을 발생시킨다. 다섯째, 장거리 이주자는 일반적으로 상공업이 집중된 대도시에 대한 선호도가 높다. 여섯째, 농촌 출신자가 도시 출신자보다 이주하는 비율이 높다. 마지막으로 여성이 남성보다 쉽게 더 많이 이동한다.

특히, 여성 이주의 증가는 "이주의 여성화(feminization of migration)"의 특징을 갖는데, 근대화가 진행되면서 유지되기 힘든 특정한 성별 노동분업이 보다 가난한 국가 출신의 여성 이주를 촉진시키며 새로운 형태로 강화되어 나타난 현상을 의미한다. 여성의 이주가 남편을 따라 이주하는 동반이주가 아니라 여성 스스로 주체적인 노동자의 신분으로 이주를 선택하는 취업이주자가 많아진다는 점에서 그 근본적인 원인과 이들의 경험은 중요한 의미를 갖는다. 이러한 여성의 이주는 남성이주자와 다르게 여성의 성역할에 근거한 결혼, 성, 산업, 가사노동 이주자로서 특성을 지니는데, 지구상 제3세계 국가들의 주변부 여성들이 세계 중심부에 존재하는 글로벌화 된 도시로의 이주가 주를 이룬다. 이는 생존적 차원으로 선진국의 중심부로 일자리를 찾아 떠난 이주이다. 이들은 주로 서비스 종사자, 가사노동자, 성 산업 종사자 등이다.

2) 국제이주의 국제사회복지적 논의들

(1) 국제이주와 개발

이주와 개발의 상관성에 관한 담론은 수용국의 국가와 사회에 초점을 두었던 전통적인 이주이론을 넘어 보다 포괄적인 사회이론과 개발담론의 발전 과정 속에서 낙관론과 비관론이 주도적인 입장을 번갈아가며 반복되고 있는 것으로 나타난다. 하스(Hass, 2010)는 2차 세계대전 이후 주도적인 입장의 변화를 다음과 같이 정리하였다(조영희, 2014 재인용).

〈표 12-3〉 이주와 개발의 연계에 관한 이론적 관점

시기	관점	정책방향
2차 대전 후 1973년까지	낙관론	▪ 이주자의 본국귀환을 통해 자본과 지식이 본국에 전달
1973-1990	비관론	▪ 두뇌유출, 개발분야에서 이주에 관한 관심이 거의 없고 유입이민정책을 강화하는 추세
1990-2001	수렴론	▪ 회의적 관점이 유지되면서 이주와 개발에 관한 관심이 낮아짐
2001-현재	낙관론	▪ 송금의 개발효과에 대한 관심이 높아지면서 이주와 개발에 관한 관심이 높아짐, 두뇌확보 및 개발의 핵심적 수단으로서 디아스포라 논의가 부각됨, 이주의 개발기여가 순환 및 귀환이주와 연결되어 논의됨

출처: 조영희(2014).

1950~1980년대까지 국제이주와 개발의 연계성에 대한 낙관론과 비관론은 다분히

결정론적 관점에 입각해 있다. 반면 1990년대 이후, 이주와 개발의 담론은 경험적 연구들이 축적되면서 이주가 개발에 미치는 파급효과의 다양성 혹은 이질성에 주목하기 시작하였다. 2000년대 들어서면서부터는 낙관론이 보다 확대되는 경향이 발견되는데, 이는 세계은행 등 주요 국제개발기구들이 송금의 개발효과를 강조하였던 것이 주된 계기이다(조영희, 2014).

본격적인 국제 이주가 시작된 최근 몇 십년 전만 해도 이주는 '두뇌유출' 이라는 개념으로 송출국에 부정적인 영향을 준다고 생각하였지만 송금 등의 경제적 효과로 인해 송출국의 경제는 눈에 띄게 발전하였고 이주자를 바라보는 사회의 시선도 크게 바뀌었다. 2006년과 2013년에 열린 유엔 고위급 회담에서 국가의 개발 정책과 이주 정책이 맞물려 시행될 것을 권장하였고 이주현상이 한 나라의 개발과 밀접히 관련 있는 빈곤퇴치 및 인재 계발 등에 미치는 막대한 영향을 강조하였다.

(2) 국제이주와 통합

이주민의 사회통합(Social integration)이란 이주민이 유입국의 구성원으로서 경제, 사회, 문화, 정치적 참여를 통해 독립적이고 지속적인 삶을 영위하는 과정을 의미한다(정기선 외, 2012). 사회통합은 개인이나 집단이 한 사회에서 어떻게 적응하고 함께 살아가는냐에 대한 사회적 유대의 의미로 사용되는 개념으로 주류집단과 비주류집단간의 갈등을 최소화하고 상호 존중하는 것을 포함한다(문형표, 1994).

유럽연합은 통합의 기본원리에 대해 다음과 같이 제시한 바 있다(정재각, 2010). 첫째, 통합은 이주자와 현지인 간의 역동적이며 양면적인 적응과정이다. 둘째, 통합은 유럽헌법의 중심적 가치이다. 셋째, 노동을 통한 생산의 참여는 통합에서 중심이 된다. 넷째, 수용 사회에서 언어의 기초능력, 역사와 제도에 대한 지식은 통합에서 불가결하다. 다섯째, 수용 사회 제도에의 동등한 접근은 통합을 촉진시킨다. 여섯째, 통합을 촉진한다는 것은 이주자와 현지인의 상호작용, 문화적 대화, 시민사회의 문화적·정치적 참여 등을 말한다.

이미 1990년대부터 통합의 측정을 위한 지표의 필요성에 대해서 논의해 온 유럽연합은 통합의 측정과 지표를 다음과 같이 접근지표, 전통적 지표, 주관적 지표 등의 3가지 유형으로 구분하였다.

〈표 12-4〉 통합의 측정과 지표

유형	지표의 내용
접근 지표	▪ 이주자들이 수용사회에서 살아가는 법적인 조건 - 이주자들의 체류 결정, 차별에 대한 보호, 노동시장 및 다양한 사회영역에의 진출
전통적 지표	▪ 수용사회에 사는 이주자들의 상황 - 노동상황, 교육, 주거, 사회복지에의 의존, 자립수준, 구체적 집행을 평가하는 지표
주관적 지표	▪ 이주자들이 갖고 있는 주관적인 인식 - 수용 사회에 대한 이주자들의 주관적 의견, 수용 사회가 갖는 이주자들에 대한 기대, 사회와 정치 영역에의 참여, 수용 사회의 이주자에 대한 태도 측정

출처: 정재각(2010). 재정리

(3) 이주와 환경

사람들은 열악한 조건을 가진 장소를 떠나 더 살기 좋은 곳으로 이주하려는 경향이 있다. 즉, 환경적 요인은 이주와 밀접한 연관이 있다. 점진적인 환경변화와 급작스런 자연재해는 이주에 영향을 주는 대표적인 환경 요인이라 할 수 있으며 사막화, 토양 비옥도 감소, 해안 침식, 그리고 해수면 상승 등의 점진적인 환경 변화는 천천히 일어나지만 사람들의 생활 패턴과 생산 시스템에 영향을 주게 되어 급작스러운 자연재해보다 더 많은 이재민의 발생을 초래한다. 반면 지진이나 화산 폭발 또는 열대성 폭풍이나 홍수 같은 문제와 관련된 자연재해는 이재민의 대량 이동을 초래하게 되지만 오랜 시간이 지나면 결국은 원상태로 복귀하는 것이 가능하다는 특징을 가지고 있다.

환경이 이주에 영향을 미치는 것처럼 이주 역시 환경에 영향을 주는데 사람들의 이동은 주변 생태계에 커다란 효과를 가져오기 때문이다. 특히 이주자의 대량 유입은 목적지의 환경에 큰 변화를 주게 되는데 계획되지 않은 도시화나 캠프와 임시숙소 등은 환경에 부정적인 영향을 끼친다. 반대로 이주자들의 출신지에서는 인구의 유출로 인해 인구 및 토지사용 압력이 완화되어 훼손되었던 지역의 생태계가 회복되기도 한다. 이외에도 이주와 환경 사이의 관계는 종종 인구 성장, 가난, 통치 방식, 안보, 분쟁 등의 다면적 요인에 의해 복잡해지며 포괄적인 접근이 필요하다.

3 한국 내 이주민 현황과 다문화 공간

1) 한국 내 이주민 현황

우리나라는 1990년대 말까지만 해도 외국인은 38만여 명 수준에 불과해 우리 사회의 이방인으로 분류되었지만, 현재는 결혼 이민자, 다문화 가족자녀, 북한이탈주민, 외국 근로자의 증가로 인종적·문화적 다양성은 급격하게 확대하고 있다. 최근에는 한국사회의 구성원으로 유입한 외국인 근로자, 다문화 가정뿐만 아니라 장애인, 동성애자 등과 같이 사회의 사각지대에서 편견과 갈등을 겪으며 소수집단의 권리와 정체성 보장을 요구하는 운동이 확대되고 있다(윤노아, 2013).

2016년 5월말 현재 체류외국인은 1,949,216명으로 전 인구의 3.5%를 넘어섰다. 주요 국적별로는 살펴보면 중국 979,624명(50.3%), 미국 150,766(7.7%), 베트남 140,811명(7.2%), 태국 91,690명(4.7%), 필리핀 55,370명(2.8%) 순으로 많다. 이들 중 외국인 등록자 주민들을(1,136,081명)의 지역별 현황을 살펴보면 수도권에 695,081명(61.2%)이 거주하고 있으며, 영남권 222,135명(19.6%), 충청권 110,177명(9.7%), 호남권 75,546명(6.6%) 순으로 거주하고 있다(남부현 외, 2016). 이러한 외국인 주민의 증가추세로 2020년에 한국사회 내 다문화적 배경을 가진 외국인 이주자가 290만명에 이를 것으로 예측되며, UN은 2050년에는 이들 이민자와 그 자녀가 전체인구의 21%에 도달할 것으로 전망한다(행안부, 2011). 이처럼 한국사회 내 증가하는 외국인 주민들은 우리들 가까이에 또는 우리가족의 한 사람으로 살아가며 한국의 다문화사회를 촉진시키고 우리의 내·외적인 변화를 요구하고 있다.

〈표 12-5〉 체류외국인 장·단기 체류기간별 현황

(2016.05.31. 기준, 단위: 명)

구 분	총 계	장기체류			단기체류
		소계	등 록	거소신고	
2015년 5월	1,845,976	1,415,582	1,111,815	303,767	430,394
2016년 5월	1,949,216	1,475,071	1,136,081	338,990	474,145
전년대비 증감률	5.6%	4.2%	2.2%	11.6%	10.2%
구성비	100%	75.7%	58.3%	17.4%	24.3%

〈표 12-6〉 체류외국인 국적·지역별 현황

(2016.05.31. 기준, 단위: 명)

국적별	계	중국	미국	베트남	타이	필리핀	일본	기타
인 원	1,845,976	943,422	145,468	133,263	88,739	54,251	37,001	443,832
비 율	100%	51.1%	7.9%	7.2%	4.8%	2.9%	2.0%	24.0%

〈표 12-7〉 등록외국인 거주지역별 분포현황

(2016.05.31. 기준, 단위 : 명)

계	경기도	서울	경남	인천	충남	경북	부산	충북
1,136,081	364,450	273,169	80,778	57,462	60,420	49,896	40,184	33,299
	전남	울산	대구	전북	광주	제주	대전	강원
	30,758	25,117	26,160	26,012	18,776	17,659	16,458	15,483

특히, 국제결혼을 통해 한국사회로 유입된 결혼이민자들은 2000년 6,945명에서 2016년 05월 총 151,843명이다. 이 중 약 85%가 한국인 남성과 아시아계 외국인 여성(128,484명)과의 혼인이며 이들은 국적별로 중국, 베트남, 필리핀, 일본 순으로 많다. 여성결혼이민자는 한국인 남성의 결혼문제 해결, 자녀 출산, 가족 내 노동력 제공 등

으로 이어졌고 농어촌지역에는 인구 증가의 효과까지 가지고 왔다. 현재 농어촌 지역의 다문화가정은 지역 전체 가구 수의 40% 정도이다. 다문화가족은 수도권을 중심으로 58.6%(경기도: 26.9%, 서울: 25.8%, 인천: 5.9%)가 거주하며 그 외 5개 광역시에 약 13%가 거주하는 것으로 나타나며, 대도시에 거주하는 다문화가족은 71.6%로 농어촌보다는 수적으로는 매우 많다(전기택 외, 2013).

외국인 근로자들은 한국의 경제·산업발달로 인력부족 현상이 나타나며 유입되기 시작하였다. 이들 외국인 근로자 중에는 계약기간 이후도 출국을 하지 않고 한국사회에 체류하면서 산업현장에 근로인력으로 생산활동에 종사하면서 그 수가 더욱 많아졌는데, 2005년 법무부 통계 상 총 체류 외국인 근로자들은 332,653명으로 집계되었으나 2013년 5월 통계청 발표에는 외국인 근로자들의 총 수는 76만명이으로 나타나 지속적으로 증가해 왔음을 알 수 있다. 이들은 출신국가별로 다양한데, 한국계 중국인이 가장 많고 베트남인, 한국계를 제외한 중국인, 미국·캐나다 등 북미인, 인도네시아인 등이 그 뒤를 이었다.

다문화가정 자녀는 2015년 7월 총 207,693 명으로 지난 7년간 5배 이상 증가하였고 앞으로 이들의 수적 증가는 지속될 것으로 보인다. 현재 한국학교에 초중고 학령인구는 연평균 약 22만 명 감소하는 상황에서도 다문화가정 학생 수는 지속적으로 증가하였으며 앞으로 만 6세 이하 자녀가 취학할 경우 그 수는 더욱 증대될 것으로 보인다. 이러한 상황에 외국인 근로자 자녀의 경우는 일부 학교재학 현황은 파악되지만, 체류·신분 문제 등으로 인해 미취학 상태인 학교 밖 취학연령대 자녀들에 대한 파악은 어려운 실정이다. 또한 최근에 중도입국한 다문화가정 자녀들이 늘고 있어 이에 대한 대책마련도 시급한 실정이다.

한편, 외국인 주민의 국적별 분포를 보면 한국국적 취득자와 미취득자 모두 동북아시아가 가장 많은 수를 차지하며 다음으로 동남아시아, 그리고 남부아시아, 중앙아시아의 순으로 나타나고 있다. 동북아시아의 국적별 현황을 보면, 한국계 중국, 중국, 일본, 대만, 몽골의 순으로 나타난다. 동남아시아의 경우 베트남이 가장 많으며, 필리핀,

캄보디아, 인도네시아, 태국, 말레이시아의 순이다. 아시아 내 국가들이 출신국인 많은 이주민들이 우리사회에 골고루 분포하고 있음을 확인할 수 있다.

〈표 12-8〉 국적별 현황

(단위: 명)

연도	동북아시아	동남아시아	남부아시아	중앙아시아
한국국적 미취득자	814,283	288,782	82,893	45,307
한국국적 취득자	123,685	29,874	1,160	774
외국인 주민자녀	104,042	90,080	2,581	3,586

출처: 행정자치부(2015. 7.).

이처럼 외국인 주민들의 증가는 인구학적 측면에서 그리고 우리의 경제적, 사회적 측면에서 긍정적인 평가를 받으며 국가적 자산으로 받아들여야 한다는 긍정적인 목소리가 높아지며 이들에 대한 사회적 지원과 생활 안정을 위한 전반의 서비스가 보다 체계적으로 제공되어야 한다는 주장들이 많다. 하지만 아직까지 이들에 대한 사회적 편견과 차별 그리고 인권침해 등은 지속되고 있으며, 다문화가정의 불안과 해체가 증가하고 외국인 근로자들의 근로 조건과 열악한 작업 환경 등으로 인해 파생되는 사회적·국가적 문제는 심각해지고 있다. 특히, 일부 다문화가정 자녀들의 인터넷 중독, 학업 포기나 중도탈락 등의 문제로 인해 이들의 미래에 대한 사회적 우려도 점차 증가하고 있다.

2) 한국 사회 속 다문화공간

이주자들의 적응 공간인 이주사회는 국가적 차원에서 결코 동질적인 사회-문화적 환경을 지니고 있지 않고, 도시와 지역적 차원에서 매우 차별적이고 이질적인 사회-문화적 환경을 지닌다. 이주자들의 적응에 영향을 미치는 사회적 연결망, 사회적 지지 체제와 같은 요인들이 다양하며 이러한 요인에 초점을 둔 접근법은 이주자들의 적응을 공간적 관점에서 이해하는 것과 깊이 관련되어 있다. 이와 함께 초국가적 이주와 정착의 과정은 특정한 공간에 뿌리내려진 사회-경제적 관계와 과정에 의해서도 많은 영향을 받는다.

이주와 정착의 과정이 공간, 장소에 뿌리내려 이루어지는 형태는 외국인 집중거주지역이나 종족 집거지(ethnic enclave)의 형성에서 가장 잘 드러난다(박배균, 2010). 이주자들이 특정한 장소에 집중하는 것은 첫째, 그 장소가 가진 역사적이고 특수적인 조건으로 인해 외국인들에 대한 사회, 문화, 경제적인 진입장벽이 낮아 외국인들이 쉽게 접근할 수 있기 때문이며 둘째, 외국인들이 모이면서 그들의 사회-경제적 네트워크가 형성되어 그것을 토대로 더 많은 외국인들을 끌어들이기 때문이다(고민경, 2009).

전국에서 전체 지역 인구 대비 외국인 이주자 비율이 가장 높은 서울시 영등포의 경우 외국인 이주자의 90%이상이 중국 국적 외국인이며 영등포구, 구로구 등 상위 5개 구에 이들의 절반 수준인 52.3%가 분포하고 있다(최병두, 2012). 특히 영등포구 대림2동을 중심으로 형성된 중국 국적 이주자 종족 집거지는 저렴한 임대주택지역이 형성되어 이주국에서의 비용소비보다 기원국으로의 송금이 목적인 이주자들에게는 정착비용을 줄일 수 있는 매력적인 곳이다. 특정지역에 특정 국적의 이주자들이 밀집하게 되는 것은 상대적으로 일자리가 많거나 주거비용이 저렴하거나 그 지역이 가지는 유리한 다양한 입지 조건이 정착 유인으로 작용한데서 기인한다.

거대도시를 중심으로 한 이와 같은 외국인 집중거주지역은 자본과 노동인구의 이동과 결집으로 인해 형성되어 외국인 마을 내에 상권과 교육기관, 종교기관 등의 주도적인 다양한 사회조직들을 형성한다. 외국인 마을들은 상시적으로 존재하는 '주거형 마을'과 한시적으로 나타났다가 사라지는 '문화형 마을'로 구분할 수 있는데 각 외국인 마을들의 사회조직적 특성에 따라 다양한 형태의 분포를 보여주고 있다(김은미·김지현, 2008).

〈표 12-9〉 도시공간상에서 외국인 밀집지역의 의미

구분	내용
사회-공간복합체	- 외국인 밀집지역이라는 공간은 시간의 흐름에 따라 사회적 관계와 공간적 관계의 상호작용으로 응축되며 변화과정의 산물로써 도시공간상에서 드러남
도시하위계층의 집적지	- 초기 이주민들이 처한 열악한 경제적 현실 및 사회문화적 차별로 사회적 양극화가 진행되고 이들은 도시하위계층으로 전락하게 됨, 여기에 외국인 밀집지역 또는 주류사회와의 공간적 분리가 심화되면서 결국 도시공간상에서 사회적 갈등을 야기
정체성의 장소	- 공간의 정체성은 '장소성'의 개념과 연관되며 장소성은 부정 장소에서 느끼는 애착으로 고유하면서 차별적 특성을 의미함, 이는 곧 외국인 밀집지역에서 거주 집단의 정체성과 관련되며 긍정적 혹은 부정적 이미지로서 나타남
상품화되는 공간	- 장소마케팅 개념에 근거하여 외국인 밀집지역을 공간상품화하려는 시도가 나타나고 있으며 매력적인 공간으로서의 변화는 지역과 도시의 이미지 제고와 도시의 활력을 불어넣음

출처: 박세훈 외(2009).

구체적인 예로 서울의 외국인 거주분포를 보면 집중거주, 상권, 종교, 교육시설의 여부에 따라 조선족 마을, 연희동 화교마을, 프랑스마을, 일본마을은 주거지역을 중심으로 한 주거형 마을을 형성하고 있고, 이슬람마을, 이탈리아마을, 필리핀마을, 몽골마을 등은 주거과 상권, 종교, 교육시설을 거점으로 한 문화향유체계가 거주 지역이 아닌 곳에 있는 문화형 마을을 이룬다. 주거지역과 문화향유체계가 같을 경우 가시적인 마을을 형성하지만 주거와 문화체계가 분리된 경우에는 눈에 보이는 마을이 아닌 특정 시간동안 생겨났다 사라지는 문화체계로서의 역할만을 수행하는 문화형 외국인 마을의 형태를 띤다(김은미·김지현, 2006).

4 다문화복지의 이해와 다문화가족지원 사업

1) 다문화 복지의 이해

다문화 사회의 대두는 우리의 정체성에 의문을 던지며 다양한 민족에 대한 이해를 요구함과 동시에 상호 교류를 원활히 하기 위한 노력을 요청한다. 가치와 이념이 서로 다른 다양한 배경의 이주민들이 우리 사회에 원만하게 적응하고, 사회가 이들을 사회 발전에 도움이 될 수 있도록 수용해 나가기 위해서는 우리나라에 들어온 이주민을 이해하고 지원을 할 필요가 있다.

다문화복지에 대해 알아보기에 앞서 다문화사회에서의 다문화주의의 의미를 먼저 살펴보면 다문화주의는 한 사회 내의 다양한 문화, 인종, 민족, 관습, 의견을 존중하고 인정하려는 사회적 실천이며 이전의 어떤 형태의 문화보다도 다양성, 차이, 이질성을 서로 간에 인정하는 실천이다(김상돈, 2010). 광의적인 차원에서 다문화주의는 국가 구성원들이 보유한 모든 종류의 다양성을 인정하며, 이를 근거로 시민적 권리에 어떠한 차별도 하지 않을 것을 의미한다. 또한 협의적으로는 다양한 문화적 주체들의 특정 요구를 해소하기 위한 정치적이며 제도적인 장치의 보장을 의미하는 것이기도 하다(한용외, 2011).

다문화복지는 바로 협의적 의미의 다문화주의에 입각하여, 다문화가족과 가족성원이 경험하는 문제를 해결하여 가족이 건강하고 행복한 상태를 유지할 수 있도록 하며 이 과정에 작용하는 문화적 요소를 인식하는 거시적이고 미시적인 사회적 대책이라고 할 수 있다(최현미·이수연, 2008). 다문화사회복지는 다양한 언어와 문화를 가진 사람들에게 문화적 다양성을 존중해주고 이들이 사회의 모든 활동에 주체적으로 참여하며 개인은 물론 가족 전체 구성원들의 삶의 질 향상과 복지증진을 위해 정부와 사회가 행하는 모든 활동과 노력을 말한다(현외성 외, 2011).

이렇게 보면, 다문화 사회복지는 주로 다문화가족을 중심으로 이루어지는 사회복지 정책과 실천 및 각종 지원활동을 의미하는 것으로 볼 수 있으며 크게 가족, 청소년, 그리고 여성과의 관련을 중요하게 생각할 수 있다. 첫째, 다문화 사회복지는 다문화가족을 위한 활동과 관련한다. 가족복지에는 여러 가지의 문제들이 포함되기도 한다. 통상적으로 가족집단 혹은 가족 구성원이 직면하여 해결을 요청하게 되는데, 방치하면 가족기능의 장애 또는 병리적 상황이 야기된다. 결손가족, 실업가족, 노인가족, 다문화가족, 빈곤가족, 장애자가족, 범죄자가족 등은 그러한 문제를 안고 있는 경우가 많다.

다문화가족은 국제결혼을 통해 형성된 가족으로서 국적을 달리하는 남녀가 결혼을 함으로서 가정을 형성하는 것으로 국제결혼으로 이루어진 가정과 외국인 근로자 가정으로 나뉜다. 또한, 다문화 가정의 자녀는, 우리나라 국적을 가진 국제결혼 가정의 자녀는 물론 우리나라에 장, 단기 거주하는 외국인 가정의 자녀 뿐 아니라 불법체류자의 자녀까지도 모두 포함된다. 이에 따라 가족관계도 더욱 악화되고 자녀 교육에 한 층 더 어려움을 느끼게 된다. 다문화가족문제의 해결방안은 먼저 한국인부터 외국문화와 외국역사를 존중하고 이해하는 다문화주의적 사회의식을 갖고 외국인에 대한 선입견, 편견 등을 갖지 않는 사회의식이 필요로 한다. 그리고 지역사회에서는 외국인 근로자나 국제결혼 이주 여성들을 홍보 대사로 임명하여 해당 국가를 대상으로 홍보 활동과 유대 관계를 강화해 나가는 것도 좋은 방법이 될 것이다.

둘째, 다문화 사회복지는 다문화가족 자녀 특히 청소년과 관련하여 중요한 의미를 갖는다. 다문화가정의 자녀들 또한 문제에 많이 노출되어 있다. 국제 결혼의 증가로 결혼이민자가족이 새로운 가족 유형으로 등장함에 따라 다문화가족의 안정적인 정착을 도와야 할 것이다. 또한, 결혼이민자의 자녀들의 연령이 점차 중학생 이상으로 성장함에 따라 청소년기의 발달적 특성을 나타내게 될 것이므로 이들을 위한 정체성 교육은 물론이고 사회의 구성원으로서 필요한 공동체 의식 함양은 모든 청소년과 사회구성원들에게 반드시 필요하다. 이를 위하여 다양한 교육 방법이나 프로그램을 통하여 서로 어울려 살아갈 수 있는 사회통합 모델을 제공해야 할 것이다.

셋째, 이주의 여성화, 또는 다문화가족의 여성이주민을 중심으로 보면, 다문화사회복지는 여성복지와 분리하여 생각할 수 없다. 여성에 대한 차별은 일반적으로 이들 집단이 남성에 비해 원래 열등하게 태어났고, 따라서 능력에 있어 뒤떨어진다는 성차별적 고정관념과 편견에 기초하고 있다. 이러한 고정관념과 편견은 여성을 사회적 과정에서 소외시켰고 결과적으로 여성을 사회 경제 정치적으로 낮고 무기력한 존재로 비인간화시켰다. 우리나라에 남성보다 여성의 인구수가 많은 것처럼, 우리나라에서 생활하는 해외 이주 여성 또한 점차 증가하고 있기 때문에 다문화와 관련한 여성복지의 중요성을 강조할 필요가 있다. 우리나라 사람뿐만 아니라 다문화가정을 이루고 있는 이주 여성들을 위한 복지와 체계 등도 분명히 마련해야 할 것이다.

2) 다문화복지와 다문화가족 지원

(1) 결혼이민자가족

결혼이민자가족은 언어소통, 문화차이로 인해 자녀양육과 교육에서 어려움을 경험할 가능성이 크다. 자녀들은 가정 내 언어 환경이나 어머니의 한국어 능력이 서툰 것으로 인해 인지발달 지연, 인지능력 저하의 어려움에 놓이게 된다. 이러한 언어 능력의 한계는 가족 간의 원활한 대화가 이루어지는데 있어 장애요인이 되며, 오해와 갈등을 유발하게 한다(차태규 · 하재룡, 2013). 따라서 여성결혼이민자들에 대한 사회복지서비스는 다문화가족정책 중 결혼이주민의 안정적 정착이라는 목표달성을 위한 프로그램을 포함한다. 프로그램은 주로 의사소통 지원, 생활정보 제공, 가족관계증진 및 가족위기 예방 등을 세부 목표로 정하고 있다. 이러한 세부목표들은 다양한 정부기관 부처들에서 각기 다른 형태의 프로그램으로 실행되고 있다(여성가족부, 2015).

다문화가족정책의 법적 기반으로 「재한외국인처우기본법」과 「다문화가족지원법」 등이 있다. 「재한외국인처우기본법」에서는 법무부 장관은 관계 중앙행정기관의 장과 협의하여 5년마다 외국인정책에 관한 기본계획을 수립하여야 한다(제5조)고 규정함으로써, 국가차원에서 외국인정책의 중장기 기본방향을 설정할 수 있도록 하였다. 「다문화가족지원법」에서는 다문화가정의 구성원들이 안정적인 가정생활을 유지하는데 필요한 제도와 여건에 관한 중앙정부와 지자체의 각종 조치와 지원을 규정하고 있다.

(2) 외국인근로자가족

고용허가제에 의해 합법적으로 취업한 외국인근로자는 내국인과 동등하게 근로기준법, 최저임금법, 산업안전보건법 등 노동관계법의 적용을 받고, 노동3권 등 기본적인 권익을 보장받으며, 사업주의 근로계약 위반, 부당해고 등 위법·부당한 처분에 대해서 근로감독과 노동위원회, 국가인권위원회, 법원 등을 통한 권리구제가 가능하다. 의료지원에 있어서는 공공영역에서 시행되는 국민건강보험, 산업재해보상보험, 고용보험, 국민연금 등의 4대 보험을 적용받는다. 미등록 외국인근로자일 경우에도 의료와 관련하여 보건복지부는 건강관리 지침을 마련하여 이를 토대로 각 일선보건소에서 무료검진 및 진료서비스를 제공하며 그 자녀를 비롯한 가족에 대해서도 무료진료사업을 시행하고 있다(천정웅 외, 2015).

외국인근로자 출신 국가의 경제적 요인과 내국인의 인력 부족으로 국내 취업이 점점 길어짐에 따라 생산기능직 외국인근로자 중에서도 여러 가지 형태로 가족을 동반하여 거주하거나, 국내에서 가족을 형성하고 있는 추세이다(민현옥, 2014). 외국인근로자 가족의 자녀는 아동에 대한 보편적인 복지를 규정하고 있는 「아동복지법」에 따라 자신 또는 부모의 성별, 연령, 종교, 사회적 신분, 재산, 장애유무, 출생지역, 인종 등에 따른 어떠한 종류의 차별도 받지 않고 자라며 아동의 권리보장과 복지증진을 위하여 보호와 지원을 받을 권리를 가진다(제2조).

그러나 이러한 지원에도 불구하고 외국인근로자가 자녀양육 시 지원받을 수 있는 양육지원체계는 현실적으로 부족한 실정이다. 특히 미등록 외국인근로자의 경우에는 출입국관리법에 따른 합법적인 출생신고가 어렵다. 국내의 출입국관리법을 위반하였기 때문에 신고는 곧바로 강제출국으로 이어져 이산가족이 될 수도 있다.

(3) 북한이탈주민가족

북한이탈주민 가족은 북한에서 탈북한 가족이 남한에 정착하거나, 탈북자 출신의 남성 또는 여성이 한국의 남성 또는 여성과 결혼을 하거나 또는 탈북자 출신으로 결혼하지 않고 거주하는 경우에 해당한다. 북한이탈주민지원재단은 북한이탈주민의 자립자활 역량 제고를 위해 2012년부터 재단에 취업지원센터를 운영하고 있으며 2013년 4개 지역에서 2014년에는 27개 지역으로 확대하여 취업지원 사업을 강화하여 운영하고 있다. 또한 건강상태가 좋지 않은 북한이탈주민에 대한 의료지원을 강화하여 장기이식, 중증질환, 희귀난치성 질환자의 경우 본인부담액의 일부를 연간 한도 내에서 북한이탈주민지원재단을 통해 지원하고 있다.

북한이탈주민의 경우 전국적으로 31개의 지역적응센터를 운영함으로써 북한이탈주민이 거주지에서 신속히 적응할 수 있도록 하나원을 수료하고 거주지로 전입한 직후 초기집중교육과 취업 · 교육 · 의료 · 생계 등 개인별 맞춤형 사후지원서비스를 제공한다. 거주지 적응교육, 취업상담 연결, 방과후 공부방 운영, 학습지도, 정착지원제도 안내 등 북한이탈주민이 지역 사회에 조기에 정착할 수 있도록 거주지 밀착 지원을 하고 있다. 한편, 정착지원법에 근거하여 '제1차 북한이탈주민 정착지원 기본계획(2015~2017)'을 수립하였는데 기본계획에서는 맞춤형 정착지원을 추진하고 사회적 통합을 유도하기 위해 북한이탈주민에 대한 인식개선과 국민 소통을 강화하도록 하였다(통일부, 2015).

3) 다문화가족지원센터 및 사회통합프로그램 운영

(1) 다문화가족지원센터 운영

① 운영목적

다문화가족지원센터는 국가와 지방자치단체가 설치·운영하는 지원사업주체로 다문화가족의 안정적인 한국사회 정착 및 다문화가족 특성을 고려한 맞춤형 지원을 통해 다문화가족의 건강하고 건설적인 자립지원을 도모한다. 다문화가족지원센터는 다문화가족의 안정적인 정착과 가족생활을 지원하기 위해 가족 및 자녀교육·상담, 통·번역, 및 정보제공, 역량강화지원 등 종합적인 서비스를 제공하여 다문화가족의 한국사회 조기적응 및 사회경제적 자립지원을 도모하는 것을 목적으로 하는 사업으로 다문화가족지원법 제12조(다문화가족지원센터의 설치·운영 등)를 법적 근거로 하고 있다(2014, 유혜민; 여성가족부, 2015). 다문화가족지원센터의 전달체계는 중앙부처인 여성가족부와 광역자치단체(시·도)와 기초자치단체(시·군·구)가 개별 다문화가족지원센터를 지원 및 협조하여 중앙관리기관인 재단법인 한국건강가정진흥원, 거점센터, 그리고 개별 다문화가족지원센터가 실제 지원 사업을 전개한다.

② 사업내용

다문화가족지원센터은 자녀양육, 생활·문화, 심리·정서, 보건 등과 관련된 복지서비스를 제공한다. 이 중에서 대부분의 기관이 가장 큰 비중을 두고 있는 것은 언어교육, 즉 한국어교육이다. 가족상담 복지서비스의 경우 결혼이주민과 그들이 속해있는 다문화가족원들(배우자, 시부모, 확대가족원 등)이 그 대상이 되며, 개인상담과 함께 실시한다. 이 밖에도 복지관, 지자체, 종교기관, 여성긴급전화, 이주여성인권센터, 여성문화회관, 여성의 전화, 아동·청소년기관 등 다문화가족지원센터와 네트워크 관계를 맺고 있는 유관기관들이 다양한 서비스를 제공하고 있다

다문화가족지원센터에서 제공하는 서비스는 모든 센터에서 공통적으로 제공되는 기본사업과 지역사회의 특성 및 수요를 감안하여 다르게 제공되는 특성화 사업이 있다(조수우, 2013). 기본사업의 경우 교육과 체험의 통합 형태로 프로그램이 실시되었으며, 홍보 등 운영사업을 체험, 참가, 파견, 캠페인, 대상자 및 기관연계 등 좀 더 다양한 형태로 운영되고 있다. 2014년 다문화가족지원센터의 운영사업은 결혼이주여성의 안정적인 초기 한국사회 적응과 다문화가족 내 구성원의 역할, 상호문화에 대한 수용

성 향상을 통해 가족관계 증진을 도모하였다. 또한, 특성화 된 취업기초소양교육을 통한 결혼이주여성의 자존감 향성 및 자아실현기회 제공, 취업처 연계를 통한 경제활동 참여, 상담을 통한 가족 내부 스트레스 완화 및 가족 건강성 증진, 다문화가족 자조모임을 통한 정서적 유대감 강화와 조기 정착 안정화, 다문화가족 나눔봉사단을 통한 자긍심 향상 및 지역사회 인적자원 활용 등을 목적으로 다문화가족의 기능 강화와 사회·경제적 자립지원을 도모하고 있다. 또한 대상을 다문화가족으로만 국한하지 않고 지역주민으로 확대하여 다문화에 대한 인식개선과 홍보 및 네트워크를 통해 다문화가족지원사업의 허브기관으로서의 센터 위상확립과 다문화감수성 증진에 이바지하고 있다 (여성가족부, 2015).

(2) 법무부 사회통합프로그램 운영사업

① 운영목적

법무부 사회통합프로그램은 법무부 장관이 지정한 운영기관에서 소정의 한국어교육 및 한국사회이해교육을 이수한 이민자에게 체류허가 및 영주자격과 국적부여에 있어 일정 혜택을 주는 핵심적인 이민자사회통합정책으로, 이민자가 우리사회 구성원으로 적응·자립할 수 있도록 지원함을 목적으로 한다. 법무부 사회통합프로그램은 이민자에게 [한국어와 한국문화 0~4단계] 415시간, [한국사회이해 5단계] 50시간의 교육을 제공하며, 교육을 이수한 이민자에게 국적취득, 영주권, 점수제에 의한 체류자격변경 시 일정부분의 혜택을 제공하는 사업이다. 2015년 기준 전국에 47개 거점운영기관 및 308개의 일반운영기관이 존재하는데, 전년과 비교하여 운영기관이 51개소가 증가되었다.

② 사업내용

사회통합프로그램의 0~4단계까지는 한국어수업이 실시되며, 마지막 5단계의 경우 한국사회이해에 관련된 내용으로 수업이 진행된다. 5단계 한국사회이해과정을 이수할 경우 점수제에 의한 전문인력의 거주자격(F2) 변경 시 가점 28점이 부여된다. 점수제에 의한 체류자격변경의 경우 법무부에서 지정한 항목에 따라 80점이 될 경우 자격변경신청이 가능하다. 또한 장기체류외국인(D1, D5~D9, F1, F3, E1~E5, E7등)이 거주자격 변경을 신청할 경우, 장기체류외국인, 국민의 배우자(F6), 국민의 미성년 외국인 자녀(F22), 일반귀화대상자 동포가 영주자격(F52) 신청할 경우 한국어능력 입증이 면제된다. 무엇보다 국적신청 시 국적필기시험과 국적면접심사가 면제되며, 국적심사 대기기간이 단축되는 것이 가장 큰 이수자 혜택이다.(법무부, 2015)

5 문화적 역량과 다문화사회복지 실천의 과제

횡문화적 사회복지 영역에서 출현한 대중적 개념은 '문화적 역량(cultural competence)'이다. 서구의 경우에도 사회복지사들의 교육 및 인증을 감독할 책임이 있는 전문직 협회 -영국의 사회복지 교육훈련을 위한 중앙협회, 미국 사회복지사 협회, 캐나다 사회복지 교육협의회- 는 다문화 맥락에서 다양한 집단과 함께 하는 사회복지의 이슈를 다루는 책임에 대해 명료하게 밝히고 있다. 이는 사회복지사들이 다양한 집단 성원들과 일하는 데 필요한 자기인식, 지식, 기술을 증진시키기 위한 전략이라고 할 수 있다. 다문화 환경에서 다양한 클라이언트와 일하는 사회복지사들에게는 문화적 역량을 개발하는 것이 필수적이며 이를 소홀히 하는 것은 윤리적 책임을 위반하는 것이 된다.

Lum(1999)은 문화적으로 유능한 서비스를 제공하기 위한 4가지 핵심요소를 제안하였는데, ① 문화적 다양성에 대한 수용과 존중, ② 문화적 정체성과 편견에 대한 자기 분석, ③ 민족이나 인종이 다른 클라이언트의 차이에 의한 역동 인식, ④ 이러한 클라이언트와 일하기 위한 추가적인 지식, 연구조사, 자원의 필요성 인지 등이다. 지식과 기술 못지않게 문화적 역량을 위해 필수적인 것은 자기 자신을 인식하는 능력이다. 인간으로서 사회복지사는 그들의 문화에서 형성된 독특한 편견, 가치, 신념을 갖고 있기 때문이다. Yan과 Wong(2005)에서도 나타나듯 문화적으로 유능한 사회복지사는 자신의 문화적 배경에 대해 높은 수준으로 자기인식을 분석하고 유지해야 하는데 문화적 배경에는 문화적 가치, 편견, 선입견, 개인적 한계에 대한 인식이 포함된다(Gray & Webb, 2012 재인용).

한편, 문화적 역량(cultural competence)은 다문화 역량(multicultural competence), 문화적 민감성(cultural sensitivity), 문화 간 감수성(intercultural sensitivity) 등과 혼용되어 사용되고 있으나 이 용어들 간에는 차이가 있다(김민정·신성만, 2010).

첫째, 다문화 역량(multicultural competence)은 다문화사회에서 다민족, 다언어의 사람들과 효율적으로 소통하는데 필요한 필수적인 능력으로 요구되는 역량을 말한다. Sue와 Sue(1999)는 문화적 배경이 다른 사람과 상호작용하기 위해서 요구되는 능력은 무엇보다도 자신이 속한 문화에 대해 의식적으로 민감하게 자각하고 문화적 차이에 대한 고정관념이나 편견을 경계하며 다름을 존중하고 인내하는 마음가짐이라고 하였다. 다문화 역량은 자신이 속한 사회의 문화 양식에 따라 적절하게 대처할 수 있는 능력으로 자신이 속한 문화에 대한 존중과 더불어 다른 문화에 대한 편견을 경계하고 적절하게 행동할 수 있게 한다(Bennett & Bennett, 2004).

둘째, 문화적 민감성은 문화적으로 다른 집단에 속하는 사람이 가지고 있는 감정적 표현, 가치 및 신념에 공감하는 능력을 말한다(Olavarria, Beaulac, Blanger, Young & Aubry). Hackshaw(2005)는 문화적 민감성을 내담자가 자신의 문화가 존중받고 있고 지금 받고 있는 서비스가 편안하고 신뢰할 수 있다고 느낄 수 있도록 내담자의 문화와 관계된 지식과 기술, 경험, 인식을 전달하거나 보여주는 것이라고 보았다. 즉 다른 문화에 대한 편견, 낙인, 문화적 기만 등이 없이 문화 간의 차이를 인정하고 받아들이는 정서적 측면에 초점을 둔 개념이다. 문화적 민감성이 있을 경우 서로 문화적 배경이 다른 사람들 간의 상호작용에 영향을 미치는 잠재적, 활동적, 문화적 요인을 알기 위해 노력하게 된다.

셋째, 문화 간 감수성은 문화 간 의사소통 능력에 대한 연구에서 제기되어온 개념으로 개인이 문화 간 의사소통을 효율적으로 하기 위해서는 문화적 차이를 인식하는 민감성과 문화적 차이를 존중하는 정서적 태도가 중요한데 이 정서적 태도를 문화 간 감수성으로 보았다(한수진 · 정진경, 2012). Bhawuk과 Brislin(1992)은 문화 간 감수성을 다른 문화와 효과적으로 교류하기 위해서 사람들은 다른 문화에 관심을 가져야 하고 문화적 차이에 대하여 민감하게 지각하는 것, 그리고 자신과는 다른 문화에 속한 사람들을 존중하기 위해 자신의 행동을 그 문화에 적절하게 수정하고자 노력하는 것이라고 하였다. 문화 간 감수성을 토대로 다문화인식이 이루어졌을 때 다문화행동으로 발전될 수 있다(장현숙, 2011 재인용).

이와 같이 보면, 다문화와 관련하여 문화적 역량(cultural competence), 다문화역량(multicultural competence), 문화 간 민감성(intercultural sensitivity), 문화 간 감수성(intercultural sensitivity), 다문화 감수성(multicultural sensitivity) 등의 용어들이 서로 다른 면이 있지만, 동시에 유사하게 사용되고 있음을 알 수 있다(박순희 · 이주희 · 김은진, 2011). 이러한 용어들은 심리학, 교육학, 간호학, 사회복지학 등 대인서비스 및 휴먼 서비스를 제공하는 분야를 비롯하여 다양한 타학문분야에서 활용되고 있는 중요한 개념으로서, 다문화사회에서 타문화의 사람들과 효율적으로 의사소통하는데 필수적인 요소로 지적되고 있다(노충래 · 김정화, 2011; 강성률, 2013).

따라서 다문화 사회복지실천은 진정한 호기심과 개방적 태도, 대화의 공간 속에서 어떻게 긍정적인 관계를 형성할 것인지에 대한 사려 깊은 성찰을 토대로 방향을 잡아야 한다. 문화적 역량이 있는 사회복지사는 자신의 문화적 배경을 반영하고 편견과 행동을 검토하며 다른 사람과 상호작용하기 위해 문화적 역량의 요소들을 분석할 수 있다. 만약 사회복지사가 문화적으로 무능할 경우에는 문화적으로 다양한 집단에게 적절한 서비스를 제공할 수 없다. Sue(2006)는 문화적 무능(cultural incompetence)은 다양한 형태로 나타날 수 있으며, 클라이언트에게 해가 될 뿐만 아니라 문화적으로 다양한 사람에게 서비스를 제공하는 사회복지사의 능력을 제한한다고 하였다(이미림, 2011 재인용). 예를 들면 의사소통에서 무능할 때, 문화적으로 또는 종교적 신념에 일치시키려고 공공연하게 비평할 때나 관심이 부족할 때, 그리고 일탈적인 행위에 대한 상이한 문화를 비난할 때 좌절감이나 분노로 나타나기도 한다.

한편 '문화적 역량'의 유용성에 대한 우려와 관련하여 문화적 역량이 굳건한 이론적 기반에 근거를 둔 사회복지 접근방식이라기보다 객관적인 '기법'으로 나타날 수 있다는 점, 그리고 사회복지사가 '자신의 문화가 미치는 영향을 유예할 수 있는 정도'와 자신을 활용하여 클라이언트와 일하는 전문적 상호작용에서 얼마나 중립성을 유지할 수 있는지 그 정도에 대해 의문을 제기하는 입장도 있다. 가장 문제가 되는 것은 문화적 역량에서 '문화'라는 용어가 비판적 탐색이나 논쟁을 거치지 않은 채 상식적인 방식으로 사용되고 있다는 것이다. 문화가 고정적이고 변하지 않으며, 지속되는 것처럼 비춰지고 통제할 수 있다는 입장을 취할 경우 사회복지사와 '문화적 배경을 가진' 클라이언트 간의 차이만을 강조하기 쉽게 된다(Gray&Webb, 2012).

CHAPTER 13

국제사회복지론의 교과목 분석

13 국제사회복지론의 교과목 분석

1 서론

세계화로 인한 변화는 정치, 경제, 사회, 문화의 모든 영역에 영향을 주고 있을 뿐만 아니라 사회복지사를 양성하는 부분에서도 국제적 관점을 요구하고 있다. 즉 국제사회복지, 국제사회복지학에 대한 논의가 진행되는 가운데 국제사회복지 전문가로서의 사회복지사 양성이 중요한 것으로 인식되고 있다(이용교, 2014). 우리나라는 수혜국에서 벗어나 공적개발원조의 주체로 변신한 경험을 가지고 있고 국제사회복지 전문가로 국제사회복지 현장에서 활동할 경우 이러한 국제적 위상에 걸맞은 책임을 수행하기 위해서는 남다른 안목과 자질을 확립하고 그 역할을 정립함이 필요할 것이다..

전문적인 국제사회복지사를 양성하고 정체성을 키워나가는 일은 다른 무엇보다도 실제적인 교육을 통해서 가능하다. 현재 이루어지고 있는 대학원과 학부 그리고 NGO나 학회를 통한 국제사회복지 전문가 양성이 예비 국제사회복지사의 역량을 함양하는데 도움이 되기 위해서는 교육과정의 질적 수준이 어떠한가 하는 것이 매우 중요할 것이다. 특히 교육과정을 결정하는 여러 요인 중 교과는 많은 영향력을 미치는 요소이며 교과과정 내에서 사용하게 되는 교재는 교육목적 및 교육목표를 실현하는 구체적인 내용을 담고 있다는 점에서 학습자들에게 효과적인 교육을 위한 핵심적인 자원이 된다(이현지 외, 2005).

교재가 교육과정 내에서 중요한 역할을 함에도 불구하고 대학 교과목의 교재분석 연구는 그다지 많지 않다. 사회복지 관련 교재분석의 경우 사회복지 행정 교과목의 주요 교재 내용을 검토하고 방향을 제시한 연구(박경일, 2008), 대학에서의 학교사회복지 교과목의 교육내용을 체계적으로 분석한 연구 등 나름대로 활발하게 진행되고 있는 분야가 있는 반면 국제사회복지 교과목의 경우엔 개설 역사가 짧아 교재분석과 관련된 연구물이 거의 없고 더욱이 '국제사회복지'라는 교재가 손에 꼽을 정도인 상황이다.

교과과정 내에서 사용하게 되는 교재들이 교육과정의 교과목에서 다루어야 할 중요한 주제를 반영하고 있을 때 교수자는 그러한 주제를 바탕으로 학습자들에게 체계적인 교육을 수행할 수 있다. 따라서 본 연구에서는 출판된 국제사회복지 관련 교재들을 검토하여 사회복지대학교육협의회의 교과목 지침서를 기준으로 국제사회복지 교재가 어떤 내용으로 구성되어 있는지 살펴보고 교재에서 다루어지고 있는 부분과 다루어지지 않고 있는 부분들을 파악함으로써 효율적인 국제사회복지 교육을 위해 어떤 내용이 보완되어야 하는지 제안해 보고자 하였다.

2 국제사회복지 교과목

1) 국제사회복지의 교과목 정체성

한국사회복지교육협의회가 1998년 ≪사회복지학 교과목 지침서≫를 최초 발간한 이래 지침서는 2006년까지 2년에 1회씩 발행하였으며, 2010년, 2012년, 2016년 등 8번의 개정 작업을 거쳤다. 국제사회복지론이 비법정교과목으로서 지침서에 포함된 것은 2012년부터이며 사회적 수요는 있지만 법이 개정되지 않아 가족상담 및 가족치료, 군사회복지론, 빈곤론, 복지국가론, 사례관리론 등과 함께 비법정과목으로 포함되었다(이용교, 2014).

국제사회복지론은 3학점으로 교과목 목표를 살펴보면 첫째, 세계화 관점과 국제사회복지 지식에 대한 이해, 둘째, 국제사회문제에 대한 이해와 국제사회복지 접근방법에 대한 연구, 셋째, 국제사회복지 실천 과정에서 작동하는 지식과 기술에 대한 이해, 넷째, 국제사회복지에 대한 이해와 실제 적용 능력 함양을 위한 연습, 다섯째, 국제사회복지 전문실천가로서 갖추어야 할 가치와 윤리관 정립 등으로 제시되어 있다(한국사회복지교육협의회, 2016).

2012년 교과목 지침서에 나타난 국제사회복지란 "지구적 차원의 심각한 빈곤, 소외, 불평등, 인권과 복지권의 억압 등의 문제로부터 야기되는 지구적 차원의 부작용을 해결하되, 특히 후진국을 비롯하여 개도국, 심지어 선진국 내에 존재하는 취약계층의 권익을 옹호하고 이들의 삶을 개선하려는 사회복지사들의 전문적 활동분야"라고 제시되어 있음을 알 수 있다.

한편 2016년 교과목 지침서에서는 국제사회복지의 주요 활동을 네 가지로 제시함으로써 국제사회복지가 하나의 독특한 실천분야(a field of practice)임을 밝히고 있다. 국제사회복지의 주요 활동은 첫째, 국제 개별사회사업, 둘째, 재난이나 전쟁으로 고통받고 있는 사람들이나 소수민족에게 제공되는 공적·사적 국제원조, 셋째, 사회복지에 관한 국제학술대회, 넷째, 국제연맹(League of Nations), 국제노동기구(ILO), 국제보건기구(Health Organization of the League)를 통해 전세계에 걸쳐 질병에 맞서 싸우고 정치사회적 평화와 협력을 보장하기 위한 정부 및 사설기관들의 국제협력활동 등이다.

〈표 13-1〉 한국사회복지교육협의회 국제사회복지론 교과목지침서의 교육내용

교과목지침서(2012) 내용		교과목지침서(2016) 내용
1. 개념	1) 정의 2) 특성 3) 기본관점	필요성, 가치와 윤리, 지식기반 추가 기본관점 제시되지 않음
2. 발달 과정	1) 등장배경 2) 실태	세계화, 상호의존, 최근 흐름 추가
3. 국제사회 이해	1) 패러다임 분석 2) 역사적, 정치경제학적 배경	-
4. 국제기구	1) 국제기구 2) 공적원조 현황	개발원조 기구, 유엔 기구로 세분화 공적원조, 지원형태, 주체 등으로 구분
5. 국내정책	1) 해외원조 정책 2) 국내정책 동향	I(공적원조, 국제구호, 개발실천, 국제사회복지프로그램)과 II(초국가, 국가 간, 국경)로 세분화
6. 사회복지사 전문성	1) 해외현장에서의 방법론 2) 해외현장에서의 윤리적갈등	실습 및 훈련, 역량강화로 구분, 권익옹호 및 연계망 구축 추가
7~9. 현장사례연구	1) 국가별 현장탐구 2) 이슈별 현장탐구	대륙별로 구분 이슈별로 구분
10~12. 발표	집단별 탐구와 발표	-
13. 활동계획 개발	1) 활동 제안서 작성 2) 발표	-
14. 향후전망과 사회복지사 역할	1) 국제사회복지의 향후 방향 2) 사회복지사의 정체성	-

〈표 13-1〉과 같이 교과의 내용을 보면 2012년과 2016년의 지침서 모두 국제사회복지의 개념, 발달과정, 국제기구, 국내정책, 사회복지사 전문성, 현장사례연구에 대한 내용은 변함없이 유지되고 있는 것으로 나타난다. 2012년에 비해 2016년의 경우 다음과 같은 차이가 있음을 알 수 있다. 첫째, 국제사회에 대한 이해, 국제사회복지의 향후 전망과 사회복지사의 역할이 따로 제시되지 않았다는 점, 둘째, 집단별 탐구와 발표, 활동 제안서 작성이 따로 제시되지 않았다는 점이다. 다만 강의방법에서 소집단 토론과 사례발표 등을 활용할 것을 제안하고 있다.

한편, 국제사회복지론이 사회복지학 교과목 지침서에 포함되어 있지만 아직 이에 적합한 국제사회복지론 교재는 없다. 번역서를 살펴보면 Midgley가 쓴 ≪Social Welfare in Global Context≫(1999)를 시작으로 하여 대표적인 번역서로 현재 대학에서 가장 많이 활용되는 것은 Healy의 ≪International Social Work≫(2010) 그리고 Cox와 Pawar의 ≪International Social Work≫(2010)이 있는 정도이다. 세 가지 번역서 외에 국내도서로 김동수, 정무성과 정진옥의 ≪국제사회복지: 더불어 지구촌에 잘살기 위하여≫(2013)가 있다.

Healy가 쓴 '국제사회복지'는 국제사회복지의 중요성과 개념, 세계화, 개발과 인권을 다루고 국제사회문제, 국제사회복지 기구와 기능, 국제전문활동을 위한 가치와 윤리, 국제 구호와 개발 실천, 국제교류 등 국제사회복지에 대한 이론적 논의와 국제사회복지의 다양한 영역을 다루었다. Cox와 Pawar의 '국제사회복지실천'은 국제사회복지의 핵심 영역별로 사회복지사의 실천적 역할을 강조하였는데, 특히 사회복지사가 빈곤, 분쟁국가, 자연재해, 생태파괴, 건강 등 전세계적으로 퍼져 있는 사회문제들에 대해 어떻게 접근할 것인지에 대해 고찰하고 있다(이용교, 2014).

국제사회복지활동 실천을 경험한 국내 저자가 쓴 최초의 교재인 김동수, 정무성과 정진옥의 ≪국제사회복지≫는 전체가 3부로 나누어져 있다. 1부는 지구촌과 국제사회복지, 2부는 세계화, 빈곤과 개발, 재난과 난민구호, 세계인권, 국제분쟁과 평화구축, 환경문제와 생태계 보전 등의 국제사회복지 제문제들을 다루고, 3부에서는 국제 NGO 활동을 소개하고 국내에서도 국제사회사업을 할 수 있음을 제시한 후 국제사회복지의 전망과 사명을 논의하는 것으로 구성되어 있다.

Healy와 Cox와 Pawar 두 책이 각각 정책과 실천을 강조한 것이라면, 김동수, 정무성과 정진옥의 것은 국제사회복지의 전통적인 문제들과 함께 세계인권, 분쟁과 평화구축, 환경문제까지 다루고 있으며 특히 국내에서의 국제사회복지활동으로 북한이탈주민, 다문화, 이주외국인노동자에 대한 복지사업을 다루었다.

2) 대학에서의 국제사회복지 교육

국제사회복지론 교과목의 4년제 대학개설현황을 살펴보기 위해 '대학알리미' 사이트를 통해 2016년 5월 기준으로 사회복지학과가 있는 대학을 검색하고 각 대학의 홈페이지에 있는 교과과정을 검색한 결과 국제사회복지론 과목을 개설하여 가르치는 곳은 총 137개교 중 28개 대학이었다. 주로 학부과정(23개)에서 국제사회복지론을 가르치고 있었으며, 대학원(3), 그리고 학부와 대학원(2) 모두에 개설된 대학이 있는 것으로 나타났다. 개설학기는 4학년에 개설된 경우가 9곳으로 가장 많았으며 대학원 교과과정과 연계하여 개설된 경우도 있다. 〈표 13-2〉에서 나타나듯, 국제복지론의 강좌명은 국제사회복지, 국제복지의 이해, 국제사회복지실천론, NGO 및 국제사회복지 등 다양한 강좌명으로 개설된 것을 알 수 있다.

〈표 13-2〉 대학의 국제사회복지론 개설 현황

소재지	개설대학 수	개설 과정	강좌명
서울	7	학부(6) 학부 & 대학원(1)	국제사회복지, 국제사회복지론, 국제사회복지의 이해, 국제사회복지론 세미나, 국제사회복지실천(론), NGO 및 국제사회복지, NGO와 국제사회복지(론), 국제사회개발론, 국제개발협력, 국제협력과 지역개발, 국제개발협력과 사회복지, 국제사회복지와 개발
경기	4	학부	
인천	1	학부	
대전	1	학부	
대구 · 경북	4	학부(3), 학부 & 대학원(1)	
경남	1	학부	
부산	4	학부	
충북	1	대학원	
충남	2	학부(1), 대학원(1)	
전북	2	학부	
강원	1	대학원	
총계	28	학부(23), 대학원(3), 학부 & 대학원(2)	

3 국제사회복지론 교재 분석

본 연구에서는 〈표 13-3〉과 같이 현재 대학에서 교재로 주로 채택하여 사용하고 있는 4권의 교재를 한국사회복지교육협의회의 국제사회복지론 교과목지침서에 근거하여 분석하였다.

〈표 13-3〉 분석대상: 국제사회복지론 교재

구분	제목	저자	출판사	발행년도
1	국제사회복지	Healy	학지사	2010
2	국제사회복지실천	Cox	나눔의 집	2010
3	국제사회복지	Midgley	대학출판사	1999
4	국제사회복지	김동수 외	신정	2013

분석은 범주의 존재여부만을 살펴볼 수도 있고, 각 범주별 분석단위요소의 출현빈도를 계산할 수도 있다. 본 연구에서는 교재의 장(章)별 하위 제목을 절(節)로 보았으며 교과목지침서에 제시된 장별 절 제목을 기준으로 분석 대상 교재의 절 제목이 기준에 일치하는지를 살펴보았다. 내용을 확인한 후 준거가 되는 해당 절에 속하는 것으로 간주하였다. 일반적으로 교재의 내용을 분석할 때에는 장을 기준으로 하지만 분석대상이 되는 교재의 몇 개장이 기준이 되는 지침서 항목의 둘 이상을 절로 포함하고 있어 절을 분석단위로 하는 것이 내용을 분석하기에 적절하다고 보았다.

〈표 13-4〉 국제사회복지론 교재별 구성내용 분석

<table>
<tr><th colspan="2" rowspan="2">구분</th><th colspan="3">국외</th><th>국내</th><th rowspan="2">계</th></tr>
<tr><th>Healy</th><th>Cox</th><th>Midgley</th><th>김동수 외</th></tr>
<tr><td rowspan="5">1. 국제사회복지에 대한 이해</td><td>개념</td><td>4</td><td>9</td><td>7</td><td>5</td><td>25</td></tr>
<tr><td>배경</td><td></td><td>4</td><td>6</td><td>6</td><td>16</td></tr>
<tr><td>필요성</td><td>1</td><td></td><td>1</td><td></td><td>2</td></tr>
<tr><td>가치</td><td>1</td><td></td><td></td><td rowspan="2">1</td><td>2</td></tr>
<tr><td>윤리</td><td>2</td><td></td><td></td><td>3</td></tr>
<tr><td rowspan="3">2. 역사와 동향</td><td>세계화</td><td>2</td><td></td><td>2</td><td>8</td><td>12</td></tr>
<tr><td>상호의존</td><td>1</td><td></td><td></td><td>4</td><td>5</td></tr>
<tr><td>역사/흐름</td><td>2</td><td>4</td><td>7</td><td>4</td><td>17</td></tr>
<tr><td rowspan="4">3. 국제사회복지의 지식기반</td><td>개발</td><td>1</td><td>2</td><td></td><td>1</td><td>4</td></tr>
<tr><td>인권</td><td>1</td><td></td><td></td><td>5</td><td>6</td></tr>
<tr><td>MDGs</td><td></td><td></td><td></td><td>1</td><td>1</td></tr>
<tr><td>SDG</td><td></td><td></td><td></td><td></td><td></td></tr>
<tr><td rowspan="3">4. 국제개발협력과 국제사회복지</td><td>공적개발원조(개념, 이해)</td><td></td><td></td><td></td><td>1</td><td>1</td></tr>
<tr><td>자원형태/주체</td><td></td><td></td><td></td><td></td><td></td></tr>
<tr><td>프로젝트 형성 · 관리</td><td></td><td></td><td></td><td></td><td></td></tr>
<tr><td rowspan="3">5. 국제사회복지 기구</td><td>개발원조기구</td><td>1</td><td></td><td rowspan="3">2</td><td></td><td>3</td></tr>
<tr><td>유엔구조기구</td><td>1</td><td></td><td>1</td><td>4</td></tr>
<tr><td>정부기관 · 시민사회</td><td>2</td><td></td><td></td><td>2</td></tr>
<tr><td rowspan="9">6. 국제사회복지의 이슈</td><td>절대빈곤</td><td>1</td><td>16</td><td></td><td>2</td><td>19</td></tr>
<tr><td>보편적 초등교육</td><td></td><td>4</td><td></td><td></td><td>4</td></tr>
<tr><td>양성평등과 여성지위</td><td>1</td><td>1</td><td></td><td></td><td>2</td></tr>
<tr><td>아동사망과 모성보건</td><td>1</td><td></td><td></td><td></td><td>1</td></tr>
<tr><td>노인의 권리</td><td>1</td><td></td><td></td><td></td><td>1</td></tr>
<tr><td>장애인 권리</td><td></td><td></td><td></td><td></td><td></td></tr>
<tr><td>국제이주 · 이주자복지</td><td></td><td>13</td><td></td><td></td><td>13</td></tr>
<tr><td>기후변화 · 지속 가능 개발</td><td></td><td></td><td></td><td>4</td><td>4</td></tr>
<tr><td>재난, 테러, 안보</td><td>1</td><td>12</td><td></td><td>7</td><td>20</td></tr>
<tr><td rowspan="3">7. 국제사회복지 전문활동</td><td>국제사회복지교육협회</td><td rowspan="3">2</td><td rowspan="3">1</td><td></td><td></td><td rowspan="3">3</td></tr>
<tr><td>국제사회복지연맹</td><td></td><td></td></tr>
<tr><td>국제사회복지협회</td><td></td><td></td></tr>
</table>

8. 국제사회복지 현황	유럽	1				1
	아메리카(북미)	1				1
	아메리카(남미)	1				1
	아시아	2				2
	아프리카	2				2
	오세아니아					
9. 국제사회복지 실천방법	공적개발원조					
	국제구호개발실천	3	4	3	4	14
	국제사회복지프로그램		6	3	13	22
	초국가 및 국제인구	2	5			7
	국가 간	1				1
	국경	2				2
10. 세계시민교육	인도적 사회변화	1				1
	동향					
	시민사회와 시민교육				1	1
11. 국제사회복지사의 교육	실습 및 훈련	1	2			3
	역량강화	2			1	3
	권익옹호 · 연계망구축	1				1
계		46	83	31	69	232

분석대상 교재의 전체 장의 수를 살펴보면 10장(Midgley), 12장(김동수 외), 14장(Healy, Cox) 등 거의 유사한 장 수로 나타나고 있으며 이러한 교재의 분량은 한 학기를 기준으로 15개 내외의 장으로 구성되어 수업 내용을 진행하기에 적절하다고 본다. 분석대상인 4권의 모든 교재에서 빠지지 않고 다루어진 내용은 '1. 국제사회복지에 대한 이해'에서 개념, '2. 역사와 동향'에서 역사 및 흐름, '9. 국제사회복지 실천방법'에서 국제구호개발실천에 대한 것이었다. 또한 국내 교재에서는 포함하고 있으나 국외 번역 교재에서 제시되지 않는 내용은 새천년개발목표(MDGs), 공적개발원조(개념, 이해), 기후변화와 지속 가능 개발, 시민사회와 시민교육이었다.

한편, 4권의 교재에서 모두 다루어지지 않는 내용은 자원형태 및 주체, 프로젝트 형성과 관리, 장애인 권리, 오세아니아, 공적개발원조, 세계시민교육의 동향에 대한 것이었다. 4권의 교재들은 '1. 국제사회복지에 대한 이해'에 속하는 개념(25)을 가장 많이 제시하였고 다음으로 '9. 국제사회복지 실천방법'의 국제사회복지프로그램(22), '6. 국제사회복지의 이슈' 중 재난, 테러, 안보(20)의 내용이 가장 많았다.

각 장별로 다루고 있는 내용의 빈도를 살펴보면, '1. 국제사회복지에 대한 이해'에서는 개념(25)과 국제사회복지의 배경(16)이 많이 다루어지고 있는 반면, 국제사회복지의 윤리와 가치에 대한 내용은 상대적으로 적음을 알 수 있다. '2. 역사와 동향'에서는 역사 및 흐름(17), 세계화(12)가 상호의존(5)보다 더 많은 비중으로 나타나며 '3. 국제사회복지의 지식기반'에서는 인권(6)을 가장 많이 취급하였다. 새천년개발목표(MDGs)의 경우 교과목 지침서에서는 지식기반으로 다루고 있지만 국외번역교재들에서는 그에 대한 언급을 별도로 하지 않았다.

'4. 국제개발협력과 국제사회복지'에서는 공적개발원조를 국내교재에서 다루었으며 '5. 국제사회복지 기구'에서는 개발원조기구, 유엔구조기구, 정부기관과 시민사회의 내용이 고르게 나타났다. '6. 국제사회복지의 이슈'에서는 빈곤(19)이 가장 많이 다루어졌고 보편적 초등교육(4), 양성평등과 여성지위(2), 아동사망과 모성보건(1), 노인의 권리(1) 순으로 다루었다. '7. 국제사회복지 전문활동'에서는 국제사회복지교육협회, 국제사회복지연맹, 국제사회복지협회의 내용을 포함하였으며 '8. 국제사회복지 현황'에서는 Healy의 교재가 오세아니아를 제외한 유럽, 아메리카, 아시아, 아프리카에 속하는 각각의 국가들을 다루고 있는 것으로 나타났다.

'9. 국제사회복지 실천방법'에서는 국제사회복지프로그램(22), 국제구호개발실천(14), 초국가 및 국제인구(7) 내용 순으로 많은 비중을 차지하고 있으며 국경(2), 국가간(1)의 실천방법에 대한 내용은 상대적으로 적음을 알 수 있다. '10. 세계시민교육'에서는 '시민사회와 시민교육'을 다루었고 '11. 국제사회복지사의 교육'에서는 실습 및 훈련(3), 역량강화(3), 권익옹호 및 연계망구축(1)을 포함하고 있는 것으로 나타났다.

4 결론 및 논의

국제사회복지론 교재로 사용하고 있는 4권의 국제사회복지 관련 교재의 내용을 분석하여 국제사회복지론 교과목 지침서의 내용들을 얼마나 다양하고 포괄적으로 다루고 있는가 하는 것을 살펴보았다. 분석을 통해 이러한 교재들을 활용할 때의 특성과 한계점을 제시해 보고 국제사회복지 교육에서 어떤 내용들이 다루어져야 할지에 대한 시사점을 모색하고자 하였다.

첫째, 분석대상으로 선정된 4권의 국제사회복지관련 교재들을 살펴본 결과 전체적으로 볼 때 '1. 국제사회복지에 대한 이해'에서 개념(25)과 '9. 국제사회복지 실천방법'의 국제사회복지프로그램(22)의 비중이 가장 높음을 알 수 있었다. 또한 4권의 교재 모두에서 빠지지 않고 다루어진 요소는 '1. 국제사회복지에 대한 이해'에서 개념, '2. 역사와 동향'에서 역사 및 흐름, '9. 국제사회복지 실천방법'에서 국제구호개발실천에 대한 내용이었다. 한편, 국내 교재에서는 다루어지고 있으나 국외 번역교재에서는 다루어지지 않는 내용은 새천년개발목표(MDGs), 공적개발원조, 기후변화와 지속 가능개발, 시민사회와 시민교육이었다. 이러한 결과는 국제사회복지 교육 시, 교재의 선정에서 주의해야 할 점이 있음을 보여 준다. 국외 번역교재인 국제사회복지론을 교재로 선택할 경우 국제사회복지의 개념과 역사, 흐름 그리고 국제구호개발실천에 대해서는 어느 정도 공부할 수 있으나 새천년개발목표, 공적개발원조, 기후변화와 지속 가능 개발, 시민사회와 시민교육에 대해서는 별도의 교재나 자료를 가지고 수업을 진행해야 할 것으로 보인다. 기본적 이해와 지식이 충분히 다루어지지 않음을 고려하여 관련 있는 다른 교재를 병행하여 활용하는 것이 필요하다.

둘째, 4권의 교재에서 거의 다루어지지 않는 내용은 지속가능발전목표(SDGs), 자원형태 및 주체, 프로젝트 형성과 관리, 장애인 권리, 오세아니아, 공적개발원조, 세계시민교육의 동향에 대한 것이다. 국제개발협력에 관련된 유 · 무상 자원, 원조의 협력주체와 협력형태, 사업프로젝트를 추진하는 등의 내용들은 제대로 다루어지지 않고 있다는 것을 알 수 있다. 국제협력사업에서 어떤 부분을 국제사회복지 관련 사업으로 규정하느냐의 문제가 있을 수 있지만 국제협력의 내용은 국제사회복지적인 요소와 성격을 가지고 있고 국제기관, 정부 간, 민간 등 다양한 형태의 협력 아래 국제사회복지가 실천되는 것이므로 국제사회복지를 이해하기 위해서는 국제협력에 대한 학습이 필수적이다. 또한 지구공동체적인 초국가적 사고를 바탕으로 하는 세계시민의식은 국경을 넘어 범세계적인 인간복지 문제해결을 위한 활동과 직, 간접적으로 관련되어 있다. 그러므로 교재에서 이 두 부분을 할애하여 중요하게 다루어야 할 것으로 본다. 한편, 지속가능발전목표(SDGs)의 내용들은 분석대상 교재들이 출판된 이후 논의된 것인 만큼 향후 국제사회복지 개발에 충분히 반영해야 할 것이다.

셋째, 하나의 학문분야는 일반적으로 합의된 지식체계(body of knowledge)를 가지고 있으며 그것에서 하나의 전문단체가 생겨나 학문적 전문직이 형성되는 것으로 보는 입장이 있다(천정웅, 2014). 국제사회복지의 지식기반이 지침서에 명시되어 있으나 중요하게 포함하여야 함에도 불구하고 4권의 교재에서는 개발, 인권을 제외한 새천년개발목표의 내용이 거의 다루어지지 않은 것으로 나타난다. 국제사회복지가 정체성이 함양된 전공학문으로 자리 잡기 위해서는 국제사회복지 지식체계의 기반들을 체계적으로 새롭게 정립하고 교과목에서 활발하게 다룰 필요가 있다. 이러한 연구 작업이 선행될 때 국제사회복지 교과목 정체성에 맞는 교육내용의 범주가 발전적으로 조정되고 편성될 수 있을 것이다.

넷째, 한국사회복지교육협의회가 만든 교과목 지침서에 의해 국제사회복지론 교육에 대한 형식적인 틀을 갖추었지만 국제사회복지에 대한 합의된 정의가 없고 실제 국제사회복지론이 어떤 것이라는 소프트웨어적인 차원에서도 체계적인 정립이 이루어졌다고 보기 어렵다. 교과목을 통해 어떤 비전을 가지고 국제현장에서 요구되는 기술들을 어떻게 조화롭게 강의를 통해 전달할 것인지에 대한 합의가 이루어져야 국제사회복지론 전공학습의 경험이 전문적 지식과 기술을 겸비한 국제사회복지사의 배출로 이어질 수 있을 것이다. 국제개발학과나 엔지오학과에서는 국제적 감각과 언어소통능력에 강조점을 두고 교육하고 있으며 국제적 감각과 언어소통능력을 갖춘 사회복지사가 현장 적합성이 더 높음을 알리고 있지만 많은 인재를 필요로 하는 국제개발협력의 현장에서 사회복지사 지원자는 별로 없는 것으로 나타난다(이용교, 2014). 상담가, 중개인, 교육자, 행정가, 옹호자로서 국제현장에서 사회복지사 역할을 수행할 수 있는 직무, 행정, 기술을 구체적으로 교재에 반영하고 어떤 점을 중점적으로 지도하고 평가해야 할지에 대한 점진적인 협의가 이루어지는 작업들이 필요하다.

다섯째, 대학의 사회복지 교육이 나아가야 할 방향으로써 국제복지에 대한 교육이 강화될 필요가 있다. 앞서 살펴본 바와 같이 현재 우리나라에서 국제사회복지론은 극히 소수의 대학에서만 개설되어 있는 것으로 나타난다. 국제사회복지사 양성의 중요성을 인식하고 대학원에서 국제복지전공을 마련하거나 학부에서의 국제복지 교육을 특화하는 등 국제복지에 대한 교육을 확대하고 개선시켜 나가야 한다. 기존의 교재들이 담아내지 못한 내용들을 보완할 수 있는 부교재를 개발한다든가 보충적인 시청각 자료의 개발도 필요하다. 근본적으로 한국사회복지교육협의회가 만든 교과목 지침서에 맞는 국제사회복지론 교재를 개발하는 것도 하나의 방법이 될 수 있다. 또한 사회복지현장실습을 외국의 사회복지시설이나 기관, 단체에서 수행하게 하는 과정을 마련하는 것이 국제사회복지사로서의 전문성을 함양하는 훈련의 기회가 될 수 있다.

14

CHAPTER 14

세계시민성과 국제사회복지교육의 과제

14 세계시민성과 국제사회복지교육의 과제

지구화, 또는 글로벌라이제이션이라는 말은 한 사회, 국가라는 지역적 경계(territory)가 무너지고 이 지구상의 모든 사람들이 이웃이 되어 살아야 하는 시대가 도래했다는 것을 의미하는 말이다. 세계 여러 나라가 정치적, 경제적 상호의존도가 높아짐에 따라 한 국가의 정치적, 경제적 성장 또는 위기는 다른 국가들의 정치적, 경제적 상황에 영향을 미치기 때문에 세계의 여러 국가들은 많은 국제기구와 조직을 통해 상호조정하고 협력하는 장치를 마련하고 있는 것이다.

한편 인터넷의 등장으로 세계화에 대한 전문적인 지식을 가지고 있지 않더라도 우리는 일상생활 영역에서도 이 지구촌화, 세계화를 나름대로 실감하고 있다. 이제 국제적인 감각을 가지고 국제무대에서 뛰는 사람이 소수의 엘리트에 국한되던 시대는 지나간 것처럼 보인다. 모든 사람이 주체적인 행위자로 국제무대에 나설 수 있다. 컴퓨터 기술의 발달과 네트워크의 확대는 자신이 있는 곳을 이동하지 않고도 지구의 반대편에 사는 사람들과 의견을 나누고 정보를 교환하는 것이 가능해졌기 때문이다. 그런데 서로 문화적 배경이 다른 사회에서 살아온 사람들이 서로 의사소통하고 생존을 위해 함께 노력하기 위해서는 기본적으로 공유하는 점들이 있어야 한다. 그것이 지식(knowledge)일 수도 있고 가치와 태도(value and attitudes) 또는 기술적인 능력(skills)일 수도 있으며 나아가 구체적 행동양식도 포함할 수 있다. 우리는 이러한 모든 것을 두루 섭렵하는 포괄적인 용어로 세계시민성(global citizenship)이라는 개념을 사용해 왔다.

본 장에서는 국제사회복지교육을 위한 방향과 과제로 중요하게 생각할 필요가 있는 세계시민성을 중심으로 현재 전세계적으로 이루어지고 있는 다양한 교육유형과 그 특성을 알아보고 세계시민교육의 내용을 관용, 인권, 평화, 환경 등과 관련하여 고찰함으로써 국제사회복지사로서 갖추어야 할 기본지식과 태도 및 기술을 갖추어야 할 필요성을 제시하고자 한다. 이를 위해 먼저 세계시민성의 개념적 정의와 구성요소 및 특성을 알아보고 세계시민성을 고양하기 위한 여러가지 교육의 유형과 프로그램 그리고 내용들에 대해 알아보기로 한다.

1 세계시민의 개념 및 구성요소

유엔사무총장을 역임했던 Robert Muller는 한 연설에서 "기존의 태도를 바꾸고 지금까지와는 다른 방식으로 살아야 한다. 그러면 이 세상은 진보할 것이다. 잊지 말아야 할 것은 이제 우리는 지구시민(earth citizens)이 되어야 한다는 것이다."라고 말한 바 있다. 세계시민성 프로그램 개발기관의 하나인 영국의 Oxfam은 세계시민(global citizen)은 다음과 같은 특성을 가진 사람이라 정의한다.

① 자신이 사는 지역을 넘어 더 넓은 세상이 있다는 것에 대해 인식하고 이 세상의 한 구성원으로서의 역할에 대해 의식하는 사람
② 다양성을 존중하고 가치를 부여하는 사람
③ 우리가 사는 세상을 더 평등하고 지속가능한 곳으로 만들기 위해 행동하는 사람
④ 자신의 행동에 대하여 책임을 지는 사람

즉 세계시민은 세계시민성을 갖고 있는 사람인데, 세계시민성은 세 가지 중요한 차원으로 구성되어 있다. 지식의 차원, 기술적 능력의 차원, 그리고 가치/태도의 차원이 그것이다.

〈표 14-1〉 세계시민성의 구성요소

지식	기술	가치와 태도
• 사회정의와 형평성 • 다양성 • 세계화와 상호의존 • 지속가능한 개발 • 평화와 분쟁	• 비판적 사고 • 효과적인 논쟁능력 • 타인에 대한 존중 • 협력과 분쟁해결	• 확고한 자아정체성과 자아존중감 • 인류애 • 사회정의와 형평성을 위한 노력과 관심 • 환경보존 관심과 노력 • 무엇인가 이루어낼 수 있다는 확신

출처: 옥스팜 홈페이지(http://www.oxfam.org.uk); 천정웅 외(2001). 재인용.

이 세 가지 영역은 분리하여 존재하는 것이 아니다. 예를 들어 문화적 다양성에 대한 이해나 지식 없이는 타인을 존중하는 태도를 갖기 어려우며 그러한 사람이 인류애를 가지고 있거나 사회정의를 위한 활동에 관심을 가질 수 없다. 세계시민이 되기 위해서는 이 세 가지 영역의 요소들을 모두 갖추어야 하는 것이다.

Walzer는 시민성을 첫째, 공직, 책임, 부담, 둘째, 지위, 권한, 권리 등으로 표현했다. 그에 의하면 전자(공직, 책임, 부담)는 우리 삶의 중핵(core)이며 공동체주의적인 성격을 보인다고 하였다. 공동체주의자들은 기본적으로 공동체 구성원들이 공유하고 있는 가치를 지향하므로 지역 시민성을 우선으로 한다. 공동체의 정체성과 참여를 강조하는 것이다. 후자(지위, 권한, 권리)는 자유주의의 입장에 더 가깝다. 개인의 시민적, 정치적 권리를 강조하는 것이다. 그러나 모든 민족과 공동체가 수용할 수 있는 규칙을 따르는 시민성은 지나치게 탈역사적이고 탈사회적인 시민성으로 흐를 위험이 있다.

반면 Nussbaum은 애국주의 입장에서 주권 국가가 국제 사회를 조직하는 기초라는 현실을 강조한다. Nussbaum은 세계시민주의가 비현실적이고 추상적인 관념에 불과하지만 애국주의는 정의와 공정이라는 보편적 이성을 현실적으로 법제화하는데 결정적인 역할을 한다고 지적한다. 역시 애국주의 입장에 있는 Bok도 세계시민의식보다는 자기 자신에서 출발하는 세계 교육이 우선임을 주장한다(신희수, 2007 재인용).

지구화 추세는 시민에게 3중적인 시민자격(국민성, 주민성, 세계시민성)에 대한 정체의식(identity)을 요구하게 되었다. 기존의 시민성이 국민국가라는 울타리 속에서 대체로 단일한 지위와 동일한 권리 및 의무를 의미하였다면 지구화의 진행으로 대두된 새로운 시민성은 '같은 국민'이라는 의식보다는 '같은 인간'이라는 의식을 발달시켰다. 세계시민성 교육을 통해 이주노동자의 문제를 인권적이고 보편적인 차원으로 접근한다거나(신희수, 2007) 교육과정 안에 나타난 지구화와 세계시민교육의 내용을 분석한 것(강지영, 2006) 등은 세계화가 시민성의 조건들을 변화시키고 있음을 보여주는 연구들이다.

2 세계시민성 교육의 유형과 특성

사실 위의 표에서 제시한 세계시민성의 내용들은 우리에게 전혀 새로운 것은 아니다. 대부분이 민주적인 사회의 구성원이 되기 위해서 갖추어야 할 자질로 간주되어 지구촌화가 시작되기 훨씬 이전부터 중요한 교육의 내용이 되어 왔던 것이다. 예를 들어 사회정의와 형평성이나 분쟁조정기술, 효과적인 토론문화 등은 민주사회의 구성원으로서 가져야 할 자질이었다. 여기에 환경보존이나 지속 가능한 발전(sustainable development) 등의 요소는 지역경계를 가진 한 국가의 한계를 넘어 선 지구적인 문제이다. 유한한 지구의 자원들을 우리 세대에서 낭비하고 고갈시키고 오염시켜 다시는 회복이 불가능한 상태로 다음세대에 물려주어서는 안 되겠다는 인식의 전환과 함께 이 문제가 특정 국가나 지역의 문제가 아니라 지구 전체의 당면과제라는 깨달음이 지구의 자연 및 자원보호에 대한 관심을 촉발시킨 계기가 되었다. 지구구성원은 누구나 환경문제에 관심을 가지고 환경보존을 위해 노력해야 한다는 전 지구적 요청이 점차 커지게 됨에 따라 이것은 중요한 세계시민의 요소로 자리 잡게 되었다.

유네스코(UNESCO)나 유니세프(UNICEF) 등의 국제기구들은 앞장서서 세계시민성을 고양하기 위한 교육프로그램들을 개발하여 각급학교와 연계하여 프로그램을 진행시키거나 자체적으로 프로그램을 실행하고 있다. 유네스코에서는 국제이해교육(education for international understanding)으로, 유니세프에서는 개발교육(education for development)이라는 이름으로 세계시민성교육의 커리큘럼과 프로그램 개발에 힘쓰고 있다. 이 외에도 세계교육(global education) 또는 민주시민교육(civics, civil education)도 그 내용에 있어 세계시민성을 계발하기 위한 내용을 포함하는 의미로 이해할 수 있다.

1) 민주시민교육(civil education)

민주시민교육은 민주시민으로서의 역할을 성공적으로 수행할 수 있도록 이에 적합한 지식・기능・태도, 그리고 경험을 얻게 하는 교육이다(김태영, 1994). 민주시민교육의 내용은 4개의 영역으로 분류되는데, 기본지식, 지적 기능, 민주적 가치습득과 태도형성, 민주사회에의 참여이며 이 4개 영역이 종합적으로 배양되어 민주사회의 시민성이 갖추어지고 시민은 유능한 의사결정자가 된다(조영달, 1994). 여기서 기본지식(basic knowledge)은 지역과 국가 및 세계의 물질적, 사회적 제 관계에 대한 지식과 정치경제적인 제도에 대한 지식, 사회적 상호작용과 문화에 대한 지식 등을 일컫는다. 지적 기능(skills)은 현명한 의사결정에 필요한 사회적 탐구기능과 집단구성원으로서의 행동기능을 말한다. 이에는 문제를 인식하고 분석, 종합하며 바람직한 대안을 탐색하는 지적인 기능과 함께 자신의 의견을 발표하고 여론을 형성하는 능력을 포함한다. 인간의 존엄, 책임을 전제한 자유, 정의, 경쟁을 통한 효율성 추구, 합리적 이익추구의 자세는 민주시민이 지녀야 할 가치와 태도이며, 민주 시민성은 경험을 통해 더욱 깊어지고 확산되는 것으로서 연습과 훈련을 통해 배양되는 것이다.

2) 국제이해교육(education for international understanding)

국제이해교육은 유네스코가 과거 50여 년 동안 국제이해를 증진하는 교육을 일컫는 말로 널리 사용해 오다가 특히 1970년대에 들어서서 인구, 식량, 자원, 환경, 에너지 등의 세계적인 문제에 대한 관심이 고조되면서 이러한 문제에 대한 전지구적 대응방안을 위한 내용으로 구체화된다. 1974년 유네스코는 '국제이해, 협력, 평화를 위한 교육과 인권, 기본자유에 관한 교육권고(The Recommendation Concerning Education for International Understanding, Cooperation and Peace and Education Relating to Human Rights and Fundamental Freedom)'를 채택하였는데, 이 권고문에 따르면 국제이해교육의 목적은 첫째, 모든 수준 및 모든 형태의 교육에 있어서 국제적 차원과 세계적 시각의 포함, 둘째, 세계 모든 민족과 그들의 문화, 문명, 가치와 생활방식에 대한 이해 및 존중, 셋째, 민족 간, 국가 간 상호의존관계의 중요성에 대한 지각, 넷째, 타인과의 의사소통능력, 다섯째, 개인, 사회, 국가 간의 상호관계에서 상대방에 대한 권리 뿐 아니라 의무에 대한 자각, 여섯째, 국제적인 결속과 협력의 필요성에 대한 이해, 일곱째, 사회, 국가 및 세계의 문제해결에 참여하려는 개인의 자발성 증진이다.

한편 아시아의 국제이해 교육 전문가들은 국제이해와 평화를 위한 교육을 위해 지식이나 기능보다는 가치관을 강조하고 있는데 아시아, 태평양 지역 워크숍에서 이들이 제시하고 있는 가치항목들은 8가지로 나누어 볼 수 있다.

① 인권에 관련된 가치: 평등, 정의, 사랑과 보살핌, 아동권리의 보호, 여성권리의 보호, 노동자 권리의 보호

② 민주주의에 관련된 가치: 참여, 교육과 종교의 분리, 언론과 표현의 자유, 신념의 자유, 신앙의 자유

③ 협력과 평화에 관련된 가치: 평화공존, 평화와 조화에 대한 애정, 비폭력, 상호의존, 비폭력수단에 의한 갈등해소, 상호이해, 상호협력, 국가 간 상호존중, 세

계주의, 평화와 협력의 문화

④ 환경보호에 관련된 가치: 환경지속성의 보호, 인간과 환경의 조화, 인류생존을 위한 환경의식과 참여, 자연에 대한 사랑과 돌보기

⑤ 문화의 보존에 관련된 가치: 타문화의 존중, 가족규범 준수, 가족에 대한 사랑, 가족규범의 보존, 어른에 대한 사랑, 세계문화유산의 존중, 사회 및 문화변화에 대한 감수성

⑥ 자신과 타인에 관련된 가치: 신뢰, 창조성, 친절, 지혜, 정직, 개방적 태도, 용기, 진실성, 유머감각, 신용, 자존심, 자기수련, 성실, 침착, 자신과 타인에 대한 존중, 조화를 이루는 삶, 관용, 책임감, 사려, 예절, 연민, 동정심, 감사하는 마음, 함께 나눔, 화해, 연대, 감정이입, 검소, 소박, 공정성, 진심

⑦ 국가에 관련된 가치: 애국심, 국가 간 평등, 국가에 대한 권리의식과 의무감, 민족주의와 국제주의의 조화

⑧ 영성에 관련된 가치: 하나님에 대한 신앙, 다른 사람들의 종교적 의식에 대한 상호존중, 국가에 의한 종교관리의 평등성

이러한 목표를 가진 국제이해교육의 구체적 실천을 위해 유네스코에서는 협동학교사업(Associated Schools Project: ASP)을 통해 일선의 각급학교와 연계하여 다양한 프로그램을 시행하고 있다.

3) 개발교육(education for development)

개발교육은 유니세프(UNICEF)의 세계시민성 교육 프로그램을 지칭하는 용어이다. 개발교육이란 "어린이와 청소년들에게 세계적인 결속, 평화, 관용, 사회정의, 환경의식과 같은 태도와 가치를 증진시키고 지역적으로 그리고 세계적으로 자신들의 삶과 지역사회에서 이 같은 가치들을 증진시키고 변화를 가져올 수 있는 힘을 길러 줄 지식과

기술을 갖추게 하는 것"을 말한다(연홍숙, 1999: 32).

개발교육에는 범세계적인 5가지 개념이 있는데, 그것은 상호의존(interdependence), 이미지와 지각(images and perceptions), 사회정의(social justice), 갈등과 갈등해소(conflict and conflict resolution), 그리고 변화와 미래(changes and the future)이다. 상호의존이란 어디에 살든지 간에 우리는 지구상의 다른 지역들과 모두 연결되어 있으며 세계화가 진행됨으로써 지역이나 사건, 문제들과 사람들은 점점 더 복잡한 관계망으로 얽힌다는 것에 대한 인식을 말한다. 이미지와 지각이란 우리가 보는 것에 대한 해석과정을 말한다. 국적이나 인종, 성별, 연령, 신체적 능력 면에서 자신과 '다른' 사람들에 대한 청소년의 지각은 고정관념과 선입견에 근거할 우려가 있기 때문에 이런 고정관념과 편견을 거부할 수 있도록 민감성을 기르는 것을 말한다. 사회정의란 공정성과 인권등과 관련된 것이며 갈등과 갈등해소의 개념은 논쟁을 통한 비폭력적인 갈등의 해결방안을 모색하는 것이다. 비폭력적인 갈등해소기술은 학습을 통해 달성될 수 있으며 개인사이의 문제뿐 아니라 지역적, 국가적, 더 나아가 세계적인 규모의 갈등에 건설적으로 적용될 수 있다. 마지막으로 변화와 미래란 현재의 노력을 통해 보다 나은 미래를 가져오려는 노력을 말한다.

개발교육을 위해 유니세프가 채택하고 있는 학습방법으로는 소집단활동, 토론, 브레인스토밍(창조적 집단사고), 역할극, 시뮬레이션 등이다. 유니세프는 지구촌클럽이라는 조직을 통해 초등학교뿐 아니라 중고등학교 학생들을 대상으로 다양한 프로그램을 시행하고 있다.

4) 세계교육(global education)

세계교육이란 "지구상의 모든 사람들이 생산, 경제, 의사소통, 여행, 교육, 정치적인 위기 등 모든 일상사에서 끊임없이 세계와 연관을 맺으며 살고 있다는 사실을 강조하며 아울러 교육의 대상도 소수 엘리트계층이 아닌 평범한 사람들을 대상으로 한 교육이다"(김현덕, 2000: 90). 다시 말해 세계교육은 전문인을 길러내기 위한 교육이라기보다는 교양인을 길러내기 위한 일반교육의 성격을 가지고 있다. 세계교육은 세계 여러 나라가 공통으로 겪는 세계문제와 세계이슈에 대한 학습 외에 문화, 생태, 경제, 정치, 그리고 기술적으로 상호 연결되어 있는 지구체제에 대한 학습이며 또한 우리와는 문화적 배경이 다른 이웃을 이해하고 인정하며 타인의 눈과 마음으로 세계를 보고 다른 나라 사람들도 우리와 똑같은 요구와 필요를 가지고 있음을 깨닫게 하는 학습도 포함한다는 것이다.

'개발교육'이나 '국제이해교육'이 세계시민성을 함양하기 위한 특정 기관 또는 단체의 구체적인 교육을 지칭한다고 볼 수 있는 반면 '세계교육'이라는 용어는 이들을 모두 포함하는 일반명사로서 사용되고 있다고 보는 것이 타당할 것이다.

이와 같이 다양한 용어가 존재하지만 그들이 가지고 있는 공통점을 도출하는 것은 어려운 일이 아니다. 민주적인 세계시민을 길러내는 것이 공통적인 교육의 목표라 할 수 있다. 그리고 세계시민이 되기 위한 자질은 일견 다양하고 가지각색으로 보이지만 조금 자세히 살펴보면, 몇 가지 점으로 축약된다. 먼저 지역의 경계를 벗어난 세계적인 문제에 대한 관심을 가지는 것, 둘째, 타인의 관점을 인정하며 더 나아가 타인의 관점에서 사물이나 현상을 바라보는 것, 셋째, 다양성에 대해 인정하는 것, 넷째, 다양성에 대한 인정은 갈등을 비폭력적이고 건설적으로 해결할 수 있는 밑거름이 되기 때문에 매우 중요하다는 것 등으로 함축할 수 있다. 이러한 태도 및 능력, 지식을 갖게 하기 위해 세계시민성의 계발을 위한 프로그램들은 여러 다양한 방법과 내용을 통해 이루어지고 있다.

3 세계시민교육의 주요 내용과 프로그램

세계시민이 되기 위해서는 세계수준의 이슈에 대한 관심과 함께 세계문제를 해결하려는 의지가 있어야 하며 다양한 문화에 대한 인정과 갈등의 평화적 해결, 그리고 인권과 민주주의에 대한 확신 등이 필요하다. 이것은 세계시민성을 고양하기 위한 교육 프로그램의 공통적인 전제라 할 수 있다. 이러한 전제를 바탕으로 하고 있는 구체적인 교육프로그램의 내용은 그 강조점에 따라 다양하다.

유네스코(UNESCO)나 유니세프(UNICEF)에서는 평화와 관용의 문화를 증진하는 데 중점을 둔 프로그램을 활성화하고 있으며, 유네스코와 국제사면위원회(Amnesty International)에서는 인권의식 함양을 위한 교육에 관심을 두고 있다. 또 유엔 산하의 사이버교육 사이트인 사이버스쿨버스(CyberSchoolBus)는 평화교육(peace eduation)을 위한 정보와 자료를 제공하고 있으며 환경문제에 대해서는 거의 모든 세계교육 관련 기관들이 프로그램을 진행하고 있다. 최근에는 도덕함양교육과 세계시민교육을 연계해 지구촌 시대에 걸맞는 가치관 정립을 위한 프로그램 개발의 필요성이 제기되고 있다.

어떠한 측면에 강조를 두느냐에 따라 프로그램의 성격이나 프로그램의 진행방법에 차이가 있지만 앞에서 언급했던 세계시민성의 요소는 서로 연관되어 있으므로 교육 프로그램마다 공통적인 기초요소가 된다. 예를 들어 관용교육에서 민주주의와 인권, 평화라는 가치를 매우 중요한 것으로 간주하며 평화로운 민주적 세계건설을 위해서 관용이 필요하다고 주장하며, 평화교육에서도 마찬가지로 평화적인 지구촌 건설을 위해서는 관용, 차이에 대한 인정과 화해의 기술이 필요하다고 본다는 점에서 서로 관련되어 있다는 것을 잘 알 수 있다.

1) 관용교육

유네스코의 관용교육은 관용이라는 덕목은 학습되고 훈련되어야 한다는 입장에서 출발한다. 다른 문화에 대한 이해와 인정도 학습을 통해 이루어지며 처음에 심정적으로 받아들이기 힘든 문화적 차이와 이로 인한 갈등도 학습을 통해 화해에 이를 수 있다. 결국 평화의 문화가 정착되기 위해서는 '관용'이라는 가치가 함양되어야 한다. 불관용이라는 것은 한 집단이나 집단의 신념체계 혹은 생활방식이 다른 집단의 그것들보다 우수하다는 태도에서 생겨난다. 불관용은 결례나 다른 사람을 무시하는 개인적인 수준에서부터 성차별, 인종분리(racial segregation)나 민족말살(ethnic cleansing) 등 다양한 인권침해문제로 나타난다. 전형화(typification), 편견(prejudice)과 이에 기반을 둔 차별(discrimination), 희생양 만들기(scapegoating) 등은 모두 불관용의 징표들이다.

관용교육의 목표는 평화, 인권, 민주주의의 가치실현을 위해 불관용을 없애고 관용적 태도를 학습하며 습득할 수 있도록 하는 것이다.

〈표 14-2〉 관용과 불관용의 내용

가치개념	목표: 관용	문제: 불관용	관용의 과정
평화	• 예의바른 토론 • 바람직한 갈등 • 협동적 사회관계	• 육체적, 구조적, 문화적, 심리적 폭력	• 비폭력적 분쟁해결 • 협상, 조정
인권	• 문화적 다양성 • 종교적 다양성 • 정치적 다원주의	• 성차별, 인종차별, 자민족중심주의, 빈곤, 착취, 편견, 차별, 억압	• 문화 간 협력 • 종교간 대화 • 인권보장 • 공정한 분배 • 지속가능한 개발
민주주의	• 다양한 정치철학과 견해 • 사회적 관심사에 대한 정보공개와 공유	• 정치참여의 방해 • 기본적 자유제한 • 정보통제와 검열	• 공정하고 개방된 정치토론 • 참여적인 의사결정 • 책임 있는 언론매체

출처: 유네스코 한국위원회(1995). p. 32.

2) 인권교육

인권(human right)이란 인간의 천성에 내재된 권리를 말하는 것으로서 헌법에 보장되는 개별 인간의 기본권(생존권, 사회권 등)에 한정된 개념이 아니다. 사람답게 살 권리, 인간답게 살 권리로 인권을 넓게 해석한다면 개인적인 수준에서 뿐 아니라 집단적인 수준, 사회적인 수준, 나아가 세계적인 수준에서 어떤 사건이나 현상에 대해 "인간다움"을 기준으로 논의가 가능하며 또한 인간들 사이의 관계에서 나타나는 현상에 머무르지 않고 인간과 자연과의 관계에도 인권개념을 적용할 수 있게 된다(예: 생태윤리). 이처럼 인권이라는 개념은 인간의 천부적인 가치와 존엄성을 인정하며 존중하고 이를 바탕으로 인간관계를 정립하며 사회를 구성하는 모든 과정과 결과의 총체로 정의할 수 있을 것이다.

〈표 14-3〉 인권침해의 차원과 내용

가정	학교	사회
① 어린이 학대 ② 자녀의 말 무시하기 ③ 자녀 혼자 집 지키게 하기 ④ 부모들의 자녀에 대한 대리만족 욕구 ⑤ 영아유기 ⑥ 낙태	① 집단괴롭힘(적극적 불관용) ② 끼리끼리 놀기(소극적 불관용) ③ 비인격적 체벌 ④ 중퇴자 관리 ⑤ 교사의 편견 ⑥ 열악한 교육환경 ⑦ 종교의 자유 ⑧ 사생활 보호의 권리 ⑨ 성교육과 인권교육	① 생명의 권리 ② 장애인의 권리 ③ 시민으로서의 권리 ④ 외국인 노동자의 권리 ⑤ 사형제도의 폐지 ⑥ 양심수의 인권 ⑦ 전자주민카드와 사생활 침해 ⑧ 수용시설의 인권

인권교육이란 학습과 훈련을 통하여 인권의 의미를 내재화하고 불관용, 폭력, 무관심에서 벗어나 인류공동체 정신을 기르는 것을 목표로 하는 교육이다. 인권교육은 넓은 의미의 인성교육이며 민주시민교육, 관용교육과 연계되어 이루어져야 한다(유네스코한국위원회, 1997). 인권교육은 예절교육을 통해서도 달성될 수 있고 도덕윤리교육을 통해서도 달성될 수 있다. 유네스코 한국위원회(1997)는 인권교육의 내용을 가정, 학

교, 사회 등 세 가지 영역으로 나누어 제시하고 있다.

인권교육을 위한 인터넷사이트의 하나인 글로벌키즈(Globalkids)에서는 세계 도처에서 일어나는 인권침해 관련 사건이나 현상 등에 대한 의견을 나눌 수 있는 공간을 제공하고 있는데, 그 주요 주제들을 보면 중국의 티베트 점령이나 미국 흑인청소년에 대한 과잉단속, 핵무기 소유와 어린병사에 관한 문제, 교육불평등, 인권, 아동 성 착취, 노숙 등으로 규모가 큰 세계적 수준의 문제에서부터 지역사회에서 발견되는 여러 가지 사회문제를 인권의 차원에서 생각해 볼 수 있도록 하고 있다.

3) 평화교육

유엔의 세계시민교육 사이트인 사이버스쿨버스가 제공하는 자료에 따르면 평화교육의 목표는 세계평화를 달성하기 위해 필요한 지식, 기술과 태도를 배양하는 것에 있다. 여기서 평화란 직접적인 폭력이 없는 상태뿐 아니라 복지, 사회정의, 양성평등, 인권 등의 의미도 포함되어 있다.

[그림 14-1]에 의하면 직접적인 폭력이 제거된 상태는 소극적인 의미에서의 평화이며 구조적 수준의 간접폭력이 사라지고 사회정의와 인권보장 등이 달성되었을 때에야 비로소 적극적인 의미에서의 평화상태가 되는 것으로 보고 있다.

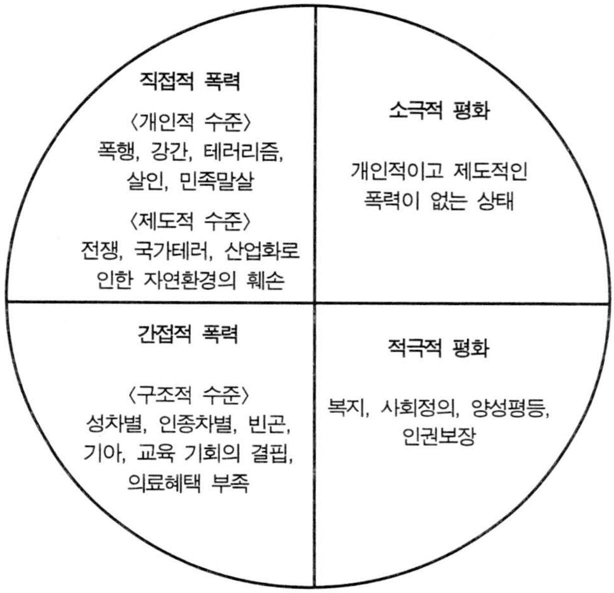

[그림 14-1] 폭력과 평화의 관계

출처: 유엔 홈페이지(http://www.un.org); 천정웅 외(2001).

4) 환경교육

환경교육의 목표는 환경친화적 행위자를 길러 내는 것이다. 환경친화적이라는 말은 인간이 그들의 개별적, 집단적 행위 시에 환경에 대한 고려를 하여 만일 어떠한 행동이 지구의 환경에 부정적인 영향을 준다면 그 행위를 중단하거나 악영향을 최소화할 수 있는 방향으로 변화시키려는 노력을 말한다. 이러한 관점에서 환경교육의 목표는 개인과 사회집단으로 하여금 전체 환경과 관련된 문제에 대한 인식과 감수성을 갖도록 도우며, 환경에 대한 다양한 경험과 지식을 가지도록 하며(지식), 환경의 보호와 개선에 능동적이고 주체적으로 참여하려는 동기 및 환경에 대한 가치와 관심을 갖도록 하는 것이다(태도). 또 환경문제를 해결하는 기능을 습득하는 것(기능)을 포함한다(남상준 외, 1999). 달리 말하자면 환경교육은 환경해독력(environmental literacy)을 가진 시민을 길러내는 것을 목적으로 하고 있는 것이다.

여기서 환경해독력(environmental literacy)은 환경과 인간사회와의 복잡한 관련과 상호의존을 이해하는 능력을 말한다. 이때 상호의존이란 사회적, 물질적 문화적 차원에서뿐 아니라 시간적, 공간적 관련도 포함한다. 현재 우리의 환경파괴는 다음세대의 생존에 큰 영향을 준다거나 또는 한 지역의 환경오염이 다른 지역의 환경파괴로 이어진다는 것 등은 이러한 환경의 상호의존성을 보여 주는 것이다. 뿐만 아니라 환경파괴나 환경오염의 정도가 경제발전과 관계있으며 개인 또는 집단의 소득수준과도 관계가 있다는 환경의 사회성에 대한 인식도 환경해독력의 지표가 될 수 있다.

환경의 보존과 파괴라는 것이 한 지역이나 한 시대에 국한되어 고립적으로 발생하는 것이 아니며 따라서 이것이 한 사회나 한 국가의 문제로 간주될 수 없다는 점에서 환경교육은 세계수준의 문제인식과 해결모색을 위한 지식과 기능, 그리고 태도를 지녀야 하는 세계시민성 교육의 한 영역을 구성하고 있다. 세계적인 네트워크를 가지고 환경교육을 하고 있는 글로브 프로그램(The Globe Program: Global Learning and Observations to Benifit the Environment)은 전세계의 학생과 교사, 그리고 과학연구자들을 하나의 네트워크로 연결해 환경에 대한 데이터를 모으고 교육프로그램을 제공하고 있는데, 이 프로그램의 목적은 개인의 환경에 대한 관심을 높이며, 지구환경에 대한 과학적 이해와 탐구를 지원하는 것이다. 지속가능한 개발(sustainable development)의 개념은 환경친화적 전략을 통해 환경보존을 꾀하면서 동시에 발전과 성장을 이룩하려는 태도이며 이러한 지속가능한 개발을 위해 환경교육은 필요한 것이다.

4 세계시민성과 국제사회복지교육의 과제

앞에서 살펴 본 것과 같이 국제기구를 중심으로 세계시민성 계발을 위한 다양한 프로그램들이 진행되고 있다. 우리나라에서도 지구화, 글로벌화, 세계화에 대한 관심이 고조됨에 따라 초기의 경제나 정치분야 위주의 세계화 전략에서 벗어나 사회문화적인 차원에서의 세계화의 필요성을 인식하는 추세이다. 이러한 맥락에서 국제사회복지의 실천을 위해서는 업무에 종사하는 경우 세계시민으로서의 자질과 태도를 함양하는 것은 지극히 기본적으로 요구되는 도전과제가 될 것이다.

세계시민으로서의 자질은 앞에서 살펴 본 바와 같이 단순한 지식의 축적이나 기능의 습득만으로 얻어지는 것은 아니며 지식, 기능, 가치의 세 측면이 유기적으로 통합된 커리큘럼을 통해 반복적으로 학습되고 훈련되어야 일상생활의 장에서 무의식적으로 지식, 태도, 기능에 기초한 행위가 나오게 되는 것이다. 타인에 대한 배려와 관용, 그리고 함께 사는 사회라는 가치인식이 없이는 계속적인 국제사회복지의 실천적 노력을 지속할 수 없을 것이다. 이 점에서 겉으로 드러나는 행위양식에 대한 강조보다는 그 행태의 밑바탕이 되는 가치 및 태도에 대한 반복적인 학습이 필요하다는 점이 강조되어야 한다. 물론 지식, 기능, 가치의 세 가지 차원 중 어느 점을 더 강조할 것이냐는 하는 일의 종류나 대상, 그리고 목적에 따라 달라질 수 있지만, 글로벌 사회에 기여할 수 있는 국제사회복지의 실천을 위해서는 특히 가치 및 태도분야가 강조되어야 하는 것이다.

지금까지의 논의를 바탕으로 국제사회복지교육의 과제를 세계시민성과의 관련에서 제언하면 다음과 같은 몇 가지를 생각할 수 있다.

첫째, 국제사회복지 실천을 위해서 세계시민성 함양을 위한 교육에 대한 논의가 사회복지 분야에서 더 활성화되어야 한다. 세계시민성은 갑자기 새롭게 부상한 개념이 아니라 국제사회의 길고 긴 진화 과정의 산물이다(김진희 외, 2014). 국제사회에는 인권, 빈곤, 환경, 평화, 다양성 등과 관련한 문제들이 산재해 있으며, 이러한 지구적 문제들은 전세계가 공동으로 해결해야 할 사안들로서 세계시민교육에서 다루어지는 교육 내용의 중요한 주제들이기도 하다. 세계시민으로서의 정체성을 지닌 사회복지사는 유연하고 다중적인 시민의식을 가지고 국가의 차원을 넘어선 문제를 해결하며 인류 전체의 보편적 가치를 찾아내는 국제사회복지사의 역할을 수행하고자 할 것이다. 장차 국제사회복지 영역에서 활약할 예비사회복지사들은 인권교육, 문화다양성, 평화교육 등을 포함하는 세계시민교육을 통해 공동체와 지구촌의 안녕을 위한 업무를 제대로 수행해 나갈 역량을 갖출 수 있다.

둘째, 국제사회복지사로서의 역량 함양을 위한 세계시민성 교육은 앞서 밝힌 바와 같이 사회복지적 가치인 평화, 인권, 문화다양성 존중 등의 내용을 통합적으로 수렴하는 것이었다. 따라서 세계시민성 교육 안에서 이러한 가치들을 어떻게 체계적으로 확장해 나갈 것인지에 대해 고민할 필요가 있다. 예를 들어 국제사회복지실천에서 다루어지는 빈곤, 다양성의 사각지대에 놓여 있는 전 세계 대상들, 여성, 아동, 난민 등에 대한 인식과 실천의 노하우들을 세계시민성 교육의 구성요소로 연계하는 방법들을 생각해 볼 수 있다. 학자들은 세계시민성의 요소를 다양하게 제시하고 있으나 다른 문화에 대한 이해, 수용과 존중, 환경 문제를 포함한 세계적 이슈에 대한 관심 그리고 평화와 공존이라는 전지구적 가치에 대한 추구 등의 요소들을 공통적으로 강조하고 있는 것으로 나타난다(김남희, 2016). 변화하는 인구의 구성과 세계화의 추세로 인해 우리사회에서 경험하지 못한 다양한 문제들이 국제사회에 대두되고 있음을 고려할 때 국제사회복지가 관여해야 할 새로운 영역들을 반영하는 세계시민성 교육의 구성요소들이 추출될 수 있다면 국제사회복지실천가들이 국제화, 세계화 시대에 걸맞는 전문성을 확보하는데 보탬이 되리라고 본다.

셋째, 국제사회복지 안에서 세계시민성 교육의 위상이 정확히 진단되었다면 그 위상에 적합한 구체적인 교육적 과제와 교육방법을 정립해야 한다. UN이 주창하고 보급하고 있는 세계시민성 교육은 최근 사회복지 영역에서 보다는 NGO나 공교육의 영역에서 많이 이루어지고 있음에 주목할 필요가 있다. 관련 영역들을 모니터링하고 점진적으로 체계를 갖추어 나가야 한다(김미경, 2008). 단순히 국제 '이해'에 대한 지식을 교육내용으로 '전달'하는 학습 환경을 제공하는 것이 아니라 학습자들의 역사와 경험, 목소리를 듣고 세계와 지역, 그리고 '나'와의 관계에 대한 비판적 성찰과 참여의 기회를 제공하는 교육이 되어야 할 것이다(배은정, 2015). 그러기 위해서는 세계시민성에 대한 연구를 수행하고 교육을 진행할 전문가 그룹에 대한 논의도 필요하다. 연구와 교육의 과정 속에서 세계적 수준에서 공감할 수 있는 시민적 자질의 덕목, 세계시민성 교과과정의 구성, 실천에 대한 체계적인 방법들이 마련될 수 있을 것이다.

참/고/문/헌

강동훈 (2004). 해외개발원조에서의 공공기관과 민간기관의 협력과정에 관한 연구: 한국국제협력단과 굿네이버스의 협력과정 사례를 중심으로. 서울대 대학원 석사학위논문.

강선주 (2013). 박근혜 정부의 공적개발원조(ODA)정책: 과제와 전망. **주요국제문제분석**, 11, 국립외교원 외교안보연구소.

강성호 (2006). 밀레니엄개발목표(MDGs)를 통한 동아시아 빈곤퇴치 전략과 지역협력 가능성. **경희대학교 인류사회재건연구원**, 21(1), 107-148.

강신옥 (2006). 사회적 배제 개념의 정책적 적용을 위한 이론적 검토. **동향과 전망**, 66, 9-31.

강영실 외 (2007). **사회문제론**. 서울: 대왕사.

강창구 (2011). 북한이탈주민의 정착문제와 전망 -취업활성화 방안을 중심으로. 사회과학연구, 20(1), 51-63.

강하니 (2014). 전세계인이 함께 만들고 지켜야 할 새로운 개발목표. ODA Watch, 92, 6-11.

고기복 (2007). EU국가의 난민인정제도. **한독사회과학논총**, 7(1), 37-70.

고문헌 (2011). 난민수용의 실태와 인정절차. **사단법인 한국공법학회**, 40(1), 35-62.

공경윤 (2013). 다문화가정 자녀의 교육·복지 지원정책에 관한 연구. 남서울대학교 석사학위논문.

곽성일 (2015). 다차원적 빈곤과 불평등 -에티오피아 농촌지역의 극빈층을 중심으로-. **국제개발협력**, 2, 39-62.

곽효경 (2006). WHO와 새천년 개발목표에 관한 연구 -글로벌 거버넌스 관점에서-. 성균관대학교 석사학위논문.

국가인권위원회 (2012). 국내 체류 이주민의 사회복지지원체계 개선을 위한 실태조사. 서울: 국가인권위원회.

권한용 (2016). 난민문제에 대한 국제적 논의와 한국난민정책에 대한 시시점. **아주법학**, 10(1), 213-249.

권해수 (2013). NGO 연구동향 분석. **한국사회와 행정연구**, 24(2), 275-289.

김경철 (2016). SDGs 농촌개발분야 목표 우선순위 설정을 위한 연구. 강원대학교 대학원 석사학위논문.

김경환 (2014.11.18.) '아(亞) 최초' 난민법 시행 1년… 난민 인정률 '최저'. 중앙일보.

김기덕 (2011). 문화적 역량 비판 담론에 관한 사회철학적 분석. **한국사회복지학**, 63(3), 239-260.

김남희 (2016). 시민성 교육프로그램이 국가 및 세계 시민성 함양에 미치는 효과 분석. 서울교육대학교 석사학위논문.

김동수, 정무성, 정진옥 (2013). **국제사회복지**. 서울: 신정.

김동욱 (2016). 국제개발협력에서 한국형 사회적 기업 ODA 모델에 관한 논의. 부산대학교 석사학위논문.

김동위 (1993). 환경보존을 위한 청소년지도의 교육적 관련 요인, **청년연구**, 15.

김명광 (2011). 국내외 외국인 근로자 정책과 대안: 특수 목적 한국어 교육을 중심으로. **현대사회와 다문화**, 1(2), 200-225.

김명성 (2009). 사회통합 차원에서의 다문화가족 지원정책의 현황과 개선방안에 관한 연구. **사회복지실천, 제8호**.

김명자 (1991). **동서양의 과학전통과 환경운동**. 서울: 동아출판사.

김미경 (2008). 사회복지 분야의 운동적 성격 및 NGO적 위상을 통해 본 사회복지사의 역할. **지역사회연구**, 16(1), 95-112.

김미경 (2010). 세계화·세방화·다문화: 아래로부터의 세계화를 위한 제언. **인문연구**, 59, 207-252.

김미곤 (2014). 빈곤・불평등 추이 및 전망. **보건복지포럼**, 6-16.

김미덕 (2011). 정치학과 젠더, **한국정치학회보**, 45(2), 31-49.

김미림 (2015). 한국 공적개발원조(ODA) 결정요인에 대한 기간 비교 연구. 연세대학교 석사학위논문.

김상돈 (2010). 다문화교육의 목표와 내용 체계 연구. 고려대학교 박사학위논문.

김선혁 (2008). "세계화와 행정: 이론적 성찰과 정책적 함의." 한국행정학회 2008년도 기획세미나, 202-222

김성국 (2015). 국제통화기금(IMF)의 정책적 처방에 대한 비판적 분석: 태국・인도네시아・한국의 외환위기를 중심으로. 경북대학교 대학원 석사학위논문.

김세니 (2004). 국제기구와 난민: 코소보 난민구호 활동을 중심으로. 고려대학교 대학원 석사학위논문.

김세진 (2015). 난민지원체계의 문제점. **월간 복지동향**, 204, 19-26.

김소연 (2008). 외국인 이주노동자 자녀의 교육받을 권리. 고려대학교 석사학위논문.

김솔나 (2009). 개발협력에 있어 정부-개발NGO 관계의 네트워크 분석. 성균관대학교 석사학위논문.

김수진 (2008). 공적개발원조에서의 정부-NGO 간 관계에 관한 연구: 관계변화과정과 관계형성요인을 중심으로. 서울시립대 대학원 석사학위논문.

김양희 (2013). 젠더기반폭력에 대한 이해와 사례 연구. **한국국제협력단**, 1-62.

김양희 (2014). 젠더 측면에서 본 MDGs의 한계와 Post-MDGs 논의 동향. **국제개발협력**, 3, 146-176.

김용근 (1994). **우리들은 환경파수꾼**. 서울: 푸른나무.

김용신 (2010). 다문화 소수자로서 외국인 노동자의 이주 정체성: 글로벌 정의는 가능한가? **사회과교육**, 50(3), 17-27.

김원식 (2005). 북한 인권 논의의 현황과 전망. **사회와 철학**, 9, 105-108.

김윤화 (2010). 국제개발협력의 국가 간 협력에 관한 연구 -공적개발원조를 중심으로-. **국제경제법**

연구, 8(1), 358-362.

김은미 (2016). 한국 공적개발원조의 결정요인: 한국으로 유입되는 이민자의 유형을 중심으로. 연세대학교 석사학위논문.

김은주 (2013). 거버넌스가 빈곤에 미치는 영향에 관한 비판적 연구: 국가 발전수준에 따른 거버넌스의 역설을 중심으로. 서울대학교 박사학위논문.

김은혜 (2013). 국제개발협력교육의 현황과 개선방안에 관한 연구. 부산대학교 석사학위논문.

김의영 (2011). 굿 거버넌스 연구 분석틀: 로컬 거버넌스를 중심으로. **한국정치연구**, 20(2), 209-234.

김인 (2010). UN 천년개발목표(MDGs) 달성을 위한 한국 ODA 추진방안. 한국국제정치학회 학술대회 발표논문집, 31-54.

김인 (2015). KOICA 중장기전략에서의 SDGs 주류화 방안. **국제개발협력**, 2014(4), 3-35.

김인 외 (2015). 지속가능한목표(SDGs) 수립현황과 대응방안. **한국국제협력단, 연구개발**, 2015-03-113, 1-374.

김재호, 정주연 (2013). 기초노령연금 도입에 따른 소득불평등과 양극화 변화분석. **한국정책학학보**, 21(1), 4432-433.

김정훈, 백영숙 (2014). 교정복지시설 종사자의 다문화 민감성의 필요성과 증진방안. **교정복지연구**, 33, 145-166.

김종아 (2014). 다문화사회 박물관의 문화다양성교육실천에 관한 질적 연구. 한양대학교 대학원 박사학위논문.

김준식 (2010). 국제 빈곤퇴치운동에서 한국의 국제개발NGO의 역할과 원조의 효과성 제고방안 연구. 한양대학교 석사학위논문.

김지유 (2010). 한국의 공적개발원조(ODA) 추진체계 변화 연구. 경희대 대학원 석사 학위논문.

김지현 (2014). Post-2015 개발의제 동향연구1: SDGs 초안 분석. **개발과 이슈**, 19, 1-36.

김진옥 (2013). 글로벌 환경거버넌스와 기후변화협약에 관한 연구. 전북대학교 석사학위논문.

김진회, 차윤경, 박순용, 이지향 (2014). 평화와 협력을 위한 세계시민교육: 2015 세계교육회의 의제 형성 연구. 서울: 유네스코 한국위원회.

김진희 (2015). Post 2015 맥락의 세계시민교육 담론 동향과 쟁점 분석. **시민교육연구**, 47(1), 59-88.

김철민 (2012). **국제 난민 이야기: 동유럽의 난민을 중심으로**. 서울: 살림.

김태균 (2012). ODA를 넘어서: 국제개발원조를 위한 혁신적 재원조달에 관한 연구. **21세기정치학회보**, 22(1), 87-114.

김태완, 이주미 (2016). UN의 지속가능발전목표(SDGs) 추진 전략과 주요 내용: 빈곤 및 불평등을 중심으로. **보건복지포럼**, 72-85.

김판석 (2010). **세계빈곤의 현황과 과제**. 서울: 조명문화사.

김혁래 (1997). 세계화와 한국NGO의 현황. 경제정의실천연합회.

김혜선 (2005). 세계화에 따른 복지레짐별 노동시장 프로그램의 지출 변화 비교. 고려대학교 석사학위논문.

김홍주 (2013). 공적개발원조(ODA), 부패 및 그 상호작용이 국제 빈곤에 미치는 영향에 관한 연구: ODA 수원국을 중심으로. **한국부패학회보, 18**(3), 1-28.

남부현, 오영훈, 한용택, 전영숙, 이미정, 천정웅 (2016). **다문화사회교육론.** 파주: 양서원.

남상준, 김대성, 김두련, 이상복, 한세일 (1999). **환경교육의 원리와 실제.** 서울: 원미사.

노장우 (2008). 국제관계에서의 정부와 개발 NGO 관계: Oxfam과 굿네이버스의 사례 비교. 연세대학교 석사학위논문.

노충래 (2010). **국제사회복지.** 서울: 학지사.

모경환, 황혜원 (2007). 중등 교사들의 다문화적 인식에 대한 연구: 수도권 국어, 사회과 교사를 중심으로. **시민교육연구, 39**(3), 79-100.

문경연, 이진영, 여원영 (2014). 국제개발협력과 개발재원: 개발재원 논의와 주요 행위자 정책 분석. **동서연구, 26**(2), 87-117.

문도운 (2014). 새천년개발목표(MDGs)의 한계와 Post-2015 개발목표의 내용. **Issue Brief, 12**, 1-4.

문진영 (2015). 빈곤선 측정방식에 대한 비교 연구. **비판사회정책, 46**, 202-236.

민혜진 (2011). 동북아 환경거버넌스에 관한 연구: 한・중・일 환경협력을 중심으로. 부산대학교 석사학위논문.

박경서 (2007). **지구촌정치학: 새로운 국제관계학 개론.** 서울: 박영사.

박경일(2008). 사회복지행정 교재의 검토와 교육의 방향. **한국사회복지교육, 4**(1), 69-95.

박명지 (2010). KOICA 범분야(크로스커팅)정책 통합 방안. **KOICA 개발정책 포커스**, 1-33.

박상희 (2002). UN의 사회복지활동의 성격과 한국 사회복지에 미친 영향 -UN 사회권 규약을 중심으로-. 중앙대학교 대학원 석사학위논문.

박성현 (2014). 인류의 삶의 질을 향상시키기 위한 UN의 밀레니엄 발전목표(MDGs),와 지속가능 발전 목표(SDGs)에 관한 고찰. **품질경영학회지, 42**(2), 529-541.

박수영 (2014). 공적개발원조질적평가 분석 및 우리원조 대응방안. **KOICA 개발과 이슈, 17.**

박순경 (2010). 세계화시대 다문화 배경 아동의 교육전략에 관한 연구. 부경대학교 석사학위논문.

박순용 (2015). 난민문제를 통해서 본 세계시민교육의 과제에 대한 고찰. **한국국제이해교육학회, 10**(2), 77-99.

박은경 (2008). 외국인 유학생의 국제이주와 지역사회 적응에 관한 연구 -대구·경북지역 대학을 중심으로-. 대구대학교 석사학위논문.

박정희 (2014). 청소년의 문화다양성 태도에 대한 연구. 중앙대학교 대학원 석사학위논문.

박지영 (2016). 지속가능발전목표(SDGs)에 기반한 경제성장에 관한 연구: 아세안국가들과 사하라남아프리카 국가들을 중심으로. 연세대학교 대학원 박사학위논문.

박지혜 (2012). 대북 인도적 지원을 담당하는 NGO 활동가의 실천적 경험에 관한 연구. 이화여자대학교 박사학위논문.

박천응 (2013). '혼종적 담론비판분석'으로 본 한국의 다문화담론 비판. 인하대학교 박사 학위논문.

박한규 (2013). 세계빈곤 문제해결을 위한 상향식 접근으로서의 역량강화(Empowerment). **OUGHTOPIA, 2**(2), 5-35.

박형진 (2009). 신자유주의적 세계화와 사회복지정책의 윤리적 가치. **극동사회복지저널, 5**, 33-57.

박홍순 (2011). 유네스코: 국제기구로서 역할 평가. 류석진, 박홍순, 정우탁, 최동주(편), **UNESCO와 한국: 한국의 UNESCO 활용 전략 마련을 위한 기초 연구**(pp.27-54). 서울: 유네스코 한국위원회.

박홍순 (2014). 유엔 새천년개발목표(MDG)의 성과와 평가. **외교부, 108**, 132-155.

박홍순, 박재영, 이신화, 서창록 (2015). **국제기구와 인권・난민・이주**. 서울: 도서출판 오름.

방설아 (2014). 개발도상국의 도시빈곤과 KOICA의 도시개발 원조사업에 관한 연구 Post 2015 SDGs를 바탕으로-. 서울시립대학교 대학원 석사학위논문.

방은진 (2015). 국제개발 NOG 브랜드 디자인의 커뮤니케이션 효율성 연구. 단국대학교 대학원 석사학위논문.

배은경 (2004). 사회분석 범주로서의 '젠더' 개념과 페미니스트 문화 연구. **페미니즘 연구, 4**(1), 55-98.

배진수, 강성호, 한희정 (2006). 유엔 MDGs(천년개발목표)달성을 위한 한국의 추진전략 및 기여방안. **한국국제협력단 연구보고서**, 1-312.

백일순 (2010). 이동과 장소의 초국가성 -싱가포르 거주 한인들의 국제적 이주, 적응 그리고 네트워크 구성에 대한 연구-. 서울대학교 석사학위논문.

백종만, 최옥채 외(2013). **사회복지개론**. 서울: 센게이러닝코리아(주).

법무부 (2009). 난민신청자에 대한 각국의 지원시설과 사회통합제도 연구. 법무부 연구용역보고서.

변영학 (2016). 정치체제와 불평등 -세계 43개국의 통계분석, 1981~2007-. **대한정치학회, 24**(1), 107-130.

변청자 (2003). 한국 문화정책과 문화정체성의 문제: 세계화시대 문화정체성 확립을 위한 정책을 중심으로. 홍익대학교 석사학위논문.

서경원 (2013). 사회복지사의 국제개발협력사업 경험에 관한 현상학적 연구. 서강대학교 석사학위논문.

서창록 (2004). **국제기구: 글로벌 거버넌스의 정치학**. 서울: 다산출판사.

설동훈 (2000). **노동력의 국제이동**. 서울대학교 출판부.

세이브더칠드런 (2013). 한국 거주 난민아동 생활 실태 조사 및 지원방안 연구.

손혁상, 김남경 (2013). 사회적 기업의 국제개발협력 참여 연구: 농업, 공정무역, 적정기술 사례분석. **세계지역연구논총, 31**(1), 81-108.

손혁상, 문경연 (2013). 개발재원과 Post-2015 아젠다: 주 의제 상정을 위한 비판적 고찰. **세계지역연구논총, 31**(3), 281-306.

손혁상, 이진영, 여원영 (2014). 국제개발 규범형성에 대한 구성주의적 접근: 새천년개발목표(MDGs)와 Post-2015 프레임워크 사례를 중심으로. **국제정치논총, 54**(1), 231-265.

신섭중 (1999). **국제사회복지**. 서울: 대학출판사.

신희수 (2007). 세계 시민성 함양을 위한 지역사회 중심의 사회과 수업모형 -안산 외국인 이주노동자 거주 지역 '국경 없는 마을'을 중심으로. 연세대학교 석사학위논문.

심이리나 (2009). 러시아 거주 독일인 디아스포라의 국제 이주에 관한 연구. 전남대학교 석사학위논문.

안득기 (2008). 대북지원 NGO의 기능과 역할에 관한 연구. **북한연구학회보**, 12(2), 179-210.

안숙영 (2010). 새천년개발목표(MDGs)와 독일의 공적개발원조(ODA). **21세기정치학회보**, 20(3), 381-404.

양동휘 (2015). 한국 국제개발 NGO의 제도화 과정에 관한 연구. 고려대학교 대학원 석사학위논문.

양세진 (2011). 한국 사회적 기업의 협력적 거버넌스에 대한 사례. 성균관대학교 박사학위논문.

양세진, 이명석 (2007). '사회서비스 일자리' 거버넌스에 대한 연구: 사회적 기업을 중심으로. **한국행정학회 학술대회 발표논문집**, 435-455.

양진용 (2009). 국제통화기금(IMF)의 역할 재정립: 금융위기의 관리와 예방. 고려대학교 대학원 석사학위논문.

양현모 (2007). 대북지원 NGO 활동에 대한 정부 지원체제연구. **한·독사회과학논총**, 17(2), 129-159.

여소영 (2006). 고등학생들의 세계화 의식 실태 분석. 한남대학교 대학원 석사학위논문.

오승진 (2012). 난민법 제정의 의의와 문제점. **국제법학회논총**, 57(2), 91-112.

외교통상부 인권사회과 (2015). 제17회 전국대학생의 모의유엔회의자료: 난민의 인권보호 및 지원을 위한 범세계적 노력.

우동완, 조아영(2009). 천년개발목표 달성을 위한 협력단 정책 및 지원사업 이행현황 종합평가. 한국국제협력단.

유네스코한국위원회 (1995). 관용: 평화의 시작: 평화, 인권, 민주주의를 위한 교수/학습 지침서.

유네스코한국위원회 (1997). **인권교육은 어떻게 할 것인가**. 서울: 도서출판 오름.

유성지 (2014). 다문화가족지원정책 추진 실태와 개선방안 연구. 경희대학교 석사학위논문.

유엔새천년개발목표 보고서 한국위원회 (2014). 유엔새천년개발목표 보고서 2014-2015(한국어판).

윤노아 (2013). 국내소수집단에 대한 청소년의 다문화 시티즌십 분석. 이화여자대학교 대학원 석사학위논문.

윤성종 (2015). 빈곤 및 그 대처방안. **경상논총**, 7(2), 60-69.

윤인진 (2012). 디아스포라와 초국가주의의 고전 및 현대 연구 검토. **재외한인연구**, 28, 7-47.

윤지예 (2014). 유네스코에 등재된 춤의 현황과 형태 분석. 경희대학교 대학원 석사학위논문.

이경희 (2014). 국제개발협력의 효과성 제고를 위한 통합적 관리 방안 연구. 경성대학교 대학원 석사학위논문.

이계우, 박지훈(2007). 한국의 공적개발원조 20년의 평가. **한국개발연구**, 2.

이동현 (2009). 공적개발원조 관점에서 본 한국정부의 대북지원. 북한대학원대학교 석사학위논문.

이만종 (2016). 한국의 난민문제에 대한 국가안보상 대응. **한국테러학회보**, 9(1), 59-98.

이미림 (2011). 사회복지사들은 문화적 역량을 어떻게 터득하는가?. 한남대학교 박사학위논문.

이민정책연구원 (2013). 국제난민이주와 안보. **IOM 이민정책연구원 워킹페이퍼 시리즈**, 7.

이상균, 윤철수 (2010). 대학에서의 학교사회복지 교육 내용에 대한 분석: 교과과정 및 교재분석을 중심으로. **학교사회복지**, 18, 53-85.

이서현 (2015). 유네스코 세계유산 PR실태에 대한 국가 간 비교 연구 -제주, 태즈메이니아, 하와이의 지역일간지 보도내용을 중심으로-. 제주대학교 대학원 박사학위논문.

이성순 (2013). 이주민 사회통합정책에 관한 연구: 에이거와 스트랭의 사회통합 분석틀 적용. **사회과학연구**, 24(3).

이수진 (2011). 복잡계 관점에 의한 빈곤문제 연구. **사회과교육연구**, 18(3), 89-100.

이승주 (2013). Post-2015 시대 개발협력 어젠다와 한국의 대응방안. **한국정책학회 추계학술대회**, 67-88.

이승준 (2006). 대북 인도적 지원에 있어서 정부와 NGO간의 협력관계 연구 -그 유형과 개선방안을 중심으로-. 한국외국어대학교 석사학위논문.

이시윤 (2015). 고용구조와 소득불평등의 관계에 대한 연구. 고려대학교 대학원 석사학위논문.

이연주 (2015). 한국의 ODA 평가 및 발전방향 연구. 성균관대학교 석사학위논문.

이용교 (2010). 국제사회복지학 교육과정 시론. **국제사회복지학회 창립 학술대회 자료집**, 57-74.

이용교 (2011). 국제사회복지학 교육과정 시론. **국제사회복지학**, 1(1), 31-74.

이용교 (2014). 국제사회복지론 교과목 지침서에 대한 시론. **국제사회복지학**, 4(1), 21-40.

이용교, 천정웅, 김경준 (2009). **청소년인권과 참여**. 파주: 양서원,

이용호 (2007). 난민의 개념과 그 보호. **국제법합회논총**, 52(2), 311-338.

이윤경 (2013). 재중한인의 초국가주의: 왕징 코리아타운 사례연구. 고려대학교 박사학위논문.

이재훈 (2011). 국제기업정신, 핵심역량, 네트워크 활동, 그리고 국제화 간의 관계 -수출중소기업을 중심으로-. 영남대학교 박사학위논문.

이정우 (2013). 글로벌 인권거버넌스의 역할과 한계: 북한인권에 대한 천안문사태의 교훈. **평화학연구**, 14(4), 163-186.

이종무, 최철영, 박정란 (2008). **국제 NGO의 원조 정책과 활동**. 서울: 통일연구원.

이종학 (2003). 조선족의 도시 이주와 사회적응에 관한 연구. 고려대학교 석사학위논문.

이주영 (2015). Post-2015와 불평등 해소의 과제: 인권적 접근. **국제개발협력**, 1, 63-91.

이주하 (2011). 빈곤에 대한 정치사회학적 이해. **한국사회정책**, 18(1), 11-42.

이찬욱, 강진구, 노자은 (2010). **한국사회와 다문화**. 광명: 도서출판 경진.

이창호 (2011). 국제사회복지의 역사와 정의에 관한 고찰. **국제사회복지학**, 1(1), 9-30.

이태수 (2011). 글로벌복지교육에 대한 시론. **글로벌청소년학회・국제사회복지학회 2011년 춘계공동학술대회 자료집**, 3-27.

이태숙, 정태순, 인덕수 (2013). 국제기구 유치에서의 KTO 역할에 대한 고찰. **관광학 연구**, 37(7), 217-237.

이현지, 이윤주, 조계화 (2005). 휴먼서비스 학문분야의 죽음교육에 관한 교과내용분석과 욕구조사.

노인복지연구, 30, 263-286.
이혜경 (1998). 외국인 노동자의 사회경제적 상황. 석현호 외 공저, **한국사회와 외국인 노동자: 그 종합적 이해를 위하여**. 서울: 미래인력연구센터.
이호택, 조명숙 (2010). **여기가 당신의 피난처입니다**. 파주: 창비.
임병열 (2005). 글로벌 거버넌스에 관한 비판적 연구: UN을 중심으로. 국제평화대학원대학교 석사학위논문.
임소영, 김현경, 강지현 (2013). 개도국의 녹색산업 및 환경주류화 지원전략 연구. **산업연구원 연구보고서**, 687, 1-219.
임소진 (2012). 국제사회의 Post-2015 개발 프레임워크 수립동향 및 한국 ODA의 기여방안. **KOICA 개발정책 포커스**, 14, 1-65.
임소진 (2013a). Post-2015 개발 프레임워크와 UN 고위급패널 보고서. **개발과 이슈**, 10, 1-21.
임소진 (2013b). 모두를 위한 품위 있는 삶. **개발과 이슈**, 12, 1-19.
임원혁 (2012). 새천년개발목표의 교훈과 2015년 이후 개발의제에의 함의. **KDI FOCUS**, 25, 1-8.
임혁백 (2000). 세계화 시대의 민주주의: 현상, 이론, 성찰. 나남 출판.
임형백 (2014). 한국 공적개발원조(ODA)의 전개와 과제. **한국정책연구**, 14(1), 73-102.
장성호 (2005). 세계화와 국가의 역할에 관한 고찰. **대한정치학회보** 12(3), 101-120.
장현식 (2005). 밀레니엄개발목표와 그 8번째 목표(MDGs and Goal 8). **국제포럼: 밀레니엄개발목표와 한국사회의 역할**, 14-15.
장훈태 (2016). 세계 난민문제와 선교. **성경과 신학**, 77, 163-199.
전형권 (2007). 국제이주에 대한 이론적 재검토: 디아스포라 현상의 통합모형 접근. **한국동북아논총 제49집**.
정경숙, 허권, 최진우, 장미진, 김민정 (2005). 국제기구를 통한 문화협력사업 활성화 방안. 한국문화관광정책연구원.
정기선 외 (2012). 이주민의 지역사회 정착과 사회통합 정책 연구. 행정안전부.
정미경, 김동열 (2010). 공적개발원조의 지원 분야 및 행위자별 유형분석: 아시아지역 중심. **아시아연구**, 13(2), 111-142.
정우용 (2013). 한국의 대(對) 몽골 공적개발원조 현황과 발전방향 -타 공여국과의 비교를 중심으로-. 단국대학교 석사학위논문.
정원오 (2008). 박탈과 주관적 빈곤의 개념적 유용성 검토. 제1회 한국복지 패널 학술대회논문집.
정재각 (2010). **이주정책론**. 일산: 인간사랑.
정지원, 권율, 정지선, 이주영, 송지혜, 유애라 (2014). Post-2015 개발재원 확대 논의와 한국의 대응방안. **KIEP대외경제정책연구원 연구보고서**, 14-12.
정진성 (2001). 국제노동기구(ILO)에의 문제제기의 구조: 강제노동조약(ILO Convention 29)/ 전문가위원회를 통한 군위안부 문제 제기. **국제・지역연구**, 10(1), 64-80.
정효민 (2010). 국제기구 역할에 관한 이론적 고찰 -국제노동기구(ILO)의 문제제기구조와 관련된 경험적 사례를 중심으로-. 고려대학교 대학원 석사학위논문.

조규범(2011). 다문화사회를 위한 입법적 대응방향. **현대사회와 다문화**, 1(1), 34-64.

조성제, 박현희 (2015). 지속가능발전목표(SDGs)와 우리나라 국제농업개발협력 연계개선방안. **통상정보연구**, 17(4), 253-278.

조영희 (2012). 이민정책과 '개발을 위한 정책일관성(PCD)': 개발친화적 이민정책의 모색. 외교부.

조영희 (2014). 국제이주-개발의 연계와 개발협력 패러다임의 변화. 이민정책연구원.

조정아, 임순희, 정진경 (2007). 새터민의 문화갈등과 문화적 통합방안. **한국여성개발원 연구보고서**, 277-289.

조한승, 고영일 (2013). **글로벌 이슈**. 서울: 시그마프레스.

조효제 (2000). **NGO의 시대**. 서울: 창작과 비평사.

주성수 (2005). NGO, NPO, CSO 개념: 국제적 통용과 국내적 적용. **한국비영리학회**, 4(1), 5~37.

주해연 (2012). 한국 공적개발원조의 효과성에 관한 연구. 전북대학교 박사학위논문.

채중현 (2011). **경제학사전**. 경기: 경연사.

천정웅 (1995). **지구환경레짐의 정치경제학**. 서울: 한울.

천정웅 (2011). 청소년학 연구와 글로벌청소년학의 비전. **2011 글로벌 4대학회 추계연합학술대회 자료집**.

천정웅 (2013). 지구촌의 빈곤과 빈곤대책. 국제개발협력아카데미 발표원고.

천정웅 (2014). 청소년학 분야의 글로벌청소년연구 동향에 관한 연구. **청소년학 연구**, 21(4), 59-81.

천정웅, 김민, 김진호, 박선영 (2010). **차세대 청소년학 총론**. 파주: 양서원.

천정웅, 김용환, 김승돈, 박선희, 박주현 (2016). **차세대 사회복지개론**. 파주: 양서원.

천정웅, 김태원, 이수미, 박선희 (2015). **다문화 글로컬 생활세계**. 파주: 양서원.

천정웅, 오해섭, 김정주, 김민 (2010). **청소년활동론**. 파주: 양서원.

천정웅, 윤옥경, 이춘화, 임지연 (2001). 청소년전통예절·글로벌에티켓 프로그램 개발연구. 경기도·한국청소년개발원.

최덕경 (2012). **다문화사회의 이해와 실천**. 서울: 창지사.

최승진 (2013). 한국의 개발 INGO 파트너 단체와 자생 개발 NGO 단체 비교연구: 한국 월드비전과 굿네이버스를 중심으로. 경희대학교 석사학위논문.

최연실 (2011). 다문화가족의 복지욕구와 복지서비스의 현황 분석 및 통합적 개선방안 탐색- 가족상담을 중심으로. **한국가족치료학회지**, 19(3), 61-93.

최웅선, 이진만, 김준모 (2013). **다문화 사회에서 외국인 주민은 어디에서 사나?** 서울: 대영문화사.

최원석 (2015). 세계화와 빈곤, 그리고 소득불평등: 중국의 사례를 중심으로. **21세기정치학회보**, 25(1), 189-216.

최의철 (2003). 국제사회의 인도적 개입: 이론과 실제, **통일정책연구**, 12(2), 369-404.

최정호 (2006). 한국의 공적개발원조(ODA)정책 연구 - 대 중국 사례를 중심으로. 성균관대 대학원 석사학위논문.

최종술 (2012). 사회복지사의 문화적다양성행동에 관한 연구: 계획된 행동이론을 중심으로. 위덕대학교 대학원 박사학위논문.

최현미, 이수연 (2008). 다문화가족 지원기관의 현황 분석과 전문 프로그램 개발. **다문화가족연구, 2,** 1-20.

최현미, 이혜경, 신은주, 최승희, 김연희, 송성실 (2008). **다문화가족복지론**. 파주: 양서원.

한국국제협력단 (2013). **국제개발협력의 이해(개정판)**. 경기: 한울아카데미.

한국국제협력단 (2013). **국제개발협력의 이해**. 서울: 한울..

한국사회복지교육협의회 (2016). 사회복지학 교과목 지침서.

한근식 (2013). Post-2015 개발의제와 녹색 ODA. **국제개발협력,** 93-118.

한나 (2010). 개발 NGO의 국제협력활동 활성화방안에 관한 연구. 동국대학교 석사학위논문.

한수경 (2011). 세계화(지구화) 이론의 모순. **정치와 평론, 제8집,** 121-160.

허그림 (2015). 사회적 기업의 국제개발협력 참여 연구 -미국, 영국, 스웨덴 지원 정책과 사례를 중심으로-. 경희대학교 석사학위논문.

허라금 (2008). 여성주의 성평등 개념을 통해 본 성주류화. **여성학논집, 25**(2), 45-79.

홍승기, 김충호 (2011). 공적개발원조(ODA)가 개발도상국의 투자에 미치는 영향. **한국도시지리학회지, 14**(3), 119-128.

홍후조, 백경선 (2004). 교육과정학의 정체성 확립을 위한 탐구 영역의 규명과 그 정당화(II): 교육과정 결정의 세 요인을 중심으로. **교육과정연구, 22**(4), 27-48.

황선자 (2008). 세계화와 노동시장제도가 임금불평등에 미친 영향에 대한 연구 세계화 영향 분석. 숭실대학교 박사학위논문.

황인재 (2013). 세계화와 국내갈등에 관한 연구. 고려대학교 석사학위논문.

Agere, S. (1986). Participation in social development and integration In Sub-Saharan Africa. *Journal of Social Development in Africa, 1*(1), 93-110.

Atkinson, A. B. (2005). Innovative sources to global challenge. In A. B. Atkinson (Ed.), *New Sources of Development Finance*. Oxford: University Press, 1-16.

Aubrey, J. (2008). Globalization and global youth work. In J. Wood & J. Hine (Eds.), *Work with young people: Theory and policy for practice*. Los Angeles, CA: Sage.

Bourguignon, F. (2004). The Poverty-Growth-Inequality Triangle. Indian Council for Research on International Economic Relations.

Bruneau, S. (2010). Diasporas, transnational spaces and communities. In R. Bauböck & T. Faist (Eds.), *Diaspora, Transnationalism: Concepts, Theories and Methods*(pp. 35-50). Amsterdam University Press.

Bryant, C., & Kappaz, C. (2005). *Reducing poverty building peace*. Bloomfield, CT: Kumarian Press.

Coleman, D. A. (1994). *Ecopolitics: Building a Green Society*. New Jersey: Rutgers University Press.

Cox, D., & Pawar, M. (2006). *International social work: issues, strategies and program.*

thousand oaks, CA: Sage Publications.

Cox, D., & Pawar, M. (2010). **국제사회복지실천**. 박영희, 배진형, 심우찬, 구현자, 남주영 공역. 서울: 나눔의 집.

Donaldson, T. (1996). Values in tension: Ehtics away from home. *Harvard Business Review, 74*(5), 48-62.

Faist, T. (2010). Diaspora and transnationalism: what kind of dance partners? In R. Bauböck & T. Faist (Eds.), *Diaspora, Transnationalism: Concepts, Theories and Methods*(pp. 9-34). Amsterdam University Press.

Gray, M., & Webb, S. A. (2012). **사회복지학의 새로운 접근**. 김기덕, 최명민, 이현정, 조성우 공역. 시그마프레스.

Healy, M. L. (2008). *International social work: professional action in an interdependent world*(Second ed.). New York: Oxford University Press.

Healy, M. L. (2010). **국제사회복지**. 노충래 역. 서울: 학지사.

Holz, U. (2010). Die Millenniumsentwicklungsziele – eine gemischte Bilanz. *Aus Politik und Zeitgeschichte. 10*, 3-9.

Hoy, P. (1998). *Players and issues in international aid.* West Hartford, CT: Kumarian Press.

Jacobson, H. K., Reisinger. W. M., & Mathers. T. (1986). National entanglements in international governmental organizations. *American Political Science Review, 80*(1), 141-159.

Jeffs, T., & Smith, M. (2010). *Youth work practice.* Hampshire, UKL Palgrave Macmillian.

Karns, M. P., & Mingst, K. A. (2004). *International Organizations: The Politics and Processes of Global Governance.* Boulder: Lynne Rienner.

KDI-UNDP (2012). 아시아적 시각에서 본 Post-2015 개발아젠다(Asian Perspectives on the Post-2015 Development Agenda: Taking Stock, Harnessing Knowledge, Achieving Results). 컨퍼러스 발표자료 모음집.

Kimlicka, W. (2007). *Multicultural Odyssays: Navigating the new international politics of diversity*, Oxford University Press.

Link, R. (1999). Infusing global perspectives into social work values and ethics. In C. S. Ramnanathan & R. J. Link(Eds.), *All our futures: principles and resources for social work practice in a global era.* Belmont, CA: Brooks Cole/Wadsworth.

Lum, D. (1992). *Socal work practice with people of color: A process-stage approach.* Pacific Grove, CA: Brooks/Cole.

Lum, D. (2007). *Culturally competent practice: A framework for understanding diverse groups and justice issues.* New York: Thomson.

Lumsdane, D. H. (1993). *Moral vision in international politics: The foreign aid regime*, 1949-89. Princeton: Princeton University Press.

Lyons, K. (1999). *International social work: themes and perspectives*. Ashgate.

Mathews, J. T.(ed.), (1991). *Preserving the Global Environment: The Challenge of Shared Leadership*. New York: W.W.Norton & Company

Midgley, J. (1999). **국제사회복지**. 신섭중 역. 서울: 대학출판사.

Perkins, D. H., Radelet, S., Lindauer, D. L., & Block, S. A. (2013). *Economic of Development*(7th ed.), New York: W. W. Norton & Company.

PMG 지식엔진연구소 (2016). **시사상식사전**. 서울: 박문각.

Rodirk, D. (2000). Growth Versus Poverty Reduction: a Hollow Debate, *Finance and Development, 37*(4).

Rogerson, A., Green, M., & Rabinowitz, G. (2013). *Mixing business and social: What is a social enterprise and how can' we recognise one*? Working paper. London: ODI.

Sachs, J. (2006). *The End of Poverty: Economic Possibilities for Our Time*. London: Penguin(Non-Classics).

Salamon. L. (2000). **NPO란 무엇인가**. 서울: 아르케.

Sallah, M. (2011). Developing global literacy and competence in youth work. In J. Batsleer, & B. Davies (Eds.) *What is youth work?* (pp. 104-115). Exeter, UK: Learnin Matters Ltd.

Samers, M. (2013). **이주**. 이영민 외 역. 서울: 푸른 길.

Schraeder, P. J. et al. (1998). Clarifying the foreign aid puzzle: A comparison of American, Japanese, French, and Swedish aid flows. *World Politics, 50*, 294-323.

Spence, J. (2005). Concepts of youth. In R. Harrison & C. Wise (Eds.), *Working with young people*. London: Sage.

UN (2013). New Global Partnership: Eradicate Poverty and Transform Economies through Sustainable Development: The Report of the High-Level Panel of Eminent Persons on the Post-2015 Development Agenda. websit: http://www.un.org/sg/manage-ment/pdf/HLP_P2015_Report.

UNDP (2013). Humanity Divided: Confronting Inequality in Developing Countries.

UNECA (2012). Note for the High Level Panel Discussion on 'Articulating a Post-2015 MDG Agenda', 5th Joint Annual Meeting of the AU Conference of Ministers of Finance, Panning and ECA Conference of African Ministers of Finance, Planning and Economic Development. 26-27. Addis Ababa, Ethiopia. E/ECA/CM/45/4AU/CAMEF/MIN/4(VII).

United Nations (1998). *Basic facts about the United Nations*. New York: Author.

UNRISD (2010). Combating Poverty and Inequality: Structural Change, Social Policy and Politics. Geneva: UNRISD.

White, R. (Ed.) (2009). *Concepts and methods of youth work.* Hobart: Australia Clearinghouse for Youth Studies.

Wood, J., & Hine, J. (Eds.) (2009). *Work with young people: Theory and policy for practice.* London: Sage.

World Bank (2000). *World Development Report 2000/2001: Attacking Poverty.* Washington, DC: World Bank.

Xiangshan, L. (2013). 중국 소득불평등과 경제성장. 서울대학교 대학원 석사학위논문.

국제노동기구. http://www.ilo.org

난민인권센터. http://www.nancen.org

법무부. http://www.moj.go.kr.

유네스코. http://www.unesco.or.kr

유니세프. http://www.unicef.or.kr

유엔난민기구. http://unhcr.or.kr

한국국제협력단. http://www.koica.go.kr

찾/아/보/기

[인명]

[내용]

ㄱ

[영문]

저/자/약/력

■ **천정웅**(대구가톨릭대학교)

미국 캔사스대학교(The University of Kansas)에서 사회복지학 박사학위를 취득하였으며 한국 중앙대학교에서 정치학 박사학위를 받았다. 한국청소년정책연구원 기획조정실장, 한국청소년학회 사무총장, 미국 아이오와 대학교(University of Iowa) 방문학자, 미국 캔사스대학교(University of Kansas) 사회정책분석연구원 Research Manager 등으로 일한 바 있다. 현재 대구가톨릭대학교 사회복지학과 교수로 재직하고 있으며, 대구다문화가족지원센터 협회장, 대구동구사회보장대표협의체 위원 등을 맡고 있다. 대구가톨릭대학교의 주요보직은 국제다문화대학원장, 다문화연구소장, 다문화교육원장, 청소년복지연구소장, 사회복지학과장, 대학원 사회복지학과장 등이 있다. 국제다문화대학원에서 국제이주와 사회통합, 이민정책론, 이민다문화가족복지론 등을 가르치고 있으며, 학부와 일반대학원 석·박사 과정에서 주로 국제사회복지론을 비롯하여 청소년복지론, 청소년인권과 참여, 청소년활동론, 사회복지정책론, 사회복지행정론, 지역사회복지론, 고급통계자료분석론, 질적연구방법론, 사회복지법제론, 인간행동과 사회환경 등을 담당하고 있다.
1980년대 중반 이후 30여 년간 청소년학, 사회복지 및 영성복지 등과 관련한 이론과 실천, 양적/질적 연구방법론 등에 관한 연구, 강의 및 저작활동에 진력해오고 있다. 한국전통사상에 관해 특별한 관심을 갖고 있으며, "적극적 관점의 청소년개발", "차세대 청소년학총론", "청소년인권과 참여", "청소년멘토링", "청소년복지론", "다문화청소년활동론", "지구환경레짐의 정치경제학" 등의 저서와 "청소년 참여의 유형화 연구", "청소년정책의 발전적 특성연구" 등 다수의 국문 저서와 논문이 있다. 또한, "Best practices in community-based prevention for youth substance reduction", "Causal relationships between service outcomes and satisfaction, service utilization, and demographic characteristics: A path analysis" 등 단독저자로서 SCI, SSCI 등재 영문저널에 게재된 영문논문을 여러 편 갖고 있다.
2003년 미국에서 "세계청소년학 아카데미(World Academy for Youth Studies)"를 창립했으며 2006년에는 한국 청소년복지의 발전을 위한 "청소년학 월드포럼(World Forum on Youth Studies)"을 제안하여 격년마다 세계 주요 국가를 순회하면서 국제컨퍼런스를 개최하고 있다. 2015년 6월에는 대구가톨릭대학교에서 "Homo Nomad & Young People"을 대주제로 제4회 월드포럼 국제학술대회를 11개국의 참가자들과 함께 개최한 바 있다. 한국사회복지질적연구학회 편집위원장, 글로벌청소년학회 편집위원장, 한국청소년연구 편집위원 등을 역임했으며, 최근에는 국제사회복지학회 회장, 글로벌청소년학회 회장을 맡아하고 있으며, 한국시민청소년학회 회장을 역임하고 영성과 사회복지학회에서 차기회장으로 활동하고 있다.

■ **박선희**(성덕대학교)

“사회복지전공 대학생의 다문화 역량에 관한 영성지능과 인권태도의 구조관계 분석”으로 대구가톨릭대학교에서 사회복지학 박사학위를 받았고, 대구가톨릭대학교에서 조사방법론, 논문연구방법론, 사회복지법제론, 다문화 글로벌 생활세계 등을 강의하였다. 현재 성덕대학교 노인재활복지상담과에 교수로 재직 중이다. 사회복지에서 영성을 활용한 실천과 접근을 중요하게 생각하고 탐색해 왔다. 다문화와 관련하여 사회통합, 다문화 수용성, 다문화 역량 등에 관심을 가지고 있으며 국제학술대회와 세미나에서 발표하였다. 대표논문으로 “범분야 이슈와 Post-2015”(2016)와 “프랑스 청소년의 삶과 정책”(2013), “잠재성장모형을 활용한 청소년의 다문화수용성발달에 관한 종단연구”(2014), “청소년의 영적안녕감이 사회성발달에 미치는 영향”(2014) 등이 있으며, 저서로 ≪다문화 글로컬 생활세계≫(2015), ≪지역사회복지론≫(2016) 등이 있다.

■ **박주현**(호산대학교)

대구가톨릭대학교에서 사회복지를 전공으로 석사 및 박사학위를 취득하였다. 대구가톨릭대학교 외래교수를 역임했으며 호산대학교에서 사회복지조사론, 사회복지행정론, 사회복지정책론, 사회복지실천론, 사회복지실천기술론, 사회복지법제론, 노인복지론, 아동복지론 등을 강의하고 있다. 박사학위논문은 “청소년의 주관적 안녕감에 대한 내적발달자산의 영향관계와 지역사회 사회자본의 매개효과에 관한 구조분석”이며, 대표논문으로 “새천년개발목표(MDGs) 15년: 달성수준과 한국의 과제”(2016), “다문화가족지원센터에 종사하는 결혼이주여성들의 업무경험에 관한 질적사례연구”(2015), “청소년 체험활동의 참여시간과 참여만족도가 공동체의식에 미치는 영향: 학교생활적응의 매개효과를 중심으로”(2015), 등이 있으며, 다문화와 국제복지 및 청소년복지에 관심을 가지고 연구하고 있으며, 국제학술대회와 세미나 등을 통해 발표하고 있다. 연구보고서는 한국청소년정책연구원에서 공동으로 연구한 “청소년기업가정신 함양 및 창업활성화 방안연구 Ⅰ”(2014), “청소년이 행복한 지역사회 지표개발 및 조성사업 연구Ⅲ”(2015) 등이 있다. 저서로 ≪현대사회와 문화다양성 이해≫(2015), ≪다문화 글로컬 생활세계≫(2015), ≪사회복지개론≫(2016) 등이 있다.

국제사회복지론

2017년 9월 10일 1판 1쇄 발행 | 2021년 3월 10일 1판 2쇄 발행
2022년 9월 10일 1판 3쇄 발행

지 은 이 천정웅 박선희 박주현
펴 낸 이 최용구
펴 낸 곳 도서출판 신정

주 소 (04316) 서울시 용산구 원효로 89길 19(원효로1가)
전 화 3211-4782 · 0266(영업부), 3211-4783(편집부) 3211-4784(팩스)
이 메 일 shinjeong72@naver.com
홈페이지 www.sjbook.co.kr
등 록 2001년 5월 11일 제13-702호

기획마케팅 최용구 장만동 최충구 진소희
책임편집 석기은 황가연
표 지 SDY

ISBN 978-89-5912-416-9 93330

정가 16,000원